图书馆工作新视野书系

TuShuGuan KeXue FaZhan
De LiNian Yu ShiJian

# 图书馆科学发展的
# 理念与实践

吴　涛　　王关锁◎著

中国书籍出版社
China Book Press

**图书在版编目(CIP)数据**

图书馆科学发展的理念与实践/吴涛,王关锁著.

北京:中国书籍出版社,2012.9

ISBN 978 - 7 - 5068 - 3119 - 2

Ⅰ.①图… Ⅱ.①吴… ②王… Ⅲ.①图书馆工

作—研究 Ⅳ.①G25

中国版本图书馆 CIP 数据核字(2012)第 210253 号

责任编辑/ 于建平

责任印制/ 孙马飞　张智勇

封面设计/ 中联华文

出版发行/ 中国书籍出版社

　　　　　地　　址:北京市丰台区三路居路 97 号(邮编:100073)

　　　　　电　　话:(010)52257143(总编室)　(010)52257153(发行部)

　　　　　电子邮箱:chinabp@ vip. sina. com

经　　销/ 全国新华书店

印　　刷/ 北京彩虹伟业印刷有限公司

开　　本/ 710 毫米×1000 毫米　1/16

印　　张/ 17

字　　数/ 306 千字

版　　次/ 2015 年 9 月第 1 版第 2 次印刷

书　　号/ ISBN 978 - 7 - 5068 - 3119 - 2

定　　价/ 78.00 元

# 序　言

　　和谐是 21 世纪哲学和人类智慧关心的主题。实现人和自然界、人和社会的全面和谐，是人类社会发展趋势和终极追求。和谐范畴的哲学理论基础是矛盾的同一性，和谐发展的内在动力是矛盾的对立统一，和谐是相对的，不和谐是绝对的。因此，树立正确的和谐观念，在新世纪具有重要的现实意义。

　　党的十六大以来，构建和谐社会成了我们的时代话题。它蕴涵着社会有机体的哲学思想和社会秩序、和谐生态的伦理精神，录载着人道主义的人本关怀和追求公平、诚信友爱的社会主义伦理道德，具有深刻的哲学内涵和丰富的人文意蕴。

　　图书馆有促进社会稳定和谐的功能。当今社会已经进入信息时代，一方面是信息的极度泛滥，另一方面则是有用信息的匮乏和欠缺，影响着信息效能的发挥。图书馆作为信息资源的"导航者"，它承担着信息的选择、收集、组织、保存和向社会传播的职责。它通过信息和知识的传播影响人们的精神世界，并最终影响着社会发展的进程。国家发展图书馆事业的目的，就是要以科学文化来不断丰富人们的精神世界，从而增强改造社会和世界的力量。因此，目前我国图书馆事业的发展要和发展先进文化联系起来，和社区文化、地域文化、社会文化的繁荣联系起来，同建设社会主义和谐文化联系起来，共创文明、繁荣、和谐的社会文化环境。

　　建设和谐社会中的图书馆最基本的内涵是，要实现社会各成员平等地享受信息、知识和文化的权利。权利首先是一种观念，更是一种制度。制度是实现和保障公平的基础。特别在现阶段，文化资源的调配主要由政府来支配，政府是实现公民文化权利和制定保障权利的相关制度的主要力量，它决定着整个社会文化权利的实现程度。图书馆的发展和建设取决于许多物质前提，馆舍、藏书是最基本的。是否投入，投入多少，如何投入，决定和制约着图书馆的发展。图书馆的公众性质决定了它不可能走经营发展的道路，而只能依靠国家和社会财力的支持来获得发展。因而建设和谐社会，实现人人平等享有文化的目标，首先需要政府加强对建设社会主义和谐文化的重视，加大对公共文化的持续性投入，大力发展我国的图书馆事业。

发展图书馆事业也不仅仅是建设一定数量的图书馆，最重要的是如何为社会公众服务的问题。和谐图书馆是拥有以读者为中心的服务理念和管理模式的图书馆，包括尽可能地简化各种借阅手续，全方位地提供便捷服务；和谐图书馆是全开放的图书馆，没有馆界限制的社会化、网络化的图书馆；和谐图书馆应树立社会每一个成员都是图书馆用户这一观念，确立面向"大读者"的服务意识和工作运行机制，尽可能地应用现代网络技术，实现互联互通，使读者真正得到"一卡在手，天下图书馆任我走"的服务效益；和谐图书馆是面向公众，满足所有人文献信息需求的图书馆，而无论种族、国家或地区、年龄、健康状况、宗教或政治信仰；和谐图书馆也应是人际关系高度和谐，服务方式高度文明的图书馆，它要求图书馆工作人员具备良好的业务能力和优秀的综合素质，并以文明的举止、满腔的爱心和热忱的服务来对待工作、对待读者，形成图书馆特有的文化与精神生态环境。

社会教育职能的发挥，曾经是图书馆进入近代图书馆时代的重要标志。现代社会是一个高度信息化和知识化的社会，为了使人民能适应社会的要求，就必须通过全民教育、普及教育来整体提高他们的科学文化水平。这样大范围的社会教育任务，只有图书馆才能担负得起。因此，图书馆应该主动承担这一重任。由于现代新技术和新方法不断应用于图书馆领域，特别是计算机和网络技术的发展，使得图书馆的教育范围扩大到全社会成为可能。从近现代图书馆演变的历史来看，构建和谐社会是人们的共同理想，更是我国社会发展的内在需求。近现代图书馆的发展与文化、社会的发展互为推动，社会的发展是构建和谐社会的动力；文化与人们的生活关系密切；无论对于社会与个人，学习是为了和谐、自由的发展，这些必然使图书馆对构建和谐社会发挥有史以来最为重要的作用。

以现代图书馆事业的发展而论，大学图书馆又是先驱者，其出现远在公共图书馆之前。最早的高校诞生于12世纪基督教母体，大学图书馆作为大学生命的共同体，在支撑大学履行教学、研究和社会服务三重使命中，在正确运用知识资源，保持自由取得思想和不受约束的心灵运作方面，大学图书馆是无比重要和不可替代的。"以馆育人"是图书馆的最高境界，更是一所大学图书馆的精髓。和谐的高校图书馆必然是教育职能与情报职能履行的相对充分的图书馆，也是学术性服务体现较强的图书馆。没有学术研究的图书馆，不是一个真正意义上的和谐图书馆，这表明科研对一个图书馆和谐发展的重要性。还有图书馆与自然环境及社会的和谐很重要，在一个和谐环境下，每个人的创造性被激活，人与人"互相称美，互相谦让，团结协作"，这样就会使我们的图书馆变得更加优美。总之，除了硬件，还有人文精神、文化承载，以及人和人的关系，构成了和谐图书馆的理念。现在，和谐图书馆已步入正轨。让精神领先，学术自由，图书馆迈向新境界。从个人角度讲，我觉得执这种理念的管理者进入图书馆，可以大大丰富图书馆管理的实践内涵。

图书情报学的研究工作不该只局限于象牙塔内，而是要多与实务工作者对话，将研究成果应用到实务上。当然，大学图书馆员愿意从事研究工作更值得鼓励，一方面所处的环境贴近学术圈，学校的教师是最佳请益对象；另一方面馆员素质与能力较其他类型图书馆来得整齐，具有做研究的优势。由于我国图书馆整个大环境并未形成馆员的研究风气，因此，大学图书馆若能提供适当的机会，有计划进行馆员再造，对于大学及图书馆人力资源的发展将有助益。洛阳师范学院图书馆的两位副研究馆员吴涛和王关锁同志都是具有较强学术研究能力的馆员，加之他们具有长期从事高校图书馆工作的经历和丰富的图书情报实践经验，通过自身努力，这几年学术成果颇丰。今又欣喜地看到二人合著的《图书馆科学发展的理念与实践》的书稿，拜读之后，感觉作者在书中对什么是和谐图书馆，如何区别图书馆的发展与和谐发展，如何在社会经济、文化、环境、生态协调发展的基础上，引申、变通和构造图书馆和谐发展观，如何将我国图书情报事业的和谐发展牢固奠定在价值理念、体制机制、社会需求、先进技术的坚实基础上，如何从理论层面发掘图书馆和谐发展的基本规律，以及如何从实践层面，探索和实现图书馆的可持续的和谐发展等，这些目前我国图书馆界需要研究和解决的重大理论和实践课题，此书都进行了深入的探讨和有益的尝试。

在信息技术日益普及的今天，网络成为沟通的重要媒介，网络文化为人类创造了新的文化载体，人类处在数字化生存的新时期，图书馆传统的文献服务领地面临巨大挑战，作为信息集散中心的"心脏"地位正在被动摇，且有日益边缘化的趋势。就大学图书馆而言，根据 OCLC 于 2005 年年底提出《对图书馆与信息资源的认知：给成员的报告》所提供的有关大学生用户对图书馆的认知、信息查询行为的大量数据，以及当他们在使用信息工具的时候，图书馆所起到的作用的相关数据来看，尽管大学生更多地意识到并使用图书馆及其电子资源，但在他们心目中，文献仍旧是图书馆的主要品牌。纸质环境与我们的社会密切相关且至关重要。特别是本科生要利用图书馆的纸质馆藏，而且喜欢把图书馆当作一个拥有互帮互助氛围的物理场所，因此，在和谐发展中重塑图书馆品牌显得尤其重要。

信息消费者把图书馆看作是一个学习的场所、阅读的场所、免费获取信息的场所、提高素养的场所和支持研究的场所，以及提供免费的计算机（互联网）存取的场所，等等。这些图书馆服务是相关的和与众不同的，是不可替代的。在构建和谐社会中，图书馆重塑品牌的时代已经来临。"图书馆和谐发展的理念和实践"这个时代命题摆在我们面前，需要图书情报战线广大从业者去研究、去探索、去解决。在这个命题中，《图书馆科学发展的理念与实践》一书为大家拉开了序幕。

本书的二位作者，都有二十多年的大学图书情报工作实践经验，又是大学图书馆基层工作的负责人。为适应大学图书馆发展的需要，在繁忙工作之余，积极投入学术研究，深入探讨高校图书馆可持续的科学发展之道。《图书馆科学发展的理念与实践》一书就是二位集多年理论思考和实践经验的结晶。该书记录了一代图书馆人的学术追求和实践探究精神，是作者用心，用虔诚，用对图书馆事业的热爱写成的。今结集出版，不仅拟对于一个大学图书馆馆员从事学术工作抒发己见，更期许一个大学图书馆老兵追寻图书情报专业的另一片天空。

杨作龙

壬辰年九月于洛阳静水轩

# 目 录
## CONTENTS

第一篇 **01**

# 图书馆科学发展的
# 战略与指导思想

# 引　言

　　和谐是中华民族的一种文化，是作为一种调节社会矛盾使之达到适度、适时、适当状态的深刻哲理。基本价值观决定现代图书馆的走向，是图书馆现代化的灵魂。所谓图书馆基本价值观问题，实际就是一个图书馆自觉选择的图书馆变迁的方向问题。

　　现代图书馆除了具有阅读、信息传播功能之外，还分担着社会的教育、娱乐、休闲功能。正如荷兰图书馆学家舒茨所说："每个城市都需要有图书馆，不仅用来收藏印刷品资料，而且用来提供人们开展文化娱乐活动。图书馆不只是藏书的地方，更是一个社会的、文化的中心。"与人们对图书馆传统认识不同的是，读者来到图书馆不再只是借还图书，而是在浓郁的学习氛围中体验阅读的快乐、感受知识的魅力、接受文化的熏陶、领悟生活的真谛、得到心灵的慰藉。

　　图书馆要在和谐中求发展。

# 第一章 图书馆科学发展的
## 内涵和现实意义

### 第一节 图书馆科学发展的内涵

党的十六大以来，中共中央先后提出了"完善社会主义市场经济体制"、"科学发展观"和"构建社会主义和谐社会"，这是互相联系的理论体系。和谐社会所要统筹协调的矛盾，比科学发展观要统筹协调的社会发展中的矛盾范围宽广。胡锦涛总书记把它概括为民主法治、公平正义、诚信友爱、充满活力、安定有序、人与自然和谐相处六个方面，这六个方面既是需要统筹协调矛盾的范围，也是和谐社会的基本特征。图书馆作为社会主义精神文明和物质文明建设的一个重要的文化窗口，肩负着促进社会生产力和社会主义不断发展的重任，因此，大力加强"和谐图书馆"的建设，是构建和谐社会的一项重要任务。我国图书情报界如何进一步贯彻落实科学发展观，促进图书情报事业和谐发展，必须深化上述表述在图书情报领域中的基本内涵的认识。本篇从以人为本、和谐发展和统筹兼顾三个方面来认识把握科学发展观与和谐图书馆的内涵，从而指导图书情报的实际工作。

什么是和谐图书馆？从社会学角度看，和谐直接表现为各方面的利益关系得到妥善协调，使社会共同体处于融洽状态。就图书馆情报系统来说，和谐体现为一种图书馆生态平衡，它至少涉及图书馆内外两大系统要素，就内部环境来说，体现为图书馆内的管理主体与服务对象之间的和谐相处。就外部环境来说，图书馆应与社会、社区和谐相处。就图书馆本质来看，为每一个读者自由、公平利用文献创造适宜的环境。

和谐图书馆以科学理论为指导，以社会发展需求与自身发展需求相和谐为宗旨，协调图书馆的人文环境和物理环境诸多因素，提升图书馆员的至诚服务精神，增强读者与图书馆之间的互动性，激发广大读者的读书求知热情，把图书馆建成环境优美，资源丰富，团结友爱，充满文化感染力的知识殿堂。

和谐图书馆是一个符合人性发展与信息利用规律而构筑的生态系统，这一系统应当具有科学、民主、人文、开放四大特征。科学指遵循读者利用文献信息的规律实施管理与服务，使图书馆活动有张有弛，丰富多彩、生动活泼，这是和谐图书馆之基石。民主指馆内外的人与人的关系是平等的、尊重的、使人格得到健康发展，这是和谐图书馆之根本。人文即以人为本的文化传承，这是图书馆文化的核心价值取向。图书情报服务的真谛是人文关怀，心灵沟通，生命互动，精神感召，人文是和谐图书馆之灵魂。开放指现代图书馆主动与社会发展相融合，打破封闭的馆藏观、单一的服务观、僵化陈旧的管理模式，实现馆内与馆外、馆员与读者的创新精神和信息需求愿望得到尊重，创新活力得到激发，开放是和谐图书馆之源泉。图书馆和谐发展的基本内涵如下：

## 一、坚持以人为本的内涵

坚持以人为本，是"和谐图书馆"内涵的核心。不同领域"以人为本"有不同的内涵及具体要求，图书馆以人为本，归结为"两个为本"，即"馆员为本"和"读者为本"。具体讲就是图书馆服务以读者为本，办馆以人才为本。坚持"以人为本"有三个方面的基本要求，一是要求将人才资源作为图书馆发展的第一资源、第一资本；二是要求将图书馆发展与人才的发展协调统一起来；三是要求以职业发展为核心，大力提升人才的综合素质和专业技能。以此为基础，科学规划图书馆员的职业生涯和专业发展蓝图，积极创造有利于馆员全面发展的文化生态，这是构建和谐图书馆的基础。其次，营造"我爱读者，读者爱我"的氛围。搭建"以读者为中心"的服务管理平台。"以馆育人"是图书馆工作的最高境界，为读者释难解困是现代图书馆义不容辞的职责。无论是那个群体，每个人都希望得到别人的尊重和理解，但要想得到别人的尊重和理解就首先要尊重和理解别人，这是双赢的。图书馆是公民终身读书和继续教育的学校，在履行政府公共服务职能，保证公民自由、平等获取各种文化信息，提高国民科学文化素质方面发挥了重要的作用，是实现面向大众的人文关怀、文化享有、文化提高、文化创新的重要方式。每个人都有平等享受公共图书馆服务的权利，而不受年龄、种族、性别、宗教信仰、语言或社会地位的限制。因此，图书馆一切工作的出发点和归宿是为读者服务，想读者所想，急读者所急，与读者建立良好的各种沟通渠道，建立读者平等、自由地利用文献信息的保障机制，在各方面、各层次达到和谐状态。

### 二、坚持科学发展的内涵

用和谐促进发展，用发展保持和谐。坚持和谐发展，也是图书馆科学发展观的一个重要方面。坚持和谐发展，体现在图书馆管理和服务上，就是要努力提高图书馆与社会的和谐度，图书馆内部组织结构运动的和谐度以及员工和读者的和谐感。从而促进图书馆良性运行与可持续发展。三个层次和谐体现出图书馆在宏观、中观和微观的和谐状态。

图书馆与社会的和谐。这是从图书馆整体角度考虑和谐发展问题。可视为图书馆宏观局面的和谐。为达到宏观和谐，必须提高图书馆与国家、图书馆与区域、图书馆与社区三个不同范围的和谐度。

图书馆内部组织结构运行的和谐。这是从内部结构角度考虑和谐问题，可视为图书馆中观和谐。为做到中观和谐必须保证图书馆内部各组织之间协调发展，结构合理，以及各组织内部的和谐度的提高。也就是说中观和谐不仅要求图书馆为内部各部室的发展和工作提供支持，而且还要求图书馆各部门的各项决策和行为，必须与图书馆的发展定位和互相协调。不仅要求各部门能够有效配合，相互支持，做到资源和信息共享，各方工作协调，而且要求各部门自身团结和谐，持续发展。从总体上看，中观和谐就意味着图书馆业务部门之间，行政与业务之间，后勤服务与专业服务之间等方面形成良好的生态。图书馆应致力于通过深化相关改革持续地改善这一生态。

人与人之间的和谐。这是从个体的角度考虑和谐发展问题，可视为图书馆微观和谐。为实现微观和谐，必须提高馆员和读者之间的和谐感。最大限度调动馆员与读者这两方面的积极性、主动性和创造性。对馆员来讲，这种和谐感主要体现在事业、人际关系和待遇等方面。事业方面的和谐是指馆员职业发展意愿与内部条件的和谐，职业发展可能性与现实的和谐等。人际关系方面的和谐是指对图书馆有强烈的归属感，同事之间关系融洽，社会交往和谐等。待遇方面的和谐是指具有正当合理的激励机制，按劳取酬，保持内部相对公平与内部和谐。对读者而言，这种和谐感则主要体现在文献利用和心理方面，文献利用和谐是指要求、愿望、方式、内容的和谐，所需和所求相统一，以及富有人文气息的阅读环境，充满人文关怀的图书馆服务都是读者和谐感的重要因素。心理方面的和谐是指读者心理健康，有良好的阅读心态，能保持乐观向上的积极的精神状态。

### 三、坚持统筹兼顾的内涵

图书情报事业贯彻落实科学发展观，体现在发展的具体途径上，就是要做到各方面的统筹兼顾。图书馆比较关键的就是要正确认识和处理影响全局的一些重大关系，按照科学发展观的要求，对每一对关系的不同方面统筹兼顾，协调处理。

　　•战略目标与过程的关系。确立图书馆的战略目标，形成图书馆发展的愿景非常重要，因为其中蕴含的共同的价值观念和奋斗目标能将馆员凝聚在一起。当然，这一战略目标必须是科学的，并为广大馆员和读者高度认同。所谓科学，就是符合图书馆的历史背景、环境特点、文献信息资源特色、资源结构等实际情况，适应国家教育和文化发展，构建良好文化生态和实现可持续发展的需求；所谓高度认同，是指战略目标是馆员在充分讨论基础上形成的共识，并且，大家对其战略目标内涵有着一致的理解。把图书馆战略目标的实现看作是一个过程。这是在现今唯一不变的是不断变化的时代，即便是当今世界公认的一流图书馆，也都是在动态的、变化的历史过程中发展形成的。过程的观念能有效地增强馆员和读者对图书馆愿景的感知，但同时也要精心规划图书馆发展的若干阶段，这些阶段在时间上相互衔接，在目标上逐次提升，使战略目标的实现变成一个可持续发展的过程。

　　•全面提高与重点突破的关系。图书馆的几乎每一项工作，都会体现出全面提高与重点突破的关系。知识服务是各项工作的龙头，在服务与管理制度方面处理好这一关系尤为重要。从保障读者的基本信息资源需求这个意义上说，图书馆需要克制特色化资源建设的冲动，全面提高文献资源的综合化利用氛围。但是，另一方面，在资源有限的情况下，为了保持图书馆服务品质、学术水准、竞争能力与良好声誉，又必须实行重点突破，最大限度地提高部分可能是很少一部分现有学科的水平，发掘其优势，突出其特色。这里的关键是要统筹、协调好并着力强化各学科文献间的关联和协同发展，在突出发展重点的同时兼顾全面提高，从而保持特色优势学科文献信息资源的持久品牌优势。

　　•规模与质量的关系图书馆在履行职能时需要处理好规模与质量的关系。关于这一关系，有几个基本的观点是必须坚持的，首先规模与质量是辩证的关系，而非对立的关系。其次两者总是螺旋式上升的。在发展的不同阶段，可能重点不一样，在某一个阶段，可能规模或外延发展为主，而在另一个阶段，以质量或内涵发展为主，但无论在什么阶段与什么情况下，质量都应该得到重视，质量永远是图书馆的生命线。第三，图书馆始终要为规模与质量同步提高而努力。当前，我国图书情报事业发展的重点已从规模扩大逐步转向质量提高，因此，图书馆要克服以往的重外延扩展轻内涵发展、重硬件建设轻软件开发的倾向，走内涵发展道路。利用多种手段和途径，并寻求各种可能的办法来提高办馆质量。

●管理与服务关系。在图书馆发展的不同时期，管理与服务的关系具有不同的内涵，在古代，比较一致的看法至少包括两点：一是无论管理还是服务，对图书馆的发展都非常重要，两者缺一不可；二是管理与服务具有协同性，两者具有相互促进的效果。目前的问题是，在图书馆中仍存在重要管理轻服务或重服务轻管理的想象，原因也许是多方面的，但究其根本，再加上客观上图书馆服务与研究本身性质和社会影响的不同，这样就必然导致有各方面即无动机，也很难有能力同时坚固两方，顾此失彼的现象，孰重孰轻的竞争由此产生。所以，当前在处理学术与服务的关系问题上，重点应该是通过相应的制度安排努力促进二者的结合，尽可能发挥两者的协调作用和促进效果。

●硬件建设与软件建设的关系。硬件建设与软件建设的关系也是在各个层面。各个领域工作所经常面对的关系。在图书馆层面，硬件建设主要表现为馆舍扩建改造，设备用品的配置与更新等。软件建设主要表现为馆员队伍的建设，管理能力和服务水平的建设以及图书馆文化建设等。前者能够为广大读者提供良好的文献利用和阅读学习环境，无疑是重要的，必需的，而后者则可能在更大程度上增强图书馆的竞争优势和发展潜力，事关图书馆的核心能力和可持续发展，因此需要给予更多的关注，投入更大的精力。

## 第二节　图书馆科学发展的现实意义

构建社会主义和谐社会，是胡锦涛总书记为首的党中央在提出全面建设小康社会的基础上形成的新理念，是为全面落实科学发展观，促进经济社会协调发展，全面进步，实现全面建设小康社会宏伟目标而做出的历史性的重大决策。胡锦涛同志论述了构建和谐社会的六个基本特征是：民主法治、公平正义、诚信友爱、充满活力、安定有序、人与自然和谐相处。由此可见，构建社会主义和谐社会是一个系统工程，它涉及经济、政治、文化、社会和人等各个方面，只有综合发挥经济、法律、行政、文化和道德等的作用，统筹各种社会资源，综合解决社会协调发展问题，才能达到构建社会主义和谐社会的目标。文化建设是构建社会主义和谐社会的重要内容。城乡经济、社会的协调发展，离不开文化的发展，一个社会如果缺乏文化内涵，文明程度不高，不可能形成和谐的社会环境。图书馆作为文化建设及精神文明建设的重要阵地，能为构建社会主义和谐社会发挥不可替代的重要作用。

图书馆能为构建社会主义和谐社会提供文化资源支持。构建社会主义和谐社会，必须充分发挥文化的作用和力量。而要发挥文化的力量和作用，需要图书馆提供资源支撑来满足群众的需要。公共图书馆作为向社会公众开放的公益性文化事业机构，具有传播知识、开发传递信息、进行社会教育、参与科学技术研究和保存文化遗产的职能。图书馆全面系统地收藏人类所创造和积累的各种信息资源，它能满足各种专业、各种职业、各种学历、各种文化程度的读者的需要。人类所创造的一切，无论以什么形态存在，图书馆都收藏有关它们的文献。数字化图书馆还可利用现代高科技，通过互联网提供各种各样的文献和信息资源，它既是搜集、整理、存储、开发、传递与利用文献信息资源，为经济建设和科学研究服务的机构，又是广泛进行教育，普及科学文化知识，为广大群众提供精神食粮的场所，为构建和谐社会提供资源支持。

图书馆能为构建社会主义和谐社会发挥宣传教育的职能。社会主义和谐社会要求人们具有较高的精神境界。只有传播先进文化、塑造美好心灵、弘扬社会正气，才能实现社会主义和谐社会的目标。因此，必须通过广泛的宣传和教育，在全社会旗帜鲜明地弘扬时代的主旋律，大力倡导一切有利于发扬爱国主义、集体主义、社会主义的思想和精神，大力倡导一切有利于改革开放和现代化建设的思想和精神，大力倡导一切有利于民族团结、社会进步、人民幸福的思想和精神，大力倡导一切用诚实劳动争取美好生活的思想和精神，努力营造"解放思想、实事求是、与时俱进"、"聚精会神搞建设，一心一意谋发展"、"倍加顾全大局、倍加珍视团结、倍加维护稳定"、"权为民所用，情为民所系，利为民所谋"、"尊重劳动、尊重知识、尊重人才、尊重创造"的良好氛围，从而树立良好的社会公德、职业道德和家庭美德；发扬扶危济困、见义勇为、助人为乐的社会新风尚；培养人们的法制意识、公德意识、公民意识；形成扶正祛邪、扬善惩恶，追求高尚、崇尚先进的社会风气。图书馆作为广受公众欢迎的公共文化设施，具有很强的社会宣传教育功能，在传播有益于社会进步的思想、道德、科学技术和文化知识，弘扬优秀文化和科学文化生活，提高公众素质，促进国际文化交流，营造全民学习、终身学习的学习型社会，提高全民素质等方面，图书馆都能发挥重要的作用。学习型社会具有持续、整体、全面的特点，是一个复杂的系统。在这个系统中，图书馆"开展社会教育"、"开发智力资源"的基本职能十分重要。图书馆的教育不受时间、空间、年龄的限制，这是任何其他教育机构所不能相比的。图书馆的教育特点与学习型社会"持续、整体、全面"的特点是图书馆通过书刊资料外借、提供咨询服务、开展文化活动尤其是精神文明创建活动，以科学知识培养社区成员，以科学精神引导社区成员，以科学思想塑造社区成员，以科学方法武装社区成员，从而在社区内部形成科学、文明、健康、和谐、向上的文化生活环境，有利于营造社会和谐的理念和氛围。

图书馆通过保障每个人的平等的读书权利和获得知识的机会，形成和谐的文化生态。促进社会公平和正义，是构建社会主义和谐社会的关键环节，是社会主义的本质要求。社会成员之间追求的公平和正义，既包括经济生活的需求，也包括文化生活的需求。必须看到，目前我国经济社会生活中出现了一些比较突出的社会公平问题。城乡之间、行业之间、部分社会成员之间收入分配差距过大，在经济生活上出现贫富悬殊，反映在文化生活上也呈现明显的不公平。城里人文化生活比较丰富，农村群众的文化生活相当贫乏；一部分人享受着各种高水准的文化消费，低收入家庭、困难家庭有的几乎与文化无缘，相当一部分进城务工的农民仍然处在"除了干活就是睡觉"的状态，享受不到基本的文化生活，文化生态失衡。这些问题是在构建和谐社会的过程中需要着力加以解决的。图书馆由于始终如一地坚持"平等服务"的原则，无偿地、公平地为人民服务，尤其是为"弱势群体"服务，加上图书馆的事业性质，能保证公众阅读、获取知识机会的平等。从贵族走向庶民，从特权走向开放的公共图书馆正是以改善穷困民众的读书问题，知识在真正意义上来到了民间的。不论你是士农工商，还是贩夫走卒，都有充分的机会通过图书馆获得知识。图书馆被称为"无围墙的大学"，让每一个人都拥有自由与无限制地利用知识、思想、文化和信息的权利，满足群众不同层次的文化需求，努力提高群众的科学文化素质，逐步缩小东西之间、城乡之间文化发展的差距，改善广大群众的文化生活状况。"凡是愿意读书的人都是可爱的"。在那些贫瘠的山乡，读书也许并不能立竿见影地改变生活的种种，但我们坚信，有书籍跨越千山万水的滋润，良好的文化生态将随之逐步形成，和谐社会将会有文化的基础。

图书馆为公众陶冶情操，增长知识，崇尚和谐精神提供平台我们处在世界各种思想文化相互激荡和国内市场经济深入发展的新的历史时期，人们思想活动的独立性、选择性、多变性、差异性明显增强，拜金主义、享乐主义、极端利己主义倾向和急功近利思想有所滋长，加上生活节奏日益加快，人们的工作紧张程度和精神压力随之增大，社会矛盾和社会冲突难以避免。因此，弘扬正气、凝聚人心、净化心灵、陶冶性情，增长知识，舒缓压力、娱乐心身、沟通感情、化解矛盾、增进融汇对构建和谐社会十分重要。图书馆恰恰能为公众陶冶情操，增长知识，崇尚和谐提供有利的平台。"书的香"能陶醉人的心扉；"书的手"能扫去人心房的杂念。公众通过图书馆阅读，陶冶、美化心灵，自觉抵制不健康的文化，不断提升文化品位，追求真、善、美；通过读书，获取知识、修养身心、完善自我；通过"读书"去"思接千载，视通万里"，去间接学习和掌握人类的智慧；通过读书学习，可以紧跟发展需要，不断拓展知识，增强才干；也可以改变自己的命运，为单位、为社会作出更大的贡献；读书还可以陶冶情操，提高我们的品德修养。读文学作品，可以让我们兴感动情，可以让我们了解社会和自然，可以让我们学会与人相处，可以借用它来怨刺时政。读书还有一个愉悦身心的作用。有人说，书乃是调理人心境的灵丹妙药。名言警句，富有哲理，可以医心疾；小说散文，平和清逸，可以降肝火；诗词曲赋，节奏通畅，可以舒脾胃；杂文评论，尖锐泼辣，可以增钙。总之，阅读，能让人生丰富多彩，图书馆为公众通过阅读获得和谐生活提供了最好的平台。

# 第二章　图书馆科学发展的
# 理论基础与指导思想

## 第一节　"三个代表"重要思想是我国图书馆
## 事业科学发展的理论基础

### 一、"三个代表"重要思想对我国图书馆科学发展的指导意义

用"三个代表"重要思想指导我国图书馆事业和谐发展是当前图书情报工作的首要任务，其重要意义在于：其一图书馆创新是一个复杂的系统工程，必须有先进的理论做指导；其二"三个代表"重要思想与图书馆创新有着必然的逻辑关系；其三"三个代表"重要思想为图书馆创新提供了世界观和方法论的借鉴。从实践层面上讲，一是要着重解决思想观念上的与时俱进，二是要进行现行管理体制和制度方面的创新。

跨入21世纪的中国图书馆事业，面对的是正在发生的深刻变化、同时充满挑战与竞争的国际国内形势，我国图书馆事业将在更深层次和更大范围融入世界图书馆体系之中，西方发达国家图书馆的先进理念、管理体制和制度将对我国图书馆事业带来极大的冲击与严峻的挑战。同时，国内市场经济日趋成熟和完善，对图书馆服务的模式和质量标准提出了更高的要求。改革与创新是中国图书馆现代化的必由之路，是时代的呼唤和历史的必然，不改革中国图书馆事业没有出路；不创新，中国图书馆事业就不能跻身世界一流。

第一，我国图书馆创新必须有先进理论做指导。图书馆现代化是一个复杂的系统工程，从历史角度来看，首先，由于我国历史上以小农经济为基础的封建社会漫长，小农经济的文化心态是封建主义文化心理基础，因此，当封建主义文化所直接服务的社会制度被摧毁之后的一个相当长的历史时期内，小农经济的文化心态和其他封建主义残余仍然深深地积淀在社会生活的各个领域。我国图书馆追求"大而全"、"小而全"、"重藏轻用"、分散封闭的办

馆思想等就是小农经济文化心态在图书馆领域的负面影响。在中华文明的历史长河中，尽管中国古代社会有着源远流长的藏书传统，但是中国现代意义上的图书馆制度，却是在西学的影响下建立起来的。众所周知，现代图书馆制度与现代工业文明有着血缘上的联系，是以西方文化为底色的，是建立在西方文明的根基上的。伴随着西方工业文明的前进步伐，西方现代意义上的图书馆已有数百年的发展历史，然而中国有现代意义上的图书馆只有百余年的历史，且又是"舶来品"性质，这就使得中国与世界发达国家的图书馆相比存在有明显的缺陷和差距。突出的差距是办馆理念、管理制度和体制、运行机制等方面的问题。其次，半个多世纪以来中国图书馆多半是在计划经济的模式下运行，图书馆只是各级政府下面的一级组织或附属物。虽然我国改革开放以来对图书馆事业进行了一些改革，但长期以来形成的一些深层次矛盾并没有得到解决。不少图书馆的缺乏独立的办馆理念和对图书馆规律的深刻认识。长期以来对体制的依赖使之习惯于照章办事，"等、靠、要"思想比较普遍。即使有一些改革的思想和创新的主张也因为无法用实践检验而不能确定其是否符合实际。现代图书馆制度表现为建立起竞争机制与合理的规范，而这需要在市场经济条件下才能够完成的。在计划经济体制下的中国图书馆缺少竞争的理性化过程，必然导致图书馆管理体制的僵化、办馆模式的统一化，甚至丢掉了已有的办馆特色。从图书馆目前面临的任务看，图书馆现代化既有观念层面的创新、管理体制和运行机制的创新，又有工作内容、服务方法和技术手段的创新，新的图书情报实践必然呼唤先进理论的指导。而"三个代表"重要思想正是在新的历史时期，同马列主义、毛泽东思想和邓小平理论一脉相承而又与时俱进的科学体系，正如胡锦涛总书记在"三个代表"重要思想理论研讨会上的讲话中所指出的，"三个代表"重要思想反映了我国广大人民的共同意愿，体现了当今世界和中国发展的时代精神，显示了马克思主义科学理论的强大力量，是全党全国各族人民在新世纪新阶段继续团结奋斗的共同的思想基础。在今天我国图书馆事业创新的征程中，"三个代表"重要思想同样具有根本性的指导意义。

　　第二，"三个代表"重要思想是图书馆现代化的逻辑基础和衡量标准。"代表中国先进生产力的发展要求，代表中国先进文化的前进方向，代表中国最广大人民的根本利益"是"三个代表"重要思想的集中概括和核心内容。图书馆所具有的保存人类文化遗产、传递科技文化知识和服务社会的三大传统功能，注定了它要担当起贯彻落实"三个代表"重要思想的历史重任。

　　我们知道，图书馆的性质与知识、信息最为密切，图书馆的发展与信息技术密切关联，信息技术不仅决定着社会信息量的大小和信息载体的物理形态，而且决定着图书馆进行信息、知识整序和开展信息、知识服务所能采取的方式，即决定了图书馆外部的社会信息环境和内部的业务工作手段。对中国图书馆来说，信息社会的来临为图书馆现代化带来了空前的机遇和挑战，机遇和挑战并存实践。"三个代表"重要思想，当务之急是要紧紧抓住先进生产力这一最具决定作用和本质意义的因素，努力在图书馆系统建成现代化的生产力。当前首要的任务就是及时引入新技术，用当代先进的信息技术改造传统图书馆。数字图书馆作为现代技术的产物，固然代表着一种先进文化，但是，与现代社会的传统工业一样，传统图书馆不是落后的代名词，它同样可以接受、吸纳现代技术来提升自己的工作效率和服务水平，计算机可以应用，网络可以存在，数字信息、实体文献可以共存，在传统与现代的转型中最终以"复合图书馆"定位于社会。技术从来就是生产力发展的关键。信息技术在图书馆应用最为集中的体现的是数字图书馆技术，包括文献信息资源数字化技术、超大规模数据库技术、多媒体信息处理技术、数据压缩技术、数据存储技术、数据迁移技术、数据安全技术、数据检索技术和网络传输技术等等。这多种技术的综合利用可以实现图书馆文献信息资源的网络化，形成一个将数字化信息、互联网、用户和图书馆场所文化等的复合型与高集成化的信息环境，扩大信息的利用范围，提高服务的速度和效率，最终实现文献信息资源的全球共享的人类梦想。图书馆这种独特文化机构的性质，决定了它是继承优秀民族文化和汲取先进外来文化的桥梁，在创造先进文化、建设社会主义政治文明、物质文明和精神文明起到重要的作用。同时，图书馆是满足广大人民群众平等利用文献信息需求资源的承载者，从知识与信息需求方面成为广大人民根本利益的维护者。图书馆的现代化与"三个代表"重要思想的内涵有着必然的逻辑联系，图书馆现代化体现了"三个代表"重要思想的目标和价值取向，同时"三个代表"重要思想又成为图书馆现代化努力的方向和检验创新成果的重要标准。

　　第三，"三个代表"重要思想对我国图书馆现代化提供了世界观和方法论的指导。胡锦涛总书记指出："'三个代表'重要思想坚持马克思主义的世界观和方法论，创造性地运用它们分析当今世界和中国的实际，为我们在新的时代条件下运用辩证唯物主义和历史唯物主义认识和把握社会发展规律、更好地推进我社会主义事业作出了新的理论概括。""三个代表"重要思想对图书馆现代化提供了光辉的典范，其典范意义主要体现在四个方面。

一是从深刻分析当今世界和中国的图书馆事业实际出发，提出问题和解决问题。"三个代表"重要思想是以江泽民同志为核心的党中央根据国际国内新形势、新情况和党所肩负的新的历史任务提出来的，是运用马克思主义观察和分析当今世界和中国的实际问题，不断总结经验和理论创新的最新成果。图书馆现代化，不是在图书馆战线或某一个图书馆内部封闭式的改革与创新，而是要正确分析国际国内的形势，关注时代的发展要求，特别是要放在世界图书馆事业发展的大趋势和大体系中进行创新，对发达国家图书馆的挑战作出回应。二是把与时俱进的精神贯穿到创新的全过程，与时俱进是"三个代表"重要思想的灵魂，始终保持与时俱进的精神状态，是图书馆坚持先进性和增强创造力的决定性因素。图书馆现代化是"破旧立新"的事业，所谓创新就是紧紧盯住世界图书馆事业发展的新趋势和新潮流，坚决摒弃陈旧的思想观念和落后的管理模式，始终站在时代的最前列。三是用全面的、联系的观点推进图书馆现代化创新工程。四是"以人为本"，要充分发挥人（读者、馆员）的主体作用，尊重群众的首创精神。

## 二、用"三个代表"重要思想指导我国构建科学现代化图书馆的实践

"三个代表"重要思想立足于中国特色社会主义建设的实践，以推动社会主义社会的全面进步为其追求的价值目标。由于历史与现实的多种因素的影响，我国图书馆的积弊甚多，思想观念、制度体制和运行机制等方面的一些深层次的矛盾和问题至今没有得到根本性的解决，还在制约着我国图书馆事业的发展。因此，用"三个代表"重要思想指导中国图书馆现代化事业创新的实践，当前应着重解决思想观念上的更新、管理制度和体制的改革和内部机制的创新三个方面的问题。

用"三个代表"重要思想指导我国图书馆建立科学的发展观。观念是行动的先导，进行图书馆创新，首先要坚持和发展适应国家和社会发展要求的图书馆思想观念，同时要十分注意研究和解决图书馆面临的新情况新问题。深入探索新形势下图书馆发展的规律，更新图书馆观念，确立与21世纪我国国民文献信息资源需求相适应的图书情报新观念。

图书馆科学发展观第一层含义是要树立"立足现实、开发传统、借鉴国外、持续发展"的战略思想。图书馆现代化是一个动态过程，从特征上讲，现代化标志着从传统到现代的转变，表现为与某些传统的断裂。图书馆的传统观念具有一定的稳固性和独立性，这种观念如不关注时代的进步和形势的变化，就会

变成一种惰性，形成思维定势，犯经验主义的错误。当前制约我国图书馆事业创新的一个很重要的因素，就是思想观念还不够解放，受计划经济的影响和烙印比较深。因此，图书馆现代化首要问题是图书馆界思想观念上的与时俱进，真正自觉地把思想认识从那些不合时宜的观念、做法和体制的束缚中解放出来。

图书馆科学发展观的第二层含义是"以人为本"，自由构成现代性的核心，人的各种权利的保障构成现代化的前提。图书馆现代化的核心观念是以人为本。"代表最广大人民的根本利益"首先要树立"人本主义"的发展观。现代科技加速进步，经济迅速增长，是因为现代文化内涵的信仰和理念注重物质满足和知识创新，轻视精神超越，现代各种制度又固化了重物质轻精神、重理性轻道德的人类生活习性。这也充分说明单纯依靠科学技术并不能完全和最终解决人类的各种课题，也不能为人类带来真正的幸福生活，"人性复归"已成为时代的强烈呼声。以人为本的发展观就是人类在对现代文明沉重反思后发出的呼唤。以人为本的发展观追求的是人的发展，图书馆从古代追求文献收藏保存（以书为本），到现代（近代社会是现代社会的初始阶段）的追求社会服务，现在又从追求社会服务到人的发展，这是时代的进步。从这种意义上来看，现代图书馆本质上不仅已经摆脱了过去的边缘性、阶级性和从属工具的性质，而且正在日益成为整个社会发展的基础和一种生命存在方式及生命的连接。通过它个体不仅获得生存的必要条件（知识信息需求是人类生存的必要条件），而且将人类过去的生命、现在的生命、未来的生命都紧紧相连并汇成一股鲜活跃动的生命之流，同时在人与人之间建立起互通的纽带。总之，立足生命存在，关注生命发展，呼唤生命活力，提升生命质量，这就是当代和未来中国图书馆的"人本主义"科学发展观，也是图书馆现代化的基本内涵。

图书馆科学发展观的第三层含义是科学与人文的统一。历史与现实已经证明，西方的现代性并非是人类最好的选择，西方文明中的种种弊端已经在现代图书馆逐渐显露出来。由于西方文化内涵的信仰和理念注重物欲满足和知识创新，轻视精神超越，现代制度又固化了重物质轻精神、重理智轻道德的生活习性，所以现代西方文化常常造成人类道德沦丧及人文精神的淡薄。如今人类所表现出的道德滑坡和人性化的确失就是西方文明弊端的显露。现代文明的负面影响在图书馆突出的表现是目标为手段所遮蔽。本来技术只是图书馆通往最终价值的桥梁，是一种手段，而人最终是无法栖息在这一纯粹手段上。陷身于手段迷宫的现代人，只不过是在手段上建筑新的手段，而最终价值目标却被忽视。目标为手段所遮蔽，是所有较高文明的一个主要特征和主要问题，在当代图书馆界不乏其例，比如把未来图书馆界定为"有序化的信息时空"、"三无图书馆"、"虚拟图书馆"等等，就是只从技术角度而忽略人文价值目标的典型案例。江泽民同志指出："历史唯物主义认为劳动者是生产力中最活跃最革命的因素。工具在生产力中是重要的，但无论工具怎样复杂，都要由人来制造和运用。"现代高新科技的魅力很容易掩盖人的主体地位，眼下西方图书馆管理的麦当劳化就是一个明证。所谓的麦当劳就是现在风靡全球的速食业或快餐业。它的标准化、快速化，并呈现出高度的统一性的管理和服务，具有现代社会技术统治的典型特征。西方图书馆的麦当劳化是后工业社会发展的必然结果。它虽可以给用户带来极大的快捷、便利和效率，但是在快捷、便利和效率的背后却隐藏着潜在的危机，那就是悄悄地消解了人类所需要的人文关怀。实际上技术无论再先进都是工具性的，它永远不能代替人的脑力劳动，科技的进步不是社会变革的终极原因。总之，我们必须明白：图书馆的终极目标是人，技术和文化都是为人服务的，图书馆所蕴含的人文精神才是推动图书馆发展、实现现代化的真正原动力，科技与人文的统一才是科学的发展观。

用"三个代表"重要思想指导我国图书馆现行制度和管理体制的创新。图书馆制度和管理体制是图书馆现代化创新中的重点，现代图书馆制度是一种建立在法制基础上的制度体系，具有法定组成机构及由此而构成的图书馆管理及其运作体系。这种制度体系保障了图书馆体制改革的顺利进行，并促使图书馆建立自我约束、自我完善和自我发展的机制，使各类型图书馆在面向社会、市场进行依法办馆的过程中，主动适应政治、经济、科技、教育、文化和社会发展，不断满足国民对日益增长的文献信息资源的需求。图书馆的管理体制大致可分为政府管理体制和图书馆内管理体制两个方面。从政府层面上讲，我国已经开始构建现代图书馆制度，着手建立图书馆员专业资格认证制度、图书馆行业规范、进行图书馆立法等。逐步改变计划经济条件下形成的部门和地方条块分割、"大而全"和"小而全"的封闭办馆局面。现代图书馆制度构建主要体现在以图书馆为本的管理体制创新，建设效能图书馆，强调从改进到发展、从数量到质量、从外控到内部管理。从文献管理到知识管理，从经验管理到科学管理，从重视物质建设到文化建设，形成以人为本、行为规范、运转协调、民主高效的管理体制。

用"三个代表"重要思想指导我国图书馆内部机制的创新。现代图书馆制度的确立不仅需要建立外在制度（社会干预制度），更需要建立内在制度。内在制度是外在制度的基础，缺乏一定的内在制度，外在制度往往难以有效实施。因此，中国现代图书馆制度创新，一方面要构建以法律为依据以图书馆法人化为标志的外在制度；另一方面必须培育植根于图书馆本质即以读者自由阅读为核心的内在制度。

现代图书馆机制创新的出发点和归宿是"以人为本"，其核心是建立一种新型的图书馆组织文化。作为内在制度的核心，"以人为本"是现代图书馆得以确立的基础。新时期我国现代图书馆制度创新的另一项重大任务就是对图书馆内部机制改革进行积极探索，从而促进图书馆依法自主办馆，创建图书馆特色。中国图书馆现代化要走世界图书馆共同发展之路，融入世界图书馆事业的发展潮流中，管理体制与运行机制需要以全球的视角进行定位，建立开放的机制，并运用国际通用的管理理念与标准，使我国的图书馆与国外图书馆在同一平台上开展交流与合作。从某种意义上讲，构建现代图书馆制度，深化图书馆管理体制、机制改革，就是走图书馆内涵发展之路。在图书馆运行机制创新方面，当前主要解决独立性问题，图书馆本质上是一个学术性的服务机构而非行政机构，应该遵循一定的学术管理规律。以当代世界上先进图书馆的经验看，普遍重视学术权力与个性化。然而，我国图书馆内部机制严格受制于国家的行政管理制度。由于我国图书馆管理体制基本还是承袭计划经济的模式，实行的是现代社会组织管理的典型方式——科层制，这种严格的等级管理制度，是一种身份管理，图书馆界亦盛行职称、学历和官位观念。这种管理不足之处十分明显，比如权力过于向行政管理偏移，严重削弱了业务和学术权力的发挥。学术和业务主要组成人员——图书馆员在决策中的作用受到忽视，包括广大读者在内的基层自主权和监督权受到限制，因而抑制了基层创造性的发挥。我国图书馆长期存在一个奇怪的现象，就是作为图书馆服务对象的广大读者对图书馆决策和管理几乎没有发言权。从这个事实出发，窃认为：我国图书馆运行机制创新，其核心是建立一种新型的图书馆组织文化，其取向是：其一，决策专业化、淡化科层制。由于科层制管理体制下的图书馆馆长通常由上级领导机构组织任命，他们只是对上级负责，影响决策的因素来自于上级权力，可以说决策权基本集中在少数人手中，专业人员和学术权威一般很少有机会介入各个层次的决策过程，即使是对学术事务也没有太多的发言权，尽管馆长理论上讲是学术上的权威，但事实上，他们在制订规划和决策时，通常的角色定位是上级领导在图书馆的权力执行代表。这样很难保证决策的专业化和决策过程的透明化。其二，扩大读者的参与度，以制度化确立广大读者和用户在图书馆的主体地位并保障其监管职能。

现代图书馆机制创新要"立足现实、开发传统、借鉴国外、与时俱进"。传统与现代并不是对立的一对结构，两者的关系是辩证统一的关系。传统图书馆文化是图书馆现代化的基础，是我国图书馆现代化成功的保障，现代文化又是未来的传统文化。"传统—现代—传统—现代"，循环往复，生生不息。传统文化不会消亡，现代化也不会终止。纵观历史，没有传统作为依托，现代化难以成功。新秩序是在旧秩序基础上有序地形成的，完全脱离旧秩序而创立的新秩序将不会长久，即使建立也很难维持。因此，传统是历史上所达到的最新境界，而现代化是把传统看做未来的开端。现代化之前必须有一个传统作为基础，现代化之后又将形成新的传统。保留传统就是为现代化打下更好的基础，而现代化则是为新的传统的形成准备了条件。现代化的实质是传统的制度和观念在科学和技术进步的条件下对现代社会变化需要所作的功能上的适应。因此，研究图书馆现代化，首要任务是从各种社会内部的文化传统本身出发，加强对文化传统的研究，开发传统、挖掘图书馆学术史，在继承的基础上确定在新的时代和条件下应当保留的那些有利于现代化的因素，抛弃那些阻碍现代化的因素，保证图书馆通过变迁而获得生生不息的生命力。

现代图书馆机制创新要借鉴世界图书馆运动的普适性文明成果，创建图书馆良性运行环境，其核心是要依法确立图书馆的法人地位和保障公民平等、自由、合法地利用文献信息资源的基本权利。中国图书馆现代化一定要纳入法制的轨道，要制定一部具有中国特色的，能够体现法治精神、引导价值取向、传递职业理念、保障读者权利的《中国图书馆法》，在立足中国现实的基础上，正确地分析、把握、预测社会期待和读者需求，充分吸收世界现代图书馆制度普遍性的文明成果，同时在追求中国特色和民族风格的基础上制定出中国图书馆法，将图书馆的社会责任，管理制度，公民的利用文献信息资源的权利。图书馆从业人员履行职务职责依法予以规范和保证。从而使图书馆现代化持续、健康的发展。

现代图书馆内部机制创新表现为建立起理性化的竞争机制与合理的规范。从某种意义讲，图书馆现代化的过程是一个建立起竞争机制的过程，没有竞争，就没有现代化，没有现代社会的活力。竞争是社会的效率与效益的内在要求，是加快社会发展的需要。传统图书馆与现代图书馆的一个重要区别，在于是否建立起竞争的机制。图书馆没有竞争，其结果只会使低效率与低效益的。信息资源也无法得到较好的配置与利用，结果只会是高投入低产出。但竞争是一把双刃剑，它也会产生负面的效应，即无序的竞争。因此，如何使竞争成为理性的，就构成现代性的一个重要课题。这就需要图书馆以理性化为目标，建立起相关的各种规范，以保障竞争的有序化。

对处于现代化过程中的中国图书馆事业而言，理性化尤其重要。一个原本属于计划经济体制之下的图书馆体制，一旦实行开放式的竞争，而新的规范又未能建立和完善起来，则必定会出现一些转型过程中的无序乃至混乱状态，因此，建立起合理有序的图书馆内部运作的竞争规范与秩序，对中国图书馆的现代化尤其重要。

综上所述，"三个代表"重要思想为我国图书馆事业现代化指明了方向，为我国图书情报事业创新提供了逻辑基础和价值标准，为图书馆现代化研究提供了世界观与方法论的指导。随着社会信息化程度的不断提高，自20世纪90年代以来，图书馆发生了显著的变化，出现了数字化文献和数字图书馆。今日的社会不仅有纸质的印刷型文献、缩微文献、视听文献，还有电子文献、网络信息；不仅有物理实体的传统图书馆，还有虚拟的信息空间—数字图书馆。数字化信息、数字图书馆与传统文献、传统图书馆比较，尽管有各自的特点和差别，但它们都属于图书馆的范畴，其本质是一致的，因而二者不是相互排斥，而是共存互补，相互依赖，相互促进，未来的图书馆就是虚拟信息和实体文献的复合体—复合图书馆。我国图书馆现代化面对新的变化，要树立"立足现实、开发传统、借鉴国外、持续发展"的战略发展思想，坚持科技与人文的统一，坚持制度和管理体制及运行机制的改革创新，实现传统图书馆与现代技术的共存与互补。现代化没有止境，实践没有止境，创新没有止境，中国的图书情报事业一定能为世界和中华民族作出更大的贡献。

## 第二节　用"科学发展观"指导图书馆科学发展

构建社会主义和谐社会是以胡锦涛同志为总书记的党中央从全面建设小康社会的全局出发提出的一项重大任务，适应了我国改革开放进入关键时期的客观要求。党的十六大在阐述全面建设小康社会的宏伟目标时，把社会更加和谐作为我们党要为之奋斗的一个重大目标明确提了出来，党的十六届四中全会进一步提出了构建社会主义和谐社会的任务，并明确了构建社会主义和谐社会的主要内容。全党、全社会都在为建设小康、构建社会主义和谐社会而努力奋斗，图书馆作为整个社会的一个元素，如何构建和谐图书馆的问题就油然而生。

和谐图书馆应当体现图书馆的热情周到，文明礼貌，为读者提供优质服务，并不断提高服务质量；人际关系诚实友爱，关系融洽；职工自强不息，奋发向上，自主创新，充满生机和活力；图书馆的环境优美、安定有序。如何以科学发展观为指导构建和谐图书馆，笔者结合我国图书馆工作实际，提出六个方面的认识和体会，以供商榷。

• 建设和发展是构建和谐图书馆的基础。邓小平同志讲，发展是硬道理。图书馆也要随着经济的发展而发展，随着学校的发展而发展，不断加强图书馆的硬件建设和软件建设，为构建和谐图书馆打下坚实的物质基础。进一步完善文献资源建设，通过不断加大投入，加快建设和发展，把图书馆建设成为环境优美、现代技术运用广泛、管理科学、功能齐全的现代化图书馆。

• 牢固树立"读者第一"的服务理念是构建和谐图书馆的前提。由图书馆的性质和职能决定，图书馆必须始终坚持"读者第一"的服务理念，一切为了读者，为了一切读者，为了读者一切。想为读者所想，急为读者所急，把读者当上帝，最大限度地满足读者的需要，追求最大的读者满意度。坚持"读者第一"的服务理念，首先要坚持"一贯性"原则，即上下一贯，从高校领导－馆长－部主任－馆员，要认识统一，步调一致；其次要坚持贯穿始终，时时事事处处不松懈、不动摇。如果不牢固树立"读者第一"的服务理念，构建和谐图书馆就无从谈起。

• 提高服务质量是构建和谐图书馆的核心。质量是图书馆的生命，没有质量就没有读者；没有质量，就没有和谐。在信息技术迅速发展的时代，图书馆已不再是读者获取信息的唯一途径，因此，图书馆每个工作人员要视质量为生命，千方百计地提高服务质量。以诚实的工作态度、勤奋的工作精神、协作的工作方式、完美的工作效果为读者服好务。在工作中做到"四心"：对图书馆事业充满信心，关注学生充满爱心、接待读者热情细心，释疑解惑认真耐心。自强不息，努力向上，刻苦学习，增强本领，周到服务，接待热情，工作缺失须及时改进。

• 改革创新是构建和谐图书馆的关键。图书馆的外部环境、读者需求、设备条件、人力资源等都发生了很大的变化，构建和谐图书馆，必须进行改革和创新，以适应上述诸多变化。对有碍于和谐图书馆建设的体制、制度、方式、方法等要进行大胆改革，大胆创新，理顺体制、完善制度，建立激励机制和创新机制，充分调动每个职工的积极性和创造性，不断挖掘新潜能，不断开发新方式，使图书馆充满生机和活力。

●诚实友爱是构建和谐图书馆的重点。诚实守信、团结友爱是公民的基本道德规范，是每个人的基本行为准则。图书馆的每个职工要忠诚于党，忠诚于人民，忠诚于图书馆事业，忠诚于读者，团结同志，协作共事，互帮互助，融洽相处；办事公正、诚实守信，关爱学生，热爱读者，工作热情，细致周到；广大读者要严守纪律，遵守制度，团结友爱，互帮互学，把图书馆工作人员当做良师益友，相互信任、相互理解、相互尊重、互相学习。通过图书馆工作人员和广大读者的共同努力，把图书馆建成和谐、温馨、幸福的家园。

●以人为本是构建和谐图书馆的本质。以人为本就是注重人的全面发展，促进人的全面发展。在读者方面，就是把满足读者的需要、为读者提供优质服务作为图书馆一切工作的出发点和落脚点，为培养高技能、实用型人才服务，促进学生德、智、体、美等方面全面发展。在职工方面，坚持民主管理，实行民主决策，一切依靠群众，遇事同群众商量，尊重馆员的卓越工作，重视馆员的需求，提高馆员的素质，提高馆员的生活水平和健康水平。坚持以人为本，不断满足读者和工作人员多方面需求和促进人的全面发展，是构建和谐图书馆的本质所在。

## 第三节　先进生产力与中国图书馆<br>事业的可持续发展

历史唯物主义在评价历史进步时有两个基本的标尺：一是以生产力决定生产关系作为历史发展的机制和动力，把生产力的发展视为衡量社会历史发展的基本尺度；二是以人的全面发展作为衡量社会历史发展的基本尺度。"三个代表"重要思想把代表中国先进生产力的发展要求放在首要地位，在生产力与生产关系、经济基础与上层建筑这一社会发展的基本规律中，紧紧抓住生产力这一最具决定作用和本质意义的因素，并把社会经济基础、上层建筑的多种因素归结为"生产力的发展要求"，既体现了社会基本矛盾运行规律的根本要求，又言简意赅，富有创意，从而使党的性质与社会基本规律的本质方面实现了直接结合。

马克思主义认为，人类文明的发展是以社会生产力的发展为主线而展开的，而科技进步历来是生产力发展的显著标志和关键因素。人类在漫长的古代社会（农业社会），以手工业生产力为主要标志，技术的进步，如文字的发明、青铜器和铁器的使用、造纸术、印刷术、火药等的发明与使用，推动人类社会文明不断发展。15 世纪以后，欧洲中世纪的黑夜结束，人类文明曙光开始出现。到了 17 世纪，以英国为代表的工业革命（主要标志是蒸汽机的发明和使用），将人类带入了大机器生产为标志的新的发展时期，人类历史进入了工业化社会（现代社会）的新阶段。如今的人类文明就是建立在工业化社会基础之上的。如果说以手工具生产为标志是人类历史上第一次技术革命，则以大机器生产为标志的社会转型就是人类的第二次技术革命。人类社会进入 20 世纪后，物理学领域的伟大成就和微电子、计算机的发明，以及随后出现的各种信息技术产业群，导致了 20 世纪 70 年代末至 90 年代初以信息技术为特征的人类历史上第三次技术革命，推动了人类社会从传统大工业社会向信息化、网络化和数字化时代迈进。这次新科技革命与第一、第二次技术革命的本质区别在于，它使技术要素的中心从能源转换转向信息集成。与此相对应，建立在信息技术基础上的新产业群及其产生的新兴生产力，与传统工业产业及其生产力也有本质的差异：它是以知识和信息为中心的新经济生产力，而不是以能源为中心的大工业生产力。

马克思在研究生产力的历史发展时曾指出，每一个时代都有一种劳动，成为那个时代所有一切的"普照光"，这种"普照光"改变着那个时代所有一切存在的比重、比例和色彩。作为劳动形式存在的"普照光"实际上便是那个时代起领头作用的先进生产力。如果我们把马克思"普照光"思想运用到当代，就不难揭示出自 20 世纪下半叶以来，人类在进入信息时代之后，以知识和信息为中心的新经济生产力成了当代普照一切的"普照光"，因而，它就是当代最先进的生产力，它规定着当代生产力跨越式发展的最主要的内容和特点。首先在信息科技革命中诞生和壮大起来的产业群本身，包括集成电路产业、计算机及其外部产业、卫星通讯业、软件业、数据库业、信息服务业等，能耗和物耗相对较小、而产值却非常之高。当然，人们不能吃信息、穿信息、住信息，光靠低能耗的信息产业不可能建成现代化，以制造业为中心的传统产业仍然是现代化生产力所必不可少的，但传统制造业高能耗、高物耗和高污染限制了它的发展空间。新经济生产力的第二个特征是它具有渗透作用，可以广泛应用于传统的工业领域，大大降低传统工业的能耗和物耗，提高资源利用效益。第三，由于以信息技术为中心的新经济生产力具有低能耗和低物耗，因此在信息技术领域发达国家与发展中国家的差距较小。信息技术的发展与传统的工业技术发展不同，不过分依赖物质条件，而以知识和人才为基础。第四，与传统的小农经济完全不同，现代化生产力（不论是大工业生产力还是新经济生产力）是高度社会化的生产力，只有在全球化过程中才能实现。

## 一、用先进生产力改造和发展中国传统图书馆

今天的新经济生产力是以信息化为核心的生产力（有人称为信息生产力）。它将成为我们这个时代普照一切的"普照光"，改变着这个时代一切的比重、比例、和色彩。新经济生产力就是当代起领头作用的先进生产力。那么，先进生产力对中国图书馆现代化事业有什么指导意义呢？

我们知道，图书馆的性质与知识、信息最为密切，图书馆的发展与信息技术密切关联，信息技术不仅决定着社会信息量的大小和信息载体的物理形态，而且决定着图书馆进行信息整序和开展信息服务所能采取的方式：即决定了图书馆外部的社会信息环境和内部的业务工作手段。对中国图书馆来说，实践"三个代表"重要思想，当务之急要紧紧抓住先进生产力这一最具决定作用和本质意义的因素，努力在图书馆系统建成现代化的生产力。当前首要的任务就是及时引入新技术，用当代先进的信息技术改造传统图书馆，数字图书馆作为现代技术的产物，固然代表着一种先进文化。但是，与现代社会的传统工业一样，传统图书馆不是落后的代名词，它同样可以接受、吸纳现代技术来提升自己的工作效率和服务水平，计算机可以应用，网络可以存在，数字信息、实体文献可以共存。在传统与现代的转型中最终以"复合图书馆"定位于社会。技术从来就是生产力发展的关键。信息技术在图书馆应用最为集中的体现的是数字图书馆技术，包括文献信息资源数字化技术、超大规模数据库技术、多媒体信息处理技术、数据压缩技术、数据存储技术、数据迁移技术、数据安全技术、数据检索技术和网络传输技术等等。这多种技术的综合利用可以实现图书馆文献信息资源的网络化，形成一个将数字化信息、互联网、用户和图书馆场所文化等的复合型与高集成化的信息环境，扩大信息的利用范围，提高服务的速度和效率，最终实现文献信息资源的全球共享。

在马克思主义看来，生产力的发展必然导致生产关系的变革。图书馆的技术变革势必要引发其内部组织结构、劳动关系、工作方式和人力资源配置等的变革。中国图书馆人一方面要不失时机地利用现代科技武装图书馆，另

一方面，要解放思想，调整和变革图书馆内部的生产关系，进一步解放和发展图书馆的生产力，以适应当代先进生产力和社会主义市场经济发展的需要。所以说从生产力方面看，先进生产力是促进图书馆发展的重要动因，而新技术的应用将会是中国图书馆在发展速度、工作效率和服务质量上发生根本性的变化。从而大大提升中国图书馆现代化的科技品位。

## 二、世界图书馆事业的发展趋势与我国图书馆事业的差距

我国图书馆事业在转型期实现跨越发展是有其特定内涵的，它主要不是一个量的巨大扩张问题，而是在一个新的平台上重新组织和改变自身的问题，这个平台就是先进生产力即信息化平台，图书馆事业的跨越式发展就是在这样的平台上设计完成的。那么如何设计和策划呢？首先，我们必须了解当代世界图书馆事业发展的趋势以及我国图书馆事业与发达国家的差距，只有明确目标和距离，知己知彼，才可以谈跨越发展问题。当前，发达国家已经进入所谓的后工业化社会，知识经济已经成为现实。他们有比较雄厚的物质基础，图书馆事业有健全的体制和法律，有先进的技术，有适应市场经济的开放的管理理念。而发展中国家多数还处于工业化社会的初期甚至还在农业社会阶段，图书馆事业处在传统型或传统向现代的转型时期，无论从图书馆建设的物质基础、技术应用水平还是管理理念等，与发达国家相比都比较落后，其差距主要表现以下几个方面。

首先，在我国，一般将图书馆分为公共、高校和专业等类型，各类图书馆分属不同的主管部门，条块分割，体制各异，缺乏统一领导、指导和整体规划的机制，我国这样的图书馆体制对于实现图书情报事业的功能和发挥整体效益是大为不利的，完全意义上的资源共享难以实现。其次，单一的国家计划投资机制也是造成目前信息资源建设投入不足、投资结构不合理、开放性差、效益低的重要因素。最后，在内部组织结构上，我国图书情报机构内部存在着不利于竞争以及对信息反应不灵敏的缺陷。传统图书馆一般呈馆、部、室的"金字塔"型组织结构，内部以传统工作流程设置业务部门，这种线性的组织结构过于强调管理的严密性而忽视了文献信息流的畅通，阻碍了信息快速、准确地流向其目标用户，不利于图书馆服务功能的实现。同时，这样的组织结构增加了控制程序和管理消耗，妨碍了各层级之间以及各部门之间的沟通，导致工作效率的低下，其缺点是显而易见的。

数字图书馆是现代技术在图书馆应用的集中体现，与国外数字图书馆的发展相比，我国图书馆还存在较大的差距。20 世纪 80 年代末 90 年代初，图

书馆自动化、网络化基本实现以后，以美国为首的西方发达国家在 Internet 背景下建设数字图书馆，大致经过了三个发展阶段：第一阶段为数字图书馆资源库的开发阶段。这一阶段主要致力于将图书馆的文献资源、科技成果进行数字化转换。由于传统图书馆与数字图书馆体系之间存在着很强的连续性，因而，图书馆传统印刷文献的数字化转换、存储、标引与检索、显示和输出等，成为这一阶段数字图书馆的工作重点。第二阶段是数字图书馆技术研制阶段。在这一阶段，数字图书馆建设和研究的重点是为数字化的信息存取和服务提供技术解决方案。第三阶段是数字图书馆的综合发展阶段。在这个阶段，数字图书馆的建设范围扩展到更广阔的领域，如研究数字图书馆的经济、社会、法律、政策框架、制定信息共享格式与国际标准，保证数字图书馆网站的可靠性和稳定性，考虑经济因素和商品化等。目前，发达国家数字图书馆建设已经达到综合发展阶段，而我国大部分图书馆还在基础的文献数字化阶段，仅有极少数图书馆进入第二阶段。不仅如此，我国建设数字图书馆初期出现许多不利于发展的问题，包括：投资结构不合理，开放程度不够、协作性极差，专业人才缺乏，给用户服务不够以及社会信息网络化程度低等。

可见，我国图书情报事业存在的问题，一方面来自外部，有待于国家进一步发展图书情报事业和改革图书情报管理体制，完善制度、法律等社会环境；另一方面则来自图书情报事业系统内部，需要图书情报行业从内部促进发展。

实现我国图书馆事业跨越发展意味着对历史及其所遗留的结构的一种否定，是一次重新的组建和创造，意味着不符合时代要求的被改组和被淘汰，意味着图书馆全体成员的重新学习和提高。同时又是一项具有中国特色的改革运动，具有中国本身的复杂性和特殊性。我国改革开放二十年来的实践证明：改革成为发展的内在动力，开放则能利用外部的环境和力量、促进彼此共同发展。我国图书馆事业实现转型期的跨越式发展，就是要在信息化的平台上，展开改革与开放的双翼，赶超发达国家。主要特征就是以信息化带动图书馆的现代化。

图书馆信息化内涵十分丰富，首先，它是以现代智能化信息技术为推动力的。马克思主义认为，使用生产工具的水平是社会发展水平的重要标志，图书馆事业发展的历史也是如此，每一次图书馆工作手段和工具的重要更新，都会引发图书情报事业的巨大进步和深刻变革。现代信息技术广泛应用于图书馆，将使图书馆工作手段、服务方式和劳动工具进入智能化时代。现代信息技术在图书情报工作中的应用，最为关键的是数字化技术，包括信息资源数字化技术，数据库技术，多媒体信息处理技术，数据压缩技术、存储技术、迁移技术、安全技术、挖掘技术、检索技术和网络传输技术等等，这些技术的综合利用，可以实现信息资源的网络化。形成一个及数字化信息、互联网、用户和服务为一体的高集成化环境。

其次，它以全面提升图书馆从业人员以及广大用户的信息素养和综合素质，创建与信息社会和知识经济相适应的新型信息服务形态为目的。信息素养是指个体能够认识到何时需要信息，何处检索信息，如何评估和有效地利用信息的综合能力。实践证明，信息素养是终身学习的基础。加强图书情报工作人员和用户信息素养的教育和培养，对于我国建立学习型社会，实现终身教育具有重要意义。综合素质主要是指知识、能力和素质的有机结合，特别是创新意识和能力是综合素质的灵魂。图书馆信息化，将为全面提升图书馆从业人员以及用户的综合素质奠定基础。

最后，图书馆信息化是一个过程，一个实现图书馆现代化的复杂过程。任何新技术的发明应用和发展都有一个由浅入深，由简单到复杂的过程。图书馆信息化将随着信息技术的发展和应用而不断深化，还将随着人们对它的认识和接受程度而不断推进，其最终目标是建立与知识经济相适应的图书馆新型形态，实现图书情报事业的现代化。

我们从技术和工作两方面综合起来看，用信息化带动图书馆的现代化有以下突出的当代特征：

•图书馆思想观念的现代化。图书馆信息化的进程，将极大地拓展图书馆工作的时间和空间，大幅度提高服务质量，促使图书馆事业的体制、结构、思想观念、内容、形式和方法等发生一系列重大变革。但是，这个进程除了技术因素的制约外，更重要的是图书馆从业人员与用户以及全社会对它的认可和接受程度的制约，而后者是受其思想观念支配的。因此，图书馆信息化，首先是以现代化的思想观念为指导，如"民主、开放、协同"和"以人为本"等现代发展理念，以及现代图书馆的时空观、人才观、价值观、质量关、效益观等观念。

•时空上的开放化。图书馆信息化的发展，将使图书馆工作成为人们需要的任何时刻、任何地点都能提供所需知识的活动，实现学习化人生，从而改变图书馆工作在某种程度上的封闭状态，使之与社会生产、生活融为一体，更具有生机与活力。

●文献信息传播的网络化与交互化。信息技术的高速发展，将极大地拓展文献信息的传播空间，各种"网上图书馆"、"虚拟图书馆"应运而生，迅速发展。全球的网络空间同时也是图书馆的空间，"地球村"就是一个大型图书馆。各种交互式软件的开发和应用，突出了馆员与用户之间思想、情感和文化的交流，服务由单向传输变为多向交流，馆员与用户之间建立起更加民主平等的关系。

●工作内容数字化。电子文献、多媒体文献、各种数据库的广泛应用，不仅是图书情报工作的内容丰富多彩、生动逼真，更是知识的存储、传播速度大大加快，使用效益有惊人的提高。

●图书馆技术智能化。图书馆技术主要是指为实现图书馆功能和目标所采用的技能、手段和工具。现代信息技术广泛应用于图书馆，是加速信息化提高其智能化水平的直接动力。

●信息资源共享化。图书馆信息化过程中，特别是全球互联网的形成和发展，打破了过去文献信息资源种种形式的封闭和垄断，是全球文献信息资源的共享化程度大大提高，从而有利于全球信息资源的充分利用和质量与效益的提高，有利于缩小国家和地区间图书馆之间的差距，有利于具有"后发优势"的图书馆实现跨越式发展。

●服务对象的全民化和服务的个性化。图书馆信息化进程，同时也是其服务对象逐步大众化、全民化的历史过程，它一方面依赖于信息技术、图书馆思想观念乃至整个社会的发展进步，同时又对社会进步形成巨大的推动力，它本身也成为文化教育和社会进步的一个重要标志。服务的个性化是指图书馆把"以人为本"的理念真正贯彻在为用户服务工作宗旨之中，在文献信息服务中，确立人文理念，开展人性化服务，关注人的发展，人的权利、人的尊严和人的价值。

总而言之，先进生产力的发展是世界经济一体化时代的社会发展规律，这一规律只有在信息化、全球化时代才有可能比较全面地展现出来，从而成为信息社会的发展规律。今天的图书馆事业出现了前所未有的发展良机，在知识经济的宏大背景中，图书馆获得了空前的发展空间。贯彻"十六大"精神，实践"三个代表"重要思想，就是要始终把握时代先进生产力前进方向，解放和发展我国图书馆的生产力，用信息化带动图书馆的现代化，由此而产生出创新体制和创新精神，使我国图书馆事业进入跨越式发展的进程，尽快缩小与发达国家图书馆的差距。

# 第三章　图书馆科学发展的价值取向

## 第一节　图书馆事业科学发展的文化取向

### 一、中国图书馆事业科学发展的时代特征

现代社会的大生产的科学性、社会性等一系列特点，决定了社会对知识信息交流新的需求。这种需求推动了图书馆事业的和谐发展，从而使和谐发展中的中国图书馆具有与之相适应的一些基本时代特征。

图书馆事业科学发展的第一时代特征是图书馆的科学性或曰科学化。近代科学是大工业生产的基础，从某种意义上讲又是大工业生产的产物。科技是人类从"神魅化"社会走向"世俗化"社会最重要的武器，也是现代性主体得以确立的基础。依靠科技确立起来的现代性主体为人类带来巨大的物质享受和精神力量，当然亦改变了图书馆的内涵。这种科学化具体表现在：①知识的爆炸性增长和知识更新频率加快。20世纪是科技飞速发展的时代，也是科技展现出空前魅力的时代。据统计，在20世纪初，科技对经济增长的推动作用为百分之十五至百分之二十，目前在发达国家已上升到百分之六十至百分之八十。人类知识在19世纪时，五十年增加一倍；20世纪初，三十年增加一倍；20世纪五十年代，十年就增加一倍；七十年代，五年就增加一倍；八十年代又缩短为三年；九十年代的速度更快。与此同时，知识的更新也在加速，18世纪为八十至九十年；19世纪末20世纪初为三十年；最近半个世纪为五至十年。而且知识转化为生产力的速度也越来越快，上世纪初一般需要二十至三十年，六、七十年代的激光与半导体从发现到应用只有两年到三年；上世纪末的信息产品的更新换代甚至只有几个月。②知识、信息载体的蓬勃发展，使图书馆馆藏资源成为多种物质载体、数字化信息和虚拟信息的复合型资源体系。③图书馆工作和服务手段中科技含量增高。

图书馆事业科学发展的第二个时代特征是其图书馆个体本身的现代化.

所谓图书馆现代化，指以世界最先进水平作为参照系，用现代科技武装图书馆的过程。从某种意义上讲，图书馆现代化就是图书馆从组织和手段上实施科学的、技术的变革。因此，图书馆现代化又突出地表现为图书馆的自动化、数字化和网络化。事实上，现代化是一个广义概念，远不限于技术手段上的现代化，现代图书馆自动化、数字化、网络化的同时，包括先进的图书馆思想、办馆理念、文献工作的标准化、图书馆管理的科学化、图书馆组织的网络化、规范化、制度化，工作人员专业构成的优化等等。图书馆现代化大大提高了图书馆工作和服务效率，使图书馆具有更为广阔的时空意义，并将深刻地改变图书馆的社会价值观念，扩大图书馆的职能。因而，图书馆现代化实质是现代图书馆一种"社会变迁过程"。

图书馆事业科学发展的第三个时代特征是图书馆社会职能的扩大化。图书馆作为一种社会知识信息的交流系统，文献信息收集、保存、处理和提供利用，这是图书馆作为图书馆存在的基本职能，不同类型的图书馆和不同历史时期的图书馆有所偏重，但从一般意义上讲是必须具备这些基本职能的。图书馆另一种职能是工具职能即社会职能，社会职能是随着社会的变迁，图书馆的性质结构和它的工作与服务手段的变革而变化的。在古代图书馆的主要社会职能是保存和整理社会文化遗产，在近代到现代图书馆向社会开放，各类型图书馆的兴起和普及，扩大了图书馆的服务范围和社会职能，20 世纪下半叶以来，随着社会信息化的发展、新经济生产力的产生，图书馆的社会职能日益扩大。概括起来有以下几个方面：①传递科学知识信息的职能；②教育职能；③满足人们精神文化生活需求的职能；④保存人类文化遗产的职能；⑤提供人们休闲娱乐的职能。

图书馆事业科学发展的第四个时代特征是图书馆的社会化．这是现代图书馆最基本的特征。现代生产的社会化、全球化，使整个人类社会连为一体。知识总量的增长，现代教育的发展，对知识信息的需求日益成为一种社会性的需求。这种社会性的需求也就从根本上决定了图书馆的普及化、社会化。从上世纪末期，西方发达国家已声称进入后工业社会时期，图书馆的社会化含义扩展到全球化。如今全球化已经成为图书馆发展的一种趋势。图书馆社会化是图书馆现代化的突出标志，现代图书馆为适应大工业化生产力的发展，图书馆社会化是其必然的选择。那么，21 世纪的中国大学图书馆为适应新经济生产力（知识经济）的发展，唯有走全球化的道路。因为与传统的小农经济完全不同，现代化生产力（不论是大工业生产力还是新经济生产力）都是高度社会化的生产力，只有在全球化过程中才能实现。图书馆全球化是图书馆社会化在新的历史时期的发展，是图书馆社会化发展的新阶段，建立在现代化生产力基础之上的现代图书馆，只有适应高度社会化——全球化的趋势，才能生存和发展。

如果说图书馆的社会化是现代图书馆在外延上革命性的飞跃的话，那么图书馆的科学化就是现代图书馆在内涵上的突变。二者就构成了现代图书馆最基本的特征。这也是我们考察图书馆现代化的基本出发点。

## 二、推进中国图书馆事业现代化建设必须坚持的文化取向

● "始终代表中国先进文化前进方向"的文化取向

"三个代表"重要思想提出了中国共产党要"始终代表中国先进文化的前进方向"，如何把握时代的先进文化，用先进文化提升中国图书馆的文化品位，是我国建立图书馆事业现代化的一个重要课题。图书馆作为现代社会的重要机构，图书馆的文化品位是其内在的价值观和精神取向，不仅与社会的文化品位是整体、从属、和谐的，而且应该与当代先进文化的前进方向保持同步。同时图书馆作为一个为社会政治、经济、教育、文化、科研服务的学术性机构，还应该有着自己独特的内涵与格调，有其独立的价值取向、学术权力、行为准则、道德规范和实物景观等。我们用文化分析的方法，从物质层面、技术层面、制度层面和精神层面四个方面简要概述一下用先进文化提升现代图书馆文化品位所包含的基本内容。

首先，在物质层面上图书馆的文化品位主要体现出一种环境文化，高品位的图书馆环境文化应该给人一种清洁、宁静、高雅、和谐、协调和赏心悦目的感受。这个环境主要由图书馆的藏书、建筑、设施、布局、绿化等因素构成。具有现代气派、美观大方、宽敞明亮、富含文化气息的馆舍建筑、使用高科技含量的管理和服务手段、清静幽雅的园林艺术更能衬托图书馆的人文环境，营造浓郁的文化气息。总之，高品位的图书馆环境文化展示给读者的是一种无声的美，是人文、自然、科技之美的有机结合，带给读者的是一种宁馨高雅的氛围。其次，在技术层面上，现代科技正加速进步，现代信息技术的发展更是日新月异，科技的含量已越来越成为图书馆其文化品位的象征，用科技武装自己，充分吸收现代科技革命的文明成果，追求现代科技带来的高效益，不断提升自身的技术品位，是现代大学图书馆不可阻挡的发展趋势。再次，在制度层面上，现代图书馆应有的制度文明是系统良好运行的保障，是规范各种行为、调整各种关系的文化纽带，是图书馆文化品位的重

要量度。因此不断吸收现代文明中的先进文化成果，特别是世界性的现代图书馆制度建设的普适性的成果和经验，探讨市场经济制度之下中国图书馆管理体制、运行机制和法律制度，用先进的制度文化创建和谐、平等、民主的具有本土特色的中国图书馆体制。最后，在精神层面上，一方面应积极研究吸收现代西方文化中的先进图书馆思想，引导价值取向，传递先进的图书馆理念；另一方面要抵制西方文化中落后、消极甚至是腐朽的意识形态，努力消除其负面影响。

● 必须坚持组织文化创新的文化取向

推进我国图书馆现代化必须借鉴世界上先进的办馆经验和管理经验。图书馆本质上是一个学术性的服务机构，应该遵循学术管理的规律。以当代世界上先进图书馆的经验看，普遍重视学术权力、重视个性发展。然而，我国图书馆内部管理体制严格受制于国家的行政管理制度。由于我国图书馆管理体制基本还是承袭计划经济的模式，实行的是现代社会组织管理的典型方式——科层制，这种严格的等级管理制度，是一种身份管理，图书馆界盛行职称、学历和官位观念。这种管理在通常机构运行良好的条件下，有助于上下一致，提高管理效率，但不足之处也十分明显，比如权力过于向行政管理偏移，严重削弱了学术权力的发挥。学术主要组成人员——图书馆员在决策中的学术权威作用受到忽视，包括广大读者在内的基层自主权受到限制，因而抑制了基层创造性的发挥。我国图书馆存在一个奇怪的现象：即作为图书馆服务对象的广大读者对图书馆决策和管理几乎没有发言权。从这个事实出发，窃认为：我国图书馆内部管理体制创新，其核心是建立一种新型的图书馆组织文化，其取向是：其一，决策专业化、淡化科层制。由于科层制管理体制下的图书馆馆长通常由上级领导机构组织任命，他们只是对上级负责，影响决策的因素来自于上级权利，可以说决策权基本集中在少数人手中，专业人员和学术权威一般很少有机会介入各个层次的决策过程，即使是对学术事务也没有太多的发言权，尽管馆长理论上讲是学术上的权威，但事实上，他们在制订规划和决策时，通常的角色定位是上级领导在图书馆的权力执行代表。这样很难保证决策的专业化，决策过程的透明化。其二，扩大读者特别的参与度，确立广大读者和用户在图书馆的主体地位和监管职能。

总之，就目前来讲，图书馆决策实行专业化取向，淡化科层意识，恢复图书馆这个学术性的服务机构的本来面目十分必要。图书馆内部要通过自己的职工代表大会、馆务委员会、学术委员会等集体决策机构，对外要逐步加大广大读者对图书馆的监管力度，减少决策的盲目性、片面性，增加凝聚力，形成管理制度的清风和和谐的组织气氛。

● 制度创新必须坚持"内协调"与"外协调"的文化取向

我国图书馆事业现代化要立足于制度创新，现代图书馆制度的确立不仅需要建立外在制度，更需要建立内在制度。内在制度是外在制度的基础，缺乏一定的内在制度，外在制度往往难以有效实施。因此，建立现代图书馆制度，一方面要建立以法律为依据—图书馆法人化为标志的为在制度；另一方面必须培育植根于图书馆本质及以人为本的民主、平等、自由精神为核心的内在制度。因此，中国现代图书馆制度的建立面临着双重任务，既要建立以图书馆法人化为标志的外在制度，又要培育以学术自由、读者平等利用文献信息资源的"以人为本"为核心的内在制度。换言之，就是中国现代图书馆制度建设必须坚持"内协调"与"外协调"的文化取向。所谓"内协调"就是要充分发挥好图书馆的个性化功能，营造良好的文化氛围，维护中国图书馆之所以为中国图书馆的优秀精神和传统。现代图书馆制度建构应致力于营造开放、自由、协调、宽松的环境，以保障中国图书馆的文化传承、文化创新活动，不断提升图书馆的学术文化品位。中国图书馆制度创新"内协调"的文化取向有两点必须加以关注：第一，尽量避免外在的强制和控制，体现现代法治文明，实现学术自由与图书馆自治。第二，图书馆的个性化问题。个性化有三层含义，一是中国图书馆与世界其他国家图书馆的区别；二是作为中国图书馆整体与其他类型文化单位的区别；三是中国图书馆系统内个体之间的差别。这三层含义其实就是图书馆作为整体和个体的特色问题。总之，中国图书馆在世界图书馆体系中是一个有自己特色的独立体系，在现代信息化和网络化的环境下，这一问题对中国图书馆将会日益突出和尖锐，我国图书馆界如果不能很好地解决因认识上的偏误而带来的发展上的缺陷，不能很好地应付由于信息化时代所带来的图书馆特色化存在方式的挑战，图书馆的现代功能就会萎缩、中国图书馆的个性就会消失。

现代图书馆的外协调就是要发展图书馆社会化的功能。协调图书馆与社会的价值冲突，充分发挥和不断发展图书馆社会化的外部功能，保障图书馆的文化地位。其中除了发挥好传统的教育功能、信息功能及文化娱乐休闲功能外，要不断地发展图书馆适应社会信息化、网络化所产生的新功能。从现代世界图书馆运动的先进经验来看，有两点必须关注：一是将图书馆现代制度建设纳入现代法治轨道。二是贯彻"以人为本"的发展理念。法治文明是现代文明的重要部分，西方发达国家图书馆都是在法律的保障下运行的，建立中国图书馆法，依法保证图书馆的社会地位、社会责任、管理体制、经费来源以及国民平等利用文献信息的基本权利，是现代图书馆制度文明的主要标志之一。现代图书馆已经摆脱了过去的辅助和从属工具性质，不仅成为社会公民可利用的文献信息资源保障系统，而且将成为学习型社会人们终生学习与教育的中心。

● 必须坚持"民族的就是国际的"文化取向

在新的历史条件下，实现图书馆现代化，首先要正确对待传统的图书馆文化，继承优秀的中华民族图书馆传统。因为，现代化就是传统向现代性转换的过程，是传统——现代之间的互动。

我们知道，现代文明是以西方文化为底色的，当信息化、网络化、数字化等现代科技成果扑面而来，当代先进生产力所创造的丰富多彩的工业品、科技新产品使我们眼花缭乱，西方文化作为世界主流文化和强势文化，通过先进的科技手段（譬如信息网络）传播到世界各地，使几乎所有的民族文化都在不同程度地受到西方文化的冲击和同化之时，我们必须保持清醒的认识，那就是西方文化虽以工业化和高科技的强势成为现代文明的主流，但是这并不意味着未来的世界文化就是与现代西方文化同质的统一文化，并不意味着现代西方文化就是当代的先进文化。因此，中国现代图书馆制度建设的文化取向既不能一味模仿搬用西方现代性的直接成果，也不能幻想将我们的文化传统作为救治西方现代性弊端的灵丹妙药。我们唯一所能够做出的选择，就是立足于"本土化"，重新建构和发展真正属于中国自己图书馆的现代化。随着我国社会主义市场经济体制的发展和完善，国家对个体的制约作用将会越来越间接，制约的范围也将大大缩小。这即意味着图书馆存在和选择的自由权和自由空间不断扩大，为中国现代图书馆制度建设开辟了更为广阔的空间。吸收和借鉴现代图书馆运动中世界图书馆的先进经验和优秀文化成果，不断变革和创新我国图书馆传统中的那些被实践证明已经过时的、落后的东西。同时，弘扬中国优秀的文化传统和图书馆精神，在现代和传统融合的基础上，建立有中华民族特色的现代图书馆精神与品格，坚持"民族的就是国际的"文化取向。

## 第二节 图书馆科学发展的价值目标

图书馆的共同价值取向是组织文化深层次的问题，属精神层面。为读者服务是图书馆的使命和职责，服务水平、服务质量、服务手段是图书馆人关注的重点。图书馆的一切工作都要体现在这一职能上，这是图书馆组织的共同目标。过去图书馆员都在书堆里巡回，构成了一个封闭的自我完善机制。时至今日，图书馆人虽然认同了"读者第一，服务至上"这一核心价值观，并把它看成是图书馆的天然属性，当做图书馆的主流话语，但是在具体的行为方式上，到底能承担得起多少道义责任，仍需打上问号。

"和谐图书馆"建设的宗旨是为馆员发展与读者的文献信息利用创造最适宜和谐生态。他的最大特征是生命平等和信息公平的观念和尊重博爱的人文思想。不论智力优势、外观美丑、地位高低、经济贫富，人人在人格上是平等的，享有同等的尊严，文献信息利用权力与义务是相一致的。因而，"和谐图书馆"建设的根本任务是形成图书馆尊重文化的价值认同。

"和谐图书馆"建设的终极目标是什么？应当是馆员与读者的幸福体验。让读者、馆员通过自身的努力体验生存与发展的快乐。让读者在使用文献信息资源中得到满足和愉悦，让馆员在管理与服务中具有成就感，享有成功的喜悦和精神上的激励。大楼与现代化技术不一定表明和谐，数字化程度高，文献流通率高也不一定表明和谐。但幸福和快乐体验无疑是一种和谐，我们决不能以发展压倒幸福和快乐，以一种外在的政绩来牺牲读者与馆员的幸福体验。"和谐图书馆"建设力求让每一个馆员或读者，在学习生活中获得巅峰体验，在交往生活中获得归属体验，在休闲生活中获得审美体验。

历史与现实已经证明，西方的现代性并非是人类最好的选择，西方文明中的种种弊端已经在现代图书馆逐渐显露出来。由于西方文化内涵的信仰和理念注重物欲满足和知识创新，轻视精神超越，现代制度又固化了重物质轻精神、重理智轻道德的生活习性，所以现代西方文化常常造成人类道德沦丧及人文精神的淡薄。如今人类所表现出的道德滑坡和人性化的缺失就是西方文明弊端的显露。现代文明的负面影响在图书馆主要有两个突出的表现：第一是技术统治或曰工具主义，其主要表现为目标被手段所遮蔽，这是所有较高文明的一个主要特征和主要问题。本来技术（工具）只是图书馆通往最终价值的桥梁，是一种手段，而人最终是无法栖息在这一纯粹手段上。但在技术统治的现代社会，最终价值目标却被忽视，目标常常被手段所遮蔽。比如把未来图书馆定义为"有序化的信息时空"、"三无图书馆"（无人、无纸、无墙）、"虚拟图书馆"等等，就是技术主义在图书馆的翻版。近来看到学术刊物上一些讨论西方图书馆麦当劳现象的文章感触颇深。所谓的麦当劳就是现在风靡全球的速食业或快餐业。它的标准化、快速化、并呈现出高度的统一性的管理和服务，具有现代社会技术统治和生产工具论的典型特征。这种现象是后工业社会发展的必然结果。图书馆管理的麦当劳化，虽可以给用户带来极大的快捷、便利和效率，但是在快捷、便利和效率的背后却隐藏着潜在的危机，那就是科技在给我们带来高效、快捷、便利的同时却悄悄地消解了人类所需要的人文关怀。

在马克思主义看来，生产力的发展是推动历史前进的根本动力，而技术进步历来是发展生产力的关键。但是如果我们深入一步追问生产力为什么会不断发展？科技为什么会不断进步？难道生产力的发展、科技的进步就是社会变革的终极原因么？实际上生产力之所以会不断发展（技术的不断进步是其主要表现形式），无非是因为人们的物质需求在扩张，人类的知识在进步。而人的物质需求的扩张和知识进步都与人的信仰和理念相关。因此，技术无论再先进都是工具性的，它永远不可能代替人的脑力劳动，科技的进步不是社会变革的终极原因。在大量应用信息技术的现代图书馆，我们必须清醒地认识到图书馆职业基本上是一种人文职业，我们的终极目标是人。当前世界图书馆界倡导的"人本主义"的发展观就是对西方文明的反思后的呼唤，人文精神从来就是中国图书馆的文化精髓。

总之，和谐图书馆中的读者体验着图书馆活动的发展愉悦，和谐图书馆管理中的馆员感受着职业的幸福感与成就感，图书馆真正成为读者和馆员的精神家园。

第二篇 **02**

图书馆科学发展的实践指向

# 引　言

　　"和谐图书馆"是充满活力的图书馆，是追求质量的图书馆，是充满书香和信息共享的图书馆，同时又是民主融洽的图书馆。和谐图书馆的建设将是一项长期的任务。当前我国"和谐图书馆"建设十分紧迫的是解决三件事：重构馆员与读者关系；重组组织结构；重塑组织文化。

　　●重构馆员与读者关系。图书馆的主体是馆员与读者，因此，"和谐图书馆"实践指向之一，首先是建立馆员与读者之间的和谐关系。这方面要围绕三方面来进行：第一是要求将"以馆育人"作为图书馆工作的最高境界；第二是要求图书馆活动"以读者为中心"来开展；第三是体现信息公平，保障读者无障碍地自由利用信息。馆员与读者关系集中体现在服务与管理两个基本层面，或者说"藏"与"用"双方在管理过程中要建立和谐的关系。具体操作中必须把握三个要素，即"丰富的信息资源"；"深化服务、方便利用"；"馆员与读者互动"。馆员与读者间的和谐体现为一种亲近、融洽、协商和激励性关系，是心灵沟通，是人格感召，是文化熏陶，是精神引导。

　　处于不同历史发展阶段的图书馆在"藏"与"用"的矛盾上有着不同的内容，但"以书为本""以藏为主"一直给图书馆活动留下深深的烙印。在网络信息时代，"藏"与"用"的矛盾以新的特征和新的形式日益突出。因此，重新建构馆员与读者的和谐关系是建设"和谐图书馆"的关键。构建馆员与读者的和谐关系有两个基本着眼点：一是改传统的"以书为本"为现代的"以人为本"，在以人为本的理念中，既要强调读者第一的服务理念，也要坚持馆员为本的管理思想，只有充分调动馆员与读者两方面的积极性、能动性和创造性，图书馆的工作才能充满活力。二是改"以藏为主"为"以用为主"，图书馆的一切馆藏文献的收集、加工、存储和利用都应以方便读者利用为原则，把书库变成读者书房，在藏借阅结合的文献布局的基础上按学科门类或知识体系开辟不同的文献专区。在管理手段上要充分利用计算机等现代信息技术实现自动化和规范化管理，提高信息的处理能力和对文献进行深层次加工能力，有效地利用实体文献资源和虚拟信息资源，满足读者不同层次、不同方向的共性需求和个性化需求。要为读者创造一个自主学习、自由利用文献信息的人文环境，视读者（用户）为图书馆资源的一部分。首先了解用户至为重要，应为首务之急。其次，这种信息可从以下方式获得：从用户注册数据库的统计分析；流通和馆际借阅记录；最常问的参考咨询问题；电话和电子信件服务；电子刊物和数字化资源的使用等。第三，所有的用户服务项目都应该符合各人的需要。进行馆员和读者之间的交流、实行个性化服务。现代多媒体技术的重要特征之一是交互性。在局域网或互联网环境下，馆员和读者之间的交流不受时间、空间的局限，使交流具有间接性、独立性、灵活性、多样性和拓展性，有助于发挥读者的主动性和馆员进行因人而异的导读或导航，同时也有利于馆员和读者之间情感的交流和互动学习。第四，通过定期的用户调查来收集用户的满意程度和要求。

总之，馆员与读者的和谐关系，必须建立在以读者为主体，以馆员为主导的平台上。只有这样，馆员才能实现角色的转变，即由过去的文献提供者转变为知识的导航者，才有可能达到"以馆育人"的境界。

●重组图书馆组织结构。所谓组织结构是指组织内部正式规定的，比较稳定的相互关系形式。组织结构是组织文化的中间层次，属制度层面。组织结构的和谐是图书馆和谐的基础。因此，"和谐图书馆"实践的指向之二，是建立和谐的图书馆组织结构。现代图书馆由于新技术的运用，范式的演变，正面临着组织结构的变革。图书馆组织结构变革要从集权形式向现代的多维多层次的开放形式演进。为了提高图书馆内部组织结构运动的和谐度和组织系统的运行效率，必须对组织内部结构进行再造。组织内部结构再造的关键是引入分权机制，使拥有专门知识的馆员具有相关的决策权，从而降低信息和知识传递的成本，使其及时发挥最大的效用。有关研究中指出的"从金字塔模式转向扁平网状结构"、"从纵向层次结构转向横向网络结构"等组织模式变迁趋势就是引入分权机制的结果。就目前来说，图书馆传统的内在组织结构一般采用的是以文献管理为中心、按功能定岗位的职能制组织方式。首先，这种组织结构不适应现代信息技术在图书馆的应用和发展。一是不利于图书馆与外部信息机构之间的沟通与联系，影响信息的传递和交流；二是层次太多、机构臃肿带来组织的分化，出现了各种不同的专业人员，他们之间因为工作岗位的差异，产生矛盾和冲突，给组织整合带来极大的困难；三是机械的组织运行忽视了组织成员的个性特征，抑制了馆员的工作积极性、主动性和创造性能力的发挥。其次，体现在图书馆组织的"自动平衡"被打破，群体基本行为的要求和能力失衡。表现在馆员队伍素质和能力的差距愈来愈泾渭分明，表现在馆员个体的工作业绩优劣上愈来愈大相径庭。因此，为了适应当今时代的发展，调整图书馆组织结构，使之更加柔性化、灵捷化。为了能真正提高图书馆内部组织结构运动的和谐度以及员工和读者的和谐感，需要在图书馆内部营造一种"学习型"组织文化，这是一种开放的、自由的、高度信任的人文生态，能够鼓励多元化吸收各方面不同意见，并通过相关人员之间知识能力的互补，创造交叉知识，达到互相学习和知识共享。

在"学习型"组织结构中，馆员之间、馆员和读者之间的知识交流与共享得到鼓励并有切实的条件保证，团队式的工作小组使得任何一位馆员的想法、建议或意见都得到广泛的交流，学习成为一种日常的、自觉的事情。对馆员隐性知识的开发和利用也会得到重视。虽然，传统图书馆管理更多的是借助系统的方法实现知识的放大和倍增，馆员更多的是用书目系统、分类系统、查询系统以及一些图书馆自动化管理软件实现其职能，个人经验和技能的影响不是很明显，尤其是在现在图书馆提供的服务基本都是比较低层次的状况下更是如此。但是应该认识到，随着知识导航、知识服务的深入，对于个人专业技能和经验的要求会更高。而这种具有学科知识背景和专业技能的高层次人力资本，只能在和谐的图书馆内部组织运动中才能催生和成长。

●重塑图书馆文化。所谓图书馆文化是指在一个图书馆内经过长期发展历史积淀而形成的，以馆员和读者为主体而创造并达成共识的价值观念，办馆思想、群体意识、行为规范等构成的价值观体系，是一所图书馆精神与氛围的集中体现。社会的和谐因文化而获得，图书馆也是如此。图书馆的魂魄只能依存在文化上。如果没有人文坚持，"和谐图书馆"就会失去灵魂。因此，"和谐图书馆"实践的指向之三，是图书馆和谐文化的重塑。

素质和文化是相通的，就个人而言是素质，就集体而言就是文化。文化实际上就是集体成员的素质。从这一意义上说，建设和谐图书馆文化就是提升图书馆集体成员的素质。那么，又如何来建设"和谐图书馆"文化和提升图书馆集体成员素质呢？必须在以下三个方面下工夫：

一是注重细节。文化是通过细节来反映的。和谐文化建设必须以培养习惯入手。文化不是空洞的，文化是通过人的素质实实在在表现出来的，体现在一个人如何对待自己，如何对待他人，如何对待自己所处的自然环境。所以，我们抓文化建设，也应该向这方面努力—把行为规范细化，让每一个组织成员都牢记在心，自觉接受约束，时时都感到不遵守规范是不行的。譬如说馆员要爱读者，那么怎样才算爱读者？应该有具体的行为要求，还应该有严格的监督考核措施与之配套，谁违反了谁就会受到处罚。这样，久而久之，爱读者的要求才能变成全体馆员的自觉行为，才能真正成为一种文化。

二是注重引领。有句古语说："蓬生麻中，不扶自直。"抓好文化建设就要营造一种环境，一种氛围，让大家置身其间，不知不觉受到教育，受到同化。所以，要注重引领。一是舆论导向，二是领导带头。和谐的组织文化是全体成员共同的价值观念，它对全体成员有一种内在的号召力，使成员对组织有一种归属感和认同感，能引导全体成员把个人的目标和理想聚焦在组织的目标和理想上，朝着一个共同方向努力。和谐的组织文化是一种黏合剂，能减少组织内部的摩擦和内耗，形成和谐宽松的人际关系，增强凝聚力和向心力。和谐的组织文化可以增强组织成员的荣誉感和责任感，自觉维护组织的声誉，努力工作.

三是注重坚持。组织文化中的价值观念，道德规范，约定俗成的行为准则，能指导、约束组织成员的言行举止，从而保证组织健康，稳定地向前发展。然而，文化的这种规范功能是需要长期坚持才能奏效的。因为，建设和谐图书馆文化，说到底，就是培养所有集体成员的良好习惯，改变所有集体成员的不良习惯。人的心理规律是这样的：在新的条件反射形成的暂时神经联系"定型"之前，总是不稳定的；而旧的条件反射形成的暂时神经联系"定型"在彻底瓦解之前，又总是具有某种回归的本能。可见，习惯的培养和改变，最需要的是持之以恒，最忌讳的是一曝十寒。因此，培养习惯，必须坚持训练，不能破例。和谐文化是一种尊重文化，对话文化，处处渗透着平等精神、尊重气息，尊重读者的隐私、尊重读者不受约束的心灵运作和读者尊重馆员的服务和劳动等。每每彰显着人性之美、人格之光。作为社会的文化组织，图书馆应当有文化自觉。我们不否认图书馆具有一定的政治属性、经济属性，但就本质而言，在图书馆体内流淌着的还是文化的血液。因此，图书馆最重要的使命是以文化浸润和谐，以和谐促进发展。

# 第一章  高校图书馆组织机构创新

图书馆的结构性变革是图书馆运行中深层次矛盾的反映，是图书馆统领全局的主要矛盾方面，只有抓住这个深层次的主要矛盾，才能依据时代的最新变化对大学图书馆资源进行有效整合，才能突破图书馆发展中的瓶颈，进而提升图书馆的"软实力"。组织文化是一门科学，大学图书馆组织文化以学科（专业）知识为其存在的组织文化基础，主要凝聚在大学拥有的以人文和科学相互融合为核心的深厚的文化底蕴之中，大学图书馆组织文化是大学图书馆文化个性的集中体现，是大学图书馆实现组织结构变革的文化基础。

近年来，我国大学图书馆结构性改革问题受到高校图书情报界的重视，不少图书馆已经进行改革实践，这方面的论文和成果已公之于世。然而，由于没有充分认识到大学图书馆组织文化的内涵和个性，大学图书馆的结构性变革始终未能真正实现向现代的"以读者为中心"和"以学科为基础"的形态转变。本章从大学图书馆组织文化视角，探讨我国大学图书馆结构性改革的基本逻辑和一种新的大学图书馆运作机制。

## 第一节  大学图书馆的使命与组织制度创新

组织结构是指组织内部分工协作的基本形式或框架。我国大学图书馆传统的组织结构是在图书馆业务活动的需要的基础上架构起来的一种组织形式，它对我国大学图书馆的发展起到了极大的促进作用。但随着新技术的应用、信息资源的数字化、服务模式的变化，传统的组织结构已难以适应形势发展的需要，因此要对其进行整合与重组，以提高图书馆的整体竞争力。整合是组织效能的需要。由于信息技术和交流方式的变化，从根本上改变了个人和组织的工作方式，所以，要想实现图书馆的组织目标和发挥图书馆的组织效能，就要对图书馆组织结构进行整合。图书馆内部整合，最直接涉及的是图书馆的人事问题，其实质是内部资源的优化配置。因此，在设置内部机构问题上，优化活化组织结构是目的。

如今，网络环境下的图书馆信息资源发生了巨大变化。信息载体多元化，信息存储与检索的数字化，信息传递的全球化，对大学图书馆传统的服务功能形成了巨大的冲击。随着网络技术的发展，一个不争的事实是大学教师和学生获取信息更加容易，获取信息的障碍已由过去时间和距离上的障碍转变为内容选择上的障碍。人们更加关注如何从浩如烟海的信息中获得有价值的、能直接用于解决问题、攻克技术难点的知识，需求范式从信息需求、文献需求向知识需求转变，用户需求范式的转变必然带来图书馆服务模式的变革。同时，由于大学图书馆的信息服务具有学术研究导向，为达成其为教学科研提供保障的任务，传统的文献提供、信息服务已逐步向知识化趋势发展，知识服务成为大学图书馆的重要使命。"知识服务"是基于一切信息资源（馆藏物理资源、网络虚拟资源），以用户需求目标为驱动的，而以知识内容且融入用户决策过程并帮助用户找到或形成问题解决方案的增值服务，是大学图书馆工作重心的转移，是一项从图书馆内部结构到功能输出的深层次变革。这种变革必然促使图书馆内部基层组织制度的创新。拙文以知识服务为主导，以大学图书馆的内部基层业务组织制度为切入口，参照大学学科建设之逻辑，探讨一种"以学科为基础，以用户为中心"的大学图书馆基层组织制度。笔者期望该文能够唤起我国大学图书情报界同仁对高校图书馆内部组织结构改革的热情，推动我国大学图书馆的组织结构与运行机制的创新。

## 一、大学图书馆的组织文化特征

运用组织文化学的观点来观察我国大学图书馆的组织细胞时，我们发现学科（专业）知识及其文献信息是大学图书馆存在的组织文化基础，这是大学图书馆组织文化区别于其他组织文化（例如企业文化、行政文化等）的根本特征。学科是大学教育的基本元素，大学是以学科为基础建构起来的学术组织，学科建设是大学的基础性建设，牵涉到学校工作的方方面面。可以说，大学的一切工作都与学科建设有关，大学图书馆作为大学的学科文献信息中心，以学科知识及其文献信息作为大学图书馆存在的组织文化基础应该是确定的。"学科"这一根本属性决定了大学图书馆组织文化具有如下一些重要特征：

● 大学图书馆是学科文献信息的集散中心，在支撑大学履行教学、研究和社会服务三重使命中，主要以"为学科建设服务"为主线，它以学科文献信息的收藏、开发、研究和提供读者利用为己任，工作团队的主体是具有较高学科知识背景的专业人员。由此决定了大学图书馆自身组织结构和人力资源配置是以学科为基础的高度分权的有机体。

● 组织文化机制在大学图书馆的资源整合中发挥着主导作用，它遵循大学图书馆组织结构变革的基本逻辑，崇尚文化个性，以自由获取与专业技能作为维持其活力的源泉。这与大学中那些以行政管理、后勤服务为主导的机构是有本质区别的。学科建设始终是一所大学的核心，是高校各项工作的龙头

● 组织文化作为图书馆特有的价值观系统，其本质就是要描述与界定大学图书馆组织文化个性的边界，不能过于强调"个性"而忽略了普适价值观的引入。所谓普适价值观就是指在一定区域或行业范围内，图书馆应共同遵循的价值理念。例如国际图联将 19 世纪形成的追求信息公平与信息民主的精神用《世界公共图书馆宣言》的形式将普适价值观引入图书馆行业。

● 以人为本的人文价值理念，主要凝聚在以人文和科学的相互融合为核心的大学图书馆文化之中。作为大学文化中一种独特的文化形态，图书馆组织文化既有深厚的人文底蕴又要有宽厚的科学基础并努力实现二者的相互融合。我国现代意义上的大学图书馆并非自生于古代的藏书楼传统，而是外生性的，实际上伴随我国现代大学制度从西方的引进，一开始就被纳入到大学的建制之中。但是，科技的进步并不能同时带来人文精神的高涨，反映在图书馆的严重后果就是出现了重科技轻人文的功利主义倾向，导致了某些大学图书馆的片面发展和图书馆人文精神的滑坡。如今，我国图书馆界强烈呼唤人文和科学的重新融合，以人为本的和谐发展。由此可见，在当代，无论大学图书馆以什么知识及其学科为其特色，都必须拥有以人文和科学的相互融合为核心的深厚的文化底蕴。

● 普适性价值观，图书馆精神文化、学术文化、制度文化和环境文化的总和。以知识及其学科为其组织文化基础的，主要凝聚在大学拥有的深厚的文化底蕴之中的图书馆文化具有极其丰富的内涵，他是大学图书馆精神文化、学术文化、制度文化和环境文化的总和，他们是一个相互联系、相辅相成、辩证统一的有机整体。大学图书馆精神文化的核心是大学图书馆的办馆理念和价值追求，是大学图书馆文化的灵魂。在当代，应当倡导的大学图书馆精神是"以人为本"的人文精神、"求真务实"的科学精神、"着眼未来"的超越精神和"自强不息"的奋斗精神。学术文化的含义十分广泛，一个结构合理、特色鲜明的高质量文献信息保障体系，一支具有知识水平高、专业技能

强和善于服务育人的馆员队伍，一个具有现代信息技术武装馆舍和信息网络，是图书馆文化的核心和重点。大学图书馆的中心任务是给大学教育提供文献信息保障，以馆育人是图书馆工作的最高境界，应当为图书馆顺利完成治馆育人的任务营造一个高品位的自然美、人文美、科学美与和谐发展的环境生态文化。

## 二、我国大学图书馆组织文化与组织结构解读

大学图书馆作为一种有着明确目标（为大学学科建设提供文献信息保障）的学术性服务机构，其存在和演化的前提是内驱力的形成和对环境的创造性适应。内趋力的内在表现形式为精神、价值观、理念等所谓图书馆文化内层的东西，即图书馆的"软动力"。外在形式则表现为图书馆内部的组织结构，也就是大学图书馆为了实现其宗旨和功能的组织文化特性和管理模式，包括内部管理层级的划分和机构的设置，以及不同层级之间、不同组织与机构之间相互关系和职能的规范与界定。图书馆的组织结构由大学内部管理体制所决定，同时也是图书馆内部管理的具体实现形式。从这个意义上讲，图书馆组织结构变革其实质即是图书馆组织文化的创新。

我国大学图书馆在较长期的计划经济体制下，其管理组织结构与大学一样，与一般的行政事业单位没有大的差别，基本是属于科层制的管理模式。改革开放以来，虽然一些大学图书馆为适应社会和经济体制的变化，对内部管理组织结构进行了一些改革，但从总体上看，仍然没有摆脱"以书为本"的简单被动的治理结构。这种结构在图书馆传统的文献管理阶段，曾发挥过一定的作用。而在如今文献信息资源环境数字化和网络传递的发展环境中，社会文献信息资源的管理和利用的活动方式将出现于以往印刷文献环境的重大区别时，传统的治理结构就不合时宜，从而表现出种种发展中的深层矛盾，这些矛盾成为制约我国大学图书馆发展的瓶颈。

● 馆藏组织布局以文献（载体）管理为本，表现出学科特性的迷失。我国高校图书馆内部普遍采用"以书为本"和"以业务管理为中心"的组织管理模式。这种传统模式有两个突出问题：一是按文献载体来布局馆藏，藏借阅分离，部门划分过细，造成资源浪费和用户使用障碍，不能体现图书馆"以读者为中心"的价值观念；二是人力资源配置没有体现本科教育和学科建设的特点，即"以学科为基础"的组织文化特色。岗位设置和人才使用不能体现学科能级对应，使学科专业人才难以发挥作用。这种模式的长时期运行，使工作人员在思维方式、服务方式上形成了一种惯性，管理与服务长期停留

在低层次的被动的借借还还层面上，表现出与本科教育和学科建设的发展不相适应。

学科是本科教育的基本元素，是本科院校建设和发展的龙头，也是凝聚人才，开展科学研究和培养创新人才的核心载体。直接承载着教学、科研、社会服务三大任务的完成。学科建设是新建本科院校实现"教学与科研结合"理念的基本途径，是培养具有创新精神和创新能力人才的基本手段，也是建立一流科研基地、取得高水平研究成果的必由之路。学科建设作为一个系统工程，其内涵主要包括"凝练科学方向，汇聚创新队伍，构建学科基地。"凝练学科方向是学科建设的关键，一方面确立学科方向？如何发展？用什么去发展？要解决这些问题，就要详尽地占有本学科的材料和信息，营造学术环境，建设学术队伍，构造学科基地等所有关于学科建设的问题，都需要图书馆拥有并提供足够的文献信息资源来支撑。而新建本科院校图书馆囿于原专科的办馆理念，为学科建设服务的意识不强。其表现为图书馆学科馆员团队并未形成，深入学科内容、提供知识服务的核心能力非常薄弱，读者服务至今仍停留在专科教育时期一般简单的文献载体借借还还上。另一方面，图书馆也只有依靠坚实的学科资源（包括文献资源和人力资源），才能建成高水平的学术性服务机构。升本后，学校的教育模式由专业教育向素质教育转变，开始以教学为主向教学与科研并重方向发展，部分教师承担着重要的科研课题，毕业生通过学习和实践要写出具有研究性质的毕业论文，部分学生还将报考硕士和博士。这些新的因素都对图书馆提出了阅读需求上的丰富性和高质量性，服务形式上的多样性和高层次性，要求图书馆成为学校课堂教学的延伸、扩展和深入，成为教学与科研上的集文献信息与现代技术为一体的知识情报的聚集、开发和利用中心。而原专科学校以专业教育为主，图书馆在服务过程中，主要以满足学生专业参考书和课外阅读为重点，对教师的文献需求主要围绕以教学为主的图书文献服务进行，服务形式主要采取文献外借和馆内阅览两种形式，服务形式比较单一，显然不能满足本科教育的需要。所以，新建本科院校图书馆必须树立牢固本科意识，提升为本科教育和学科建设服务的能力。

●工作流程以业务管理为轴心，表现出"以读者为中心"理念的缺失。在工作流程和业务部门设置上，我国大学图书馆一般采用的是以文献管理为中心、按功能定岗位的职能制组织形式，业务部门在功能上都是围绕文献服务工作而设置的，如承担文献采访、编目工作的采编部、提供借还书服务的流通部、接待读者阅览服务的阅览部、为读者提供咨询和培训服务的参考咨询部、通过网络手段提供信息服务以及支持计算机网络建设的网络技术部等。这种部门和服务职能的划分是延续图书馆的传统业务流程和服务模式的，这种组织结构已经不适用于现代信息技术在图书馆的发展和应用，难以满足高校教学科研日益增长的文献信息深层次需求，与当今快速变化的信息环境表现出一定的滞后性。

● 组织结构与人力资本脱节，暴露出管理上的落后，管理效益和服务质量低下是新建本科院校图书馆又一现实问题。质量是图书馆的生命线，质量问题虽有多种因素造成，但图书馆内部的结构性缺陷是不容忽视的因素。新建本科院校图书馆至今仍沿袭专科时期的图书馆组织架构，作为一个文献信息服务组织，图书馆的业务部门都是围绕文献信息服务工作的功能而设置的，如承担文献采访、编目工作的采编部、提供借还书服务的流通部、接待读者阅览服务的阅览部、为读者提供咨询的参考咨询部、通过网络手段提供信息的数字资源部以及支持计算机网络系统建设和正常运行的技术维护部等。当然各馆因馆情不同会有不同的部门设置，但这种部门和服务职能的划分都是延续图书馆的传统服务模式的。在网络技术和信息技术飞速发展的今天，不恰当的部门设置有碍图书馆整体目标的实现，通常造成图书馆机构部门臃肿，效益低下。图书馆职能部门设置的依据往往还是参照过去实体文献资源的处理流程来进行的，缺乏对读者或用户提供内容服务和知识服务的意识。随着图书馆馆藏内容数字化、多样化及服务以用户为中心的重大转变，以突出事务操作性为主的职能部门化组织形式已无法适应大学图书馆知识管理的工作要求。图书馆的许多任务需要由多种分工的人员协调工作，而传统职能部门的设置却人为地割裂了任务的连续性，将任务的某一环节纳入到某个部门的管辖范围之中。每个部门一般都以其局部利益为重，关注本部门的指标和任务，关注个别事件，缺乏整体思维主动积极性，常常发生某一部门的工作超前或者推迟完成，影响相关部门工作的有序运转，造成人力资源的浪费，从而影响高校图书馆整体目标的实现。升本后，新建本科院校图书馆虽在学校人事分配制度改革的框架下进行了一定的变革，如设岗和聘任，但整体上只是为了打破以往"大锅饭"的被动局面（实际上这个目标并未达到），新建本科院校图书馆自身的结构性缺陷缺并未从根本上改变。

### 三、学科制：大学图书馆基层业务组织制度的创新

以现代图书馆事业的发展而论，大学图书馆是先驱者，其出现远在公共

图书馆与其他类型图书馆之前。就现代大学图书馆内部业务组织制度演变而言，可分为如下几个时期：上世纪六十年代以前是文献采编工作时期，这一时期奠定了在图书馆传统业务中，采编工作是最能体现图书馆学专业知识的技术性工作环节之一；七十年代是文献整理工作主导的时期，图书馆增设机构，以编制文献目录、索引等为主要职责；八十年代以后是参考咨询工作发展时期，图书馆纷纷设置参考咨询机构开展参考咨询服务，这项工作迄今被认为是图书馆学术性最强的服务工作。九十年代后，大学图书馆参考咨询工作又进入了基于学科馆员与领域专家的知识参考咨询服务新的发展阶段。

大学图书馆业务流程与内部基层组织历史演变的进程表明，一方面，大学图书馆的发展与内部业务组织创新之间有一种本质的联系，两者相互依赖，互为因果。作为一个信息服务组织，图书馆的业务组织在功能上都是围绕文献信息管理和服务工作而设置的，如承担文献采访、编目工作的采编部、提供借还书服务的流通部、接待读者阅览服务的阅览部、为读者提供咨询和培训服务的参考阅览部、通过网络手段提供信息服务的数字资源部以及支持计算机网络系统建设和正常运行的技术部等。同时，我们看到每一次图书馆基层组织的变革，都在不同程度上激活了基层业务组织的活力，也就是说图书馆基层业务组织同与之适应所建立起来的管理制度之间表现为一种互动关系。另一方面，可以看出大学图书馆尤其是西方发达国家的大学图书馆的内部组织变革，权力下放、基层组织分权、管理重心下移是变革的一大趋势。这样，可以充分激活图书馆基层业务组织的活力，让服务主体充分、自由地活跃在学术研究、知识管理和知识服务的最前沿，从而不断提高基层业务组织的自主创新能力。因此，以历史的视角看，大学图书馆内部组织制度创新是现代图书馆组织制度演变的历史要求。

现实中，我国大学图书馆内部的组织模式和服务职能的划分是延续图书馆的传统服务模式制定的，通常采用科层制的管理方式，这种模式以藏、借、阅等的高度分流为本质特征，部门之间、书与刊之间、借与阅之间在功能上有严格的分工。与之相适应，在馆藏文献的宏观布局上，大多是以文献载体类型为标准来划分书库或阅览室。这样的藏书布局与组织结构，首先是造成同学科或同类文献信息散见于多处，不方便读者利用，为图书馆实行"一站式"服务带来严重障碍。其次传统业务部门之间功能上的严格区分，形成服务工作与研究工作的分离局面。例如，图书馆传统的"图书流通部"，其职能主要是开展图书的借还，虽然也强调咨询和导读，但由于工作人员经常陷入借借还还的繁复的日常事务中，加之历史原因造成流通部门人力资源多是低层次的人员，因而实际上形成文献的流通服务长期停留在借借还还的浅层次面上，而具有研究功能的部门，例如参考咨询部，其主要职责是文献信息的研究开发和信息咨询服务，不直接承担文献流通任务，这样就把研究从服务中剥离了出来，使研究和文献信息开发游离于服务工作之外，造成研究与服务不能融会贯通，其结果是参考咨询因缺乏读者需求的拉动而缺少生机与活力，其弊端是显而易见的。由此可见，现实中大学图书馆的业务组织制度在运行中，其功能要么渐趋弱化，要么缺位，总之不能完整地承载现代大学图书馆的学术性性服务机构的使命和任务。因此，就现实维度而言，大学图书馆内部组织制度的变革和创新是图书馆信息服务知识化现实的迫切需要。

学科是大学组织的核心细胞，是大学的基层学术组织。学科有两层含义：一是作为知识分类的体系；二是作为知识劳动的组织。大学的教学、科学研究和社会服务三大职能是通过学科知识体系这个载体来实现的。大学的学科组织实际上也是以知识的生产、传播和应用为目标，以学者为主体，以知识信息和各类学术资源为支撑，按照学术的具体分类开展科学研究、人才培养及社会服务的社会组织。而大学图书馆作为学校的文献信息保障机构，只有融入大学的教学与科研中去，才能生存和发展。由于大学图书馆服务工作的学术性与学科特性，大学图书馆员也是各类型图书馆从业人员当中，是最贴近学术社群的人群。因此，大学图书馆馆员为达成支援教学与科研的任务，应该逐步摆脱职员的角色，而朝向教育者的目标努力。唯如此，才能与大学教师、学生达到某种程度上的契合，才能提升馆员专业教育者的地位，实现图书馆文献信息服务的知识化的目标。

学科制作为一种基于学科组织而建构起来的学术组织结构与学术运行机制，是大学最基本的学术组织制度。这个制度对于以学科知识服务为使命的大学图书馆同样有效和适用。所谓学科制即是图书馆借鉴大学的学科制度，对传统的内部组织制度进行改革，以学科、任务与平台三个要素构成学科制的框架，重组图书馆业务流程，解构图书馆基层组织结构，整合文献信息资源和人力资源，使馆员根据学科知识背景和知识服务的任务汇聚在不同的学科组织平台，这样，馆员人人进学科，归属学科组织管理，成为一个个知识服务的团队。任务是学科制运行的核心要素，不同的学科文献信息基地和组织平台为研究和服务提供了必要的支撑环境和条件。

学科制基层业务组织制度与图书馆传统组织制度比较，有着以下的优势和特色，是大学图书馆基层业务组织制度创新的必然选择。

●学科制能充分体现并保障大学图书馆的组织特性。对大学图书馆具有什么样的组织特性，研究者们虽众说纷纭，但很少有人注意到大学图书馆组织的学科性特征。我们知道，"组织特性内蕴在一定的组织方式与运作机制中，并通过组织方式和运作机制予以保障。"大学图书馆所具有的组织特性凝结在图书馆组织结构和运行机制中，而且这种组织特性也只有通过一定的组织结构和运行机制才能得以保障。在大学图书馆组织结构中，基层业务组织因其组织使命和任务，是图书馆组织结构的重心所在，学科制基层业务管理制度因自身所具有的特点与大学图书馆的组织特性具有高度的一致性，因此学科制的基层业务组织管理体制，不仅能够充分反映现代大学图书馆的组织特性，而且能够保障大学图书馆的组织特性的发挥。

●学科制可以使图书馆形成高效低耗的运作模式，实现图书馆服务的敏捷反应，从而有效提高知识服务能力。高效低耗的目标，无论现在还是将来都是一切人为系统运行的法则。大学图书馆要发展，必须改变过去那种不计成本的工作作风，在管理上建立起高效低耗的运行机制。学科制能够将图书馆的资源整合在学科组织这个平台上，并有效地协调各种力量，在网络条件下进行科学合理的重组，建立起一个能够快速满足用户共性和个性化需求的敏捷性组织，实行信息的"一站式"服务。

●学科制有利于将图书馆信息开发、学术研究、知识管理和服务集中在学科组织载体上，提高知识资源的使用效率。传统大学图书馆一般采用的是以文献管理为中心、按功能定岗位的职能制组织模式。这种图书馆基层业务组织管理模式由于偏重文献载体的管理和提供，部门之间有严格的分工，流通的专管图书的借阅，参考咨询部门专注于文献开发和信息咨询而疏于一般文献流通服务，使参考咨询工作缺乏针对性，从而也不能完整承载知识服务的使命。最优化的大学图书馆基层业务组织制度，其研究和服务应该是贯通的、一体的而非是相分离的。现实中形成的将大学图书馆的同学科知识服务分散在不同的基层业务组织之中，这实质上是一种粗方式的信息管理和服务方式，带来的直接后果是造成组织中的交易成本和边际成本过高，从而降低了学科的知识服务效率。如果采用学科制，学科组织承载了大学图书馆的服务、管理和研究开发三大职能，能够把图书馆的服务、管理和研究有效地统一集中于学科平台上，可以降低大学图书馆系统的内部组织之间的交易成本和边际成本，减少内耗，提高总体效益，从而有利于实现大学图书馆组织功能和效益的最大化。

　　●学科制有利于把图书馆改造成学习型组织，实现知识的共享互动，推动馆员主体自我成长，提高自主创新能力。学科制通过业务流程重组和基层组织建构，将图书馆连续的业务活动建立在现代信息处理的基础上，跨越不同的职能部门界限，重新识别每项业务工作的价值，进行业务优化和合并，重新构建基层业务组织结构，使文献信息的收集、加工、整理和提供形成一个有机的、开放的系统，充分发挥信息化、专业化和知识化的功能，拓展信息服务的内容和手段，实现人力资源和信息资源在组织内部真正共享从而达到资源的合理配置。更主要的还可以使图书馆具有学习型组织的功能，使每个馆员确立系统思维、增强自我超越、改进心智模式、建立共同愿景、提高自主创新能力。同时学科制管理模式通过知识结构、年龄结构、职级结构来组建知识服务团队，形成矩形结构的学科知识服务梯队，这是一种既有纵向职级分工，又有横向跨服务研究方向联系的组织结构。在这种结构中，组织为了加强各研究方向之间，加强组织成员之间、成员与组织之间的协作，把组织管理中的"垂直"联系和"水平"联系结合起来，即讲分工又重视协作，是集权化和分权化较好地结合起来的一种组织结构。[2]

　　总之，学科制作为一种基于学科组织的现代大学图书馆组织管理制度，不仅能充分保障大学图书馆员的自主性和创造性，而且能够满足图书馆信息服务知识化的需要。学科制代表了大学组织制度发展的一个方向，也是大学图书馆内部基层组织管理制度发展的一大趋势。

　　那么，学科制的实践路径是怎样的呢？各馆实际不同其具体模式和实现路径也会不完全一样，本章提供一些基本要素模式供参考。

　　●整合原有大学图书馆组织结构，实现学科组织化与建制化

　　学科组织化与建制化，就是解构原有的部（室）等基层业务组织，以二级学科为依据，以有利于知识的交流、共享和融洽、汇集为原则，建构新的学科组织。学科组织依据服务方向设若干知识服务团队，每一个知识服务团队由方向负责人（或课题负责人）极其相像的方向成员（或课题组成员）35人组成。这样，学科组织就有了明确的服务方向和研究领域，每个方向有首席学科专家和相对稳定的知识服务团队；每个团队有丰富的文献信息资源和开展学术性服务工作的条件。当一个方向发展到一定水平后又成立新的学科及相应的研究和服务方向，如此循环往复，滚动发展，知识服务就会日益繁茂，水平也会不断提高。

要进行组织内部结构整合，首先要考量的是组织结构整合的依据及相关因素。第一，环境因素。外部环境是影响图书馆组织结构变革的前提条件。现代社会大环境的深刻变化，正在对图书馆组织结构变革起到一种推动作用。一方面，当代社会环境的信息化、网络化、知识化对图书馆职能产生了深刻的影响，人们强调的是"信息"的职能、"服务"的职能、"利用"的职能，而不仅仅是"文献收藏"的职能。另一方面，信息技术成了图书馆的主流话语，贯穿图书馆活动的全过程，信息技术部门的作用日益突显。而一直处于中心地位的采编部门由于合作编目系统的建立，原有的职能正逐渐弱化。第二，人才因素。在知识服务中，参与组织活动的个人是影响图书馆组织结构变革的先决条件。未来的时代是知识经济时代，人及其拥有的知识将成为第一生产力、第一资源，在图书馆组织中，人成为最重要、最活跃的因素。因此，协调好部门与部门、人与人之间的关系，充分调动人的积极性与创造性是十分重要的。第三，技术因素。组织的"技术"功能是影响图书馆组织结构变革的重要条件。每个组织都有一定的技术功能，图书馆组织中的技术功能就是推动知识信息的组织与传递的过程。现代信息技术、网络技术在图书馆中的应用正在不断地冲击着图书馆的传统技术和操作程序，影响着组织活动的效果和效率，影响组织活动的内容划分、部门的设置和工作人员的素质要求，从而成为推动图书馆组织结构变革的活性分子。学科组织化与建制化是对图书馆传统组织模式的根本改进和业务流程彻底地再思考和再设计的过程。意味着全新的组织构成方式，意味着对一个组织作为社会细胞的根本意义和目标的反思和追求，意味着对人的主体性的重新认识和弘扬。

第一是办馆理念的重组，这是学科组织化与建制化的基础。重组管理理念有两个基本着眼点：一是改"以藏为本"为"以用为主"，图书馆的一切馆藏文献的收集、加工、储蓄和利用都应以方便读者，把书库变成读者书房。以学科为基础，在藏、阅结合的文献布局的基础上按学科门类或知识体系开辟不同的阅览专区。在管理手段上要充分利用计算机等现代化信息技术实现自动化和规范化管理，提高信息的处理能力和对文献进行得层次加工能力，有效地利用实体资源和虚拟资源，实行信息的"一站式"服务，满足读者不同层次的、不同方向的共性需求和个性化需求。

第二是组织机构的重组，这是实现学科组织化与建制化的前提。"学科制"是一种新型的基层组织化形式，即提倡组织扁平化，减少组织的层次结构，改变过去的金字塔性的"层制"的管理结构，把员工组织成强调合作的工作团队。以二级学科为依据，以有利于知识交流，共享和融合聚集，集成服务为原则，建构学科组织，学科组织根据知识服务的方向设若干服务团队，每个团队将具有相同学科知识背景，志趣相投和专长互补的图书馆员组成，使大家处在一个共同的工作领域和服务平台相互抵制碰撞，不断产成新的知识产品和服务成果。

第三是工作流程的重组，这是学科组织化与建制化的基本手段。用现代信息技术改造图书馆原有的工作流程，有些工作流程会被调整、分化、合并，有些流程功能会被软化，甚至被取消，同时会产生一些新的流程，并且它们的作用将不断得到加强。工作流程重组关键也要突出和关注读者服务和"以人为本"，总的原则是简化用户接受服务的流程，甚至简化到可为用户提供机会实现自主式服务。经过业务流程重组的图书馆，许多原本枯燥乏味的工作将整合在计算机系统中，这对人的体力和脑力将是极大的解脱，使馆员可以有更多的时间和精力来从图书馆本质的工作，从而逐步将图书馆工作的重心从对文献的流通转为向用户提供知识服务这一最终目标上来。

第四是人力资源的重组，这是图书馆整合的核心。图书馆管理的对象是人（馆员和读者）和各种信息载体及工具的统一体，而图书馆员则担负着知识服务和信息管理的双重任务，他们是将信息转化为知识的中介。从这个意义上讲，图书馆员在图书馆活动中是最活跃、最积极的因素。因此，如何让馆员个体在图书馆组织中找到归属，让个人与组织互动发展，从而不断增强组织活力，是管理者必须思考的。

通过整合，实现大学图书馆学科组织化与建制化的初步目标为：基层是学科知识服务组织（知识服务团队），中层是部（室），顶层是图书馆，形成了图书馆——部室（中心）——学科二级机构三级管理模式。学科知识服务和研究的主要任务由首席学科馆员和其所带领的学科知识服务团队完成，部（室）按若干相关一级学科或学科群组建，部（室）的管理职能主要是负责首席学科馆员的聘任与考核，抓好研究与知识服务质量建设。图书馆降低管理重心，从过多的过程管理中解脱出来，重视学术权利在办馆过程中的参与。图书馆根据学校发展和社会发展的要求，作好宏观战略研究和导向，制定各部（室）的工作目标并实施考核，为各部（室）提供必要的物质和人力资源、公共管理以及必需的技术和生活后勤服务。这样，就能够充分调动和发挥各部（室）的管理积极性，焕发基层的活力。

• 完善学科知识服务组织的职能，履行大学图书馆知识服务的使命图书馆按照知识配置的原则来筛选，提升和聘任包括首席学科馆员，业务骨干，助手及一般的管理人员。按照学科水平和规模为学科知识服务组织配置技术设备，文献信息资源和运行经费等。学科服务组织的人力资源战略目标是构建一个有利于知识服务和学术创新的"实践社群"以提高学科的组织智慧，从而达到提升学科服务组织的知识创新能力。

学科知识服务组织的主要职能是：承担由图书馆安排的文献信息的搜集、开发和提供服务的任务；承担学术研究任务，组织各类科研项目的申报；组织学术交流活动；接受并完成各级各类检查和评估；实行首席学科馆员负责制，营造首席学科馆员和学科馆员之间进行交流，合作的共享环境，创造学科馆员共同成长。

学科组织的主要工作任务是：

其一是基于专业学科信息门户的知识导航与聚类服务。图书馆根据既定的标准和质量要求，对某一学科领域，对馆藏资料和网络信息资料进行选择、分类和标引，建立集信息资料、工具与服务于一体的专业学科信息门户，面向特定学科用户提供服务。

其二是基于学科馆员与领域专家的知识参考咨询服务。建立学科馆员服务机制是大学图书馆开展深层次学科知识咨询而采取的最新服务措施。所谓学科馆员机制是指由拥有某一学科或专业领域知识的图书馆专业工作人员承担对应学科的信息资源建设与知识服务工作。知识参考咨询是图书馆传统参考咨询服务在知识经济时代的高级发展阶段。是图书馆在数字化网络环境下，以网络为平台，通过实时或非实时的形式，向用户提供不受时间与空间限制的知识参考咨询服务。可实现图书馆信息资源、专业知识、咨询服务人员，网络平台的有机结合，构成透明的知识网络，向用户提供专业知识服务，协调用户解决问题。

其三是面向特定科研项目和任务的专题知识集成服务。基于特定科研项目和任务的专题知识集成服务主要是针对科研项目的任务，面向特定的科研群体，联合图书馆信息服务人员，情报分析人员，专业科研人员多方面的力量，以项目运作的方式，开展学术发展跟踪，信息资源专项搜集和情报研究，开发多层次的专题信息产品，知识库等。构建个性化的知识服务门户，提供集信息资源搜集、加工、组织、集成与应用为一体的全程服务。

其四是基于内容挖掘的多层知识产品开发服务。知识产品开发是大学图书馆实现知识服务的一个重要手段。知识产品开发根据对信息资源内容挖掘的深度可分为知识重组产品和知识增值产品两类。知识重组产品一般指将分散在不同显性知识中的有一定关联的知识元提取出来，再根据某种结构进行组织，形成新的知识产品。知识增值产品是利用数据挖掘，知识发现等手段对各种信息进行增值处理，对其内容进行深度分析，挖掘和揭示，面向具体应用和科研攻关，借助专家资源，利用专业情报分析研究方法和手段，开展学术（技术）发展预测，趋势分析，宏观决策咨询，基于专业技术层面的资源研究等活动，形成知识增值产品。目前，大多图书馆知识产品开发重点都是知识重组产品，但从长远看，只有开发知识增值产品才能更好地满足高校用户的知识信息要求，才能更好体现大学图书馆知识服务的水平。

总之，大学图书馆内部组织制度的创新，即学科组织化与建制化，中心问题是制度的规范化，这种规范可有效地将个人与组织的行动结合起来去承担组织的义务。制度规范操作的基本层面就是大学图书馆内部的组织结构和运行机制，包括组织结构的分层、内部权力体系的构成等。体现出大学图书馆自身的文化特性和主体逻辑。学科制就是这样一种能够体现大学图书馆文化特性和主体逻辑的基层业务组织制度。当然作为一项制度创新，需要在实践中不断积累、改革、充实和完善。在实施过程中，需要建立起与之配套的机制，已达到学科制的预期目的。

## 第二节　基于学科馆员制度的大学图书馆组织结构

学科馆员制度是大学图书馆为满足学科专业信息需求而建立的一项对口服务制度。该项制度的推行，使图书馆与读者之间的传统单向服务平台上又新构筑了一个双向的立体交流平台。从而促进了图书馆工作与教学科研活动的更有效地融合，加速了图书馆文献信息资源的交流与传递。作为图书馆在数字化、网络化环境下一种创新服务制度，它的实施需要相应的组织基础。即包括有一个"以学科为基础"的资源平台（文献信息资源和人力资源），和"以用户为中心"的组织结构与运行机制平台。

目前，我国不少大学图书馆在实行学科馆员制度时并未考虑相应的组织基础，在原有的"以书为本"和"以业务管理为中心"的图书馆组织基础上来实施学科馆员制度，造成该制度缺失配套的组织基础，从而使学科知识服务仍难以走出"书皮学"的低层次和被动的参考咨询服务层面，使此项服务制度的效益大打折扣。实际上，虽然学科馆员制度和参考咨询制度都是主要以智力资源为依托的图书馆深层次服务，二者都体现了"以用户中心"，"以服务为本"的原则，但参考咨询制度是在传统图书馆组织基础和业务模式下工作重心的调整，而学科馆员制度则是传统图书馆"以书为本"、"以业务管理为中心"的运作模式，向现代的"以学科为基础"和"以用户为中心"的图书馆运行机制新的整合，是图书馆业务真正地全程深入面向读者和面向服务。本文针对目前国内不少大学图书馆学科馆员制度建设缺失配套的实践基地的现实，探讨大学图书馆学科馆员制度建设所应有的基本组织平台。

## 一、基于学科馆员制度的大学图书馆战略目标

大学图书馆战略目标是指在一个较长时间内图书馆发展所要达到的数量、质量、规模、速度以及内部结构和比例关系的综合指标体系。简单说，就是要建设一个什么样的大学图书馆的问题。

首先，"需要"和"可能"决定学科馆员制度下的图书馆的战略目标的制定，"需要"是指大学教育的需要，只有根据大学教育发展和学科建设的需要来确定大学图书馆战略目标才能体现大学图书馆发展的价值。"可能"是指图书馆发展的现实基础和内外条件。大学图书馆战略目标只有建立在"可能"的基础上，才具有可操作性，才能起到行动纲领的作用。然而，无论是"需要"还是"可能"，其最终的目标指向都要落到"学科"上。因此，在制定基于学科馆员制度的图书馆战略目标时，必须站在一定的高度，将着眼点投向体现学科馆员制度的基本单元——学科，把学科知识资本作为大学图书馆学科馆员制度实施的基点。

其次，学科馆员制度建设目标的实现可能有众多的影响因素，但起核心作用的是现有的图书馆基础知识资源，包括学科文献资源、人力资本、结构资本与用户资本等条件。大学教育与学科建设对文献信息的种种需要，毫无疑问，最终都要通过整合并发展大学图书馆的学科知识资源来满足。

第三，相对学科馆员制度建设的战略目标来讲，具体有三条实现途径，可概括为"抓重、扶新、布点"。"抓重"即图书馆要根据重点学科建设的实际，集中力量组织一批学科服务实力较强、和学校发展联系紧密的重点学科馆员团队，针对重点学科开展文献信息服务；"扶新"是根据大学发展趋势对新兴学科的需求，扶持建设一支已有一定基础的新兴学科馆员梯队；"布点"是对需要发展但还没有布点的学科，要以超前的眼光和超常规的办法、快速积聚学科信息资源和学科馆员人才。

### 二、基于学科馆员制度的馆藏资源整合

所谓结构是指构成整体的各个部分及其结合方式。大学图书馆文献信息资源学科结构是指馆藏信息资源的比例关系和组合方式，包括数量、布局以及相互之间的联系等。包含两方面含义：一是指大学图书馆馆藏学科文献类别和数量关系；二是指这些不同学科的馆藏文献资源的整体布局和组织。如人文学科、社会学科、自然科学和工程技术学科等的构成状况和分布情况。

首先，"以学科为基础"整合馆藏文献信息资源。学科文献信息结构和信息资源的整合是图书馆信息资源优化组合的一种存在状态，他是根据系统论的原则，依据一定的需要，对各个相对独立系统中的数据对象、功能结构及其互动关系进行融合、类聚和重组，重新结为一个新的有机整体，形成一个效能更好的、效率更高的新的信息资源体系。"以学科为基础"整合馆藏文献信息资源，就是要调整馆藏布局，不断发展和完善学科文献信息体系结构，在藏借阅结合的文献布局的基础上按学科门类或知识体系开辟不同的阅览专区，从而为学科馆员创建学科知识发展平台。资源整合第一要方便读者，在馆藏文献资源的组织上要方便读者利用，要求图书馆在馆藏资源的布局上最大限度地拉近读者与文献资源之间的距离，如改变传统强调的藏、借、阅功能分区，闭架借阅的方式，实行开放式大空间格局，使收藏、外借、内阅有机结合在一起，实现馆藏文献信息资源藏、借、阅一体化。资源整合第二是馆藏信息资源的内容组织安排要方便读者利用，建立一套完整的馆藏资源检索体系，在保证"检全率"与"检准率"的基础上，要考虑检索过程是否"省时省力"。文献信息提供做到超市式大开架服务，可将印刷文献、电子文献，阵地服务与网络信息服务以学科为基础整合融为一体，以方便在各阅览区中提供一站式信息服务。

其次，学科馆员制度是图书馆在传统的参考咨询制度上的发展与创新。"参考咨询制度"主要凭借对馆藏资源及其分布十分熟悉的优势，为到馆的读者提供获取文献信息方面的帮助。这种没有学科分工，而且主要限于馆内被动的事实型咨询服务，也许对主要面向社会公众基本信息保障的公共图书馆还能适应，对学科针对性较强，专业要求较高的大学图书馆或科研图书馆，这种被动的事实解答型咨询服务已远不能满足学科专业用户的信息需求。因此，在数字化生存时代，对用户提供深层次的研究型学科信息服务已成为参考咨询服务发展方向。然而，由于各学科覆盖面宽、专业涉及众多、任何高水平的参考咨询馆员也不可能为所有学科读者提供深层次的咨询服务，于是

学科馆员制度就应运而生。由学科馆员分别深入各学科了解教学与科研对专业文献信息的需求，有针对性地对学科专业文献信息进行收集整理，并做出分析研究，主动为各学科读者提供高水平、深层次的服务。促使大学图书馆服务工作变被动为主动，变辅助性服务为综合研究性服务。

### 三、基于学科馆员制度的组织建构

首先，大学图书馆学科馆员的学科性特征，决定了其人力资源重组必须坚持"以学科为基础"的原则。学科组织是大学的细胞。大学的一切工作都与学科建设有关，图书馆当然不例外。学科馆员制度是大学图书馆为满足学科专业信息需求而建立的一项对口服务制度，所以，以学科为基础的组织架构应成为学科馆员制度的载体。

其次，学科馆员制度在图书馆组织文化中主要蕴含两个不同语义上的指谓：一是作为知识体系的包括学科文献信息资源和具有学科知识的馆员的不断发展和完善；二是作为不同学科要素构成的组织的建设。基于学科馆员制度的大学图书馆组织结构实际上正是这样一些学科劳动组织所构成的。因此，完全可以说，学科馆员制度的功能只能由学科来承担实现。而学科型组织是学科馆员活动的承载者，学科型组织要求在同学科下集聚人才，不仅有利于将相同学科的专业人才吸引到同一地方，而且可降低人力资本的开发费用，实现预期收益行为最大化的良性循环。

第三，学科馆员制度要求图书馆必须由传统的"以业务管理为中心"向"以用户为中心"的现代管理形态转变。由于大学学科馆员制度自身的这种学科性、研究性和服务性特征，决定了选择何种管理服务形态，对其管理和服务的效益影响非常大。在学科馆员制度的建设中，大学图书馆的组织管理形态的作用将会发挥很大的效力。转变管理服务形态的内涵实质是根据图书馆所制定的战略目标，根本性地改变图书馆的运作方式。他所强调的是图书馆应该做什么而不是图书馆过去作过什么，其任务是寻找改进图书馆性能的创新性方法，形态转变与其说是一种方法论，不如说是一种思想，是一种着眼于长远和全局，突出发展与和谐的变革理念。它的含义绝不仅仅是单纯的业务流程的简化和机构的变革，更重要的是组织理念的更新，转变意味着全新的组织构成方式，意味着对一个组织作为社会细胞的根本意义和目标的反思和追求，意味着对人的主体意识的重新认识和弘扬。

以读者为中心来构建的现代图书馆服务管理新形态，至少具有三大内涵，即"内容丰富，取用便利的资源环境"；"深化服务，接近读者"；"利用活动与读者建立互动关系"。图书馆管理服务形态转变，不仅带动了图书馆空间的变化，而且引起了图书馆藏书布局、业务流程和组织结构的革命性变革。具有三大内涵的新图书馆服务管理形态，全面实行"开架借阅"，是对传统图书馆借阅方式的一次革命。它的最大优点和生命力，在于将读者服务这一常规工作，从过去简单被动的低层次服务转变成为现今读者自身参与、自助服务的一种达到更高境界的教育性服务。当然，伴随而来的也会有负面问题（如：文献丢失、损坏等文献安全问题的加重，文献管理难度增加等）。然而，任何事物都会有两面性的，我们不能因为这些负面因素而裹足不前。新型的服务管理形态要求我们既要借鉴"超市运作理念"，又要结合图书馆自身的管理规律来不断地研究并寻求新对策。不过，有一点是明确的，那就是一切为了方便读者，我们应当坚定不移地不断拓展"开架借阅"的业务。否则，固守传统的图书馆管理和服务模式，长期在闭架库中被动地应付局面，在简单重复的借借还还中周旋，终将被读者所抛弃，为时代所淘汰。

### 四、基于学科馆员制度的文化引领

以"人文、和谐、自主"三项文化特质深刻引领大学图书馆内涵发展，全面更新、改造和提升图书馆文化。在文化特质的实践解读中，以创造人文精神深厚、管理科学、服务优质的图书馆活动；创造符合图书馆发展规律、符合审美的读书环境；创造一种主体意识强烈、创新氛围浓厚的图书馆组织生态为三条实践主线。在多层级、多序列、多向度的组织生态交互和有机整合中逐步形成一个新质的文化实体。[5]

首先，要着眼于管理文化和服务理念创新。在数字化生存时代，读者日益增长的信息需求和相对落后的图书馆服务方式之间的矛盾日益突出，解决这些矛盾，服务理念和管理文化创新成为关键。为让馆员对学科服务产生认同感，对图书馆组织有归属感。就要积极营造一种和谐的"家园式"的生活氛围，使大家都感受到置身其中就像在温馨舒适的家中一样的环境中工作、学习和生活，馆员之间充满亲情和友情，就像兄弟姐妹，只有在这种文化生态下，才能把影响图书馆发展的不和谐因素降到最少，才能最大限度发挥学科馆员的智能。

其次，要着力营造符合图书馆发展规律、符合审美的读书环境。这方面有两个基本着眼点：一是要精心设计和营造图书馆人性化的环境。人性化的环境不仅可以提高读者利用图书馆的兴趣和效率，还能超越其物质实体性而成为精神的、人为的审美世界，成为一种可以对读者施以教化的审美文化环境。图书馆的建筑及布局要体现浓厚的文化色彩，在内部结构上，公共通道空间要适宜，引导标志要醒目易解，以方便读者行走、检索和借阅。室内设计要关注读者对空气和阳光的自然感受，使空气对流，阳光充足。图书馆作为文化设施、知识殿堂，在色彩的调配上，必须讲究艺术和人文的完美结合，体现出符合图书馆性质的色彩意境——典雅与柔和。馆内的桌椅、书架高度要恰到好处，在宽敞的基础上，从人的审美情感出发，营造一个宁静、舒适、典雅的整体环境，布局简洁明亮，给读者营造一种充满艺术情调与人文精神的环境。阅览室要宁静与温馨，色彩柔和，工作人员要和蔼可亲，为读者创造一个明快、清新、整洁的阅读环境，使读者有"家"一样的感觉，并帮助他们解决在学习和研究中遇到的各种问题。二是改"以书为本"和"以藏为主"为"以人为本"与"以用为主"。文化具有很强的惰性，处于不同历史阶段的图书馆文化有着不同的内容。"以书为本""以藏为主"的图书馆文化一直都给我国大学图书馆打下深深的烙印。"以人为本"和"以用为主"就是要求图书馆文献信息资源开发利用以方便读者为目的，把书库变成读者书库，在藏借阅结合的文献布局基础上按学科门类或知识的体系开辟不同的文献利用专区，并利用现代技术手段提高信息的处理能力和集成化服务能力，有效利用实体资源和虚拟资源，满足读者不同层次的、不同方向的共性需求和个性需求。

第三，让创新意识成为图书馆的主体意识。这方面有三个关键点要把握。其一是加强学习，改变心智模式，培养学科馆员健康心态与积极合作的态度，把图书馆的价值观、使命感、愿景和精神文化"内化"为图书馆每位成员的内在需求、素质和能力，产生出对图书馆文化的认同感，使他们生成与图书馆和谐发展的"和谐"的精神结构。其二是通过"亚文化"团队，形成图书馆和谐的大环境与馆员工作的和谐的小环境的有机结合，使每位馆员工作舒心。对"亚文化"团队包括传统的部室，还有在新形势下，因为特殊使命组成的一个个项目小组、科研小组等。其三是在"学习型"组织的工作环境下要充分重视每位馆员"自我实现"的精神需求，因为我们深知这也是对图书馆的利益的最大尊重，在学科馆员中间应有均等的发展机会，不单纯是物质的满足，更重要的是精神层次的满足。使他们产生更高的工作热情与创新激情，用自己的智慧和勤奋，以最优异的成绩回报图书馆，这样，我们在收获每位学科馆员良性发展的同时也提升了图书馆的整体形象。[6]

综上所述，学科馆员制度与参考咨询制度相比，最根本的区别是参考咨询馆员制度是在传统的图书馆业务组织框架下业务中心的调整。而学科馆员制度不仅在管理理念上由传统的"以事为本"到"以人为本"的发展变化，而且在服务管理形态上是基于"以学科为基础"和"以用户为中心"的图书馆业务新的整合，是图书馆活动全程深入地面向读者和面向学科建设的全方位服务。其内容包含图书馆文献信息资源与人力资源整合、业务流程重组，组织机构变革和运行机制更新等诸多内容。在通过文献信息资源结构的不断完善和调整、人力资源的重新整合、业务流程的重组以及结构变革等多种方式，而形成的集多种服务功能为一体的现代图书馆服务管理新形态，具有类似"信息超市"的运行机制，不仅能为用户提供"一站式"服务，压缩读者利用文献信息的距离，自主地直接选择文献资源，从而保持自由取得思想和不受约束的心灵运作，充分体现出"自我教育"与"自主服务"的新境界。而且可减少传统文献闭架流通中大量的馆员频繁跑库取书的工作量，有利于图书馆突破长期停留在借借还还的低层次服务的局面。并通过现代信息技术将图书馆的实体文献资源、虚拟数字信息资源进行有效整合，建立一种集多种载体和媒体的集成化文献信息检索利用系统，可将那些原本许多枯燥无味的简单重复工作整合在计算机系统中，减轻馆员的体力和脑力劳动，从而使图书馆的生产力得到解放，这样，保证学科馆员有更多的时间和精力来从事知识组织、知识导航等图书馆的本质性服务工作。

# 第二章　科学图书馆的管理实践

## 第一节　知识管理与图书馆科学发展

知识管理学说起源于上个世纪90年代，其核心是信息管理和知识创新管理。知识管理学说最早是由美国现代管理学大师彼德·格鲁克提出的，后来在哈佛商学院结集出版了相关著作。

我们时处知识经济时代，知识管理和知识资本运营更加显示出其强大的推动力。国内一直对知识管理和知识资本运营进行着研究。目前，知识管理亦越来越受到图书馆的重视，有关图书馆知识管理的研究和实践不断深入，但是，如何把知识管理理论与方法真正有效地应用于图书馆管理工作，仍是一个非常关键和亟待解决的问题。

### 一、图书馆知识管理所要解决的问题

● 信息超载与信息增值问题　信息时代特点是什么呢？信息知识以史无前例的速度在累积，尤其是万维网和因特网加快了信息和知识在经济意义上的全球性传播。目前，由于信息泛滥、文献骤增，用户需求逐渐由文献获取转变为对知识的析取。因此，图书馆应在知识管理过程中，由文献组织转变到知识组织上来，加强文献知识内容的揭示和整序组织。主要做法有：一是在文献著录款目中，对揭示文献内容的"提要项"采取有效措施；二是在分类标引的基础上，加强主题标引，或采用分类主题一体化语言，多角度多系统地揭示文献主题内容，并建立科学的、完备的、符合用户习惯的检索系统，以真正方便用户对所需知识的获取。

信息价值的敏感性体现在与时间密切相关，与需求密切相关，与背景密切相关，与用户能力相关。那么，信息如何增值呢？首先，在信息超载时，增值来自对信息的过滤与提炼；其次，在信息无序时，增值来自于有序与定向；其四，在信息混杂与分散时，增值来自建立相关性和结构化。图书馆实

现信息增值的具体表现为：①与用户需求密切相关；②就解决的问题来说，信息准确度高；③信息含量能够覆盖所要解决的问题；④用户通过信息能排除不确定性；⑤信息的广度和深度恰如其分；⑥在合适的时间、合适的地点将合适的信息给合适的人。

•知识资本运营问题所谓知识资本是指能够转化为市场价值的知识，是企业所有能够带来利润的知识和技能。图书馆知识资本理论的提出为理解图书馆的知识创新、知识传递、知识利用和保护提供了一个新的理论框架，适应了知识经济时代图书馆资本运营与资本管理的新变化，将传统的有形资本和无形资本、物质资本和非物质资本等多对概念统一在知识资本概念中，有效地说明了人力资本与结构性资本之间的互动关系，改变了以往图书馆无法科学评估知识、技能等无形资产的局面，从而为图书馆选择正确的工作方针和发展战略提供指导。知识资本理论是知识经济时代理解图书馆活动的基本工具，是图书馆获得持续竞争优势的理论指导。图书馆最重要的知识资本构成有以下内容：①市场资本：声望、品牌、用户、服务网络等；②结构资本：计算机系统、数据库、管理规则和工作流程等；③人力资本：专业技术秘密、专家、技术人才和知识馆员等；④知识资本：专利、版权、学术成果等。其中知识资本的隐性部分包括：人力资本：管理层的能力，员工的忠诚度；结构资本：机构对环境的适应能力，集体协调与运作的灵活性和协调性；市场资本：消费者对产品与服务的认知过程和评价；知识产权资本：促使新知识和新技术不断产生的机制和组织手段。

•图书馆知识创新问题知识的创造及使用是一个从数据转变为信息，信息转变为知识，及由知识驱动所支持的人类行为和决策的一个连续的流程。图书馆知识创新包括创新的文化和环境、建立激励机制、评价人才的标准、管理风格与创新等。那么那些是图书馆可行的知识管理和创新活动呢？包括：知识资源的管理（Knowledge resources management）、人力资源管理（Human resources management）、资源共享和联网合作（Resources sharing and networking）、信息技术的发展（Information technology development）和用户服务（User services）。以用户需求为导向的信息服务、图书馆专家服务、有效的过滤机制和导航体系、信息定制和个性化服务等。关于图书馆知识管理与图书馆创新研究中，有人认为人力资源管理是其核心内容，也有人认为那只是信息管理的别名，这两种说法都有失全面。知识管理，是随知识经济发展而来，以知识为基础的新的管理思想和管理模式，其实质是通过对知识资源（包括显在的客观知识和隐含于人脑中的主观知识）的开发与利用，促使其相互转化，从而提高组织的创新能力和发展能力。图书馆作为专门以各种载体文献向社会提供知识服务的组织机构，它融于整个社会创新体系之中，是启动社会知识创新工程的要素之一。它的主要职能和任务是要通过对文献知识的组织，把知识与社会联系起来，起到知识交流的中介作用，成为社会知识利用和知识创新的桥梁。所以，图书馆的知识管理不仅应该从其内部管理着眼，还应该从其社会职能考虑，它体现于图书馆的内部组织管理和业务工作管理两个层面。建立"知识组织"和进行"知识组织"，就是这两个层面知识管理的主要任务。建立"知识组织"（此处所说的"知识组织"是一个名词性概念，即"知识型组织"），这是图书馆知识管理在其组织管理中的重要任务。它是要创建一种有利于各种知识交流与共享的组织机制，以图书馆员工知识水平和工作能力的提高，来推动图书馆工作的创新和事业的发展。它具体包括以下三方面内容：①合理设计以知识为基础的组织结构；②营造以知识为导向的组织文化；③培育以知识为动力的职工队伍。进行"知识组织"，此处所说的"知识组织"是一个动词性概念，"知识"是组织的对象，即对文献知识进行组织。这是图书馆知识管理在其业务工作中的具体体现。进行"知识组织"，是图书馆发挥其社会职能，为满足用户利用知识的需要，为提高文献信息服务的知识含量，在传统采集、分类、编目等文献组织的基础上，对文献内容进行分析、整理、加工和控制的组织活动及过程。其具体任务包括如下几方面：①对文献收集标引，进行知识的序化组织；②对文献内容重组评价，进行知识的优化组织；③对网络资源选择描述，进行网络知识的开发组织。

## 二、图书馆知识管理和创新的运营思路

　　●战略思路对知识资本的管理　　已经成为图书馆获得并保持竞争能力的战略手段，主要表现为有效实现知识的创造、传递、利用和保护。图书馆的知识资本战略管理是管理实践和管理理论共同关心的重要问题。在图书馆组织的知识资本管理战略中，以人力资源或人力资本为前提和出发点；以结构性资本为保障和支持，促成个人知识的创造，并鼓励将个人未编码知识转化为图书馆的编码知识、即知识资产，并对其中重要的知识资产实行法律保护，将其作为知识产权而保证图书馆开发这类知识的收益。结构性资本与人力资本互相作用构成图书馆的知识资本，其中人力资本是最关键的部分，是图书馆实现价值和价值增值的重要基础，而结构性资本的作用是为激励人力资源

创造知识水平、发挥知识的增值作用提供环境支持，结构性资本应被设计成资产产出的最大化，结构性资本应保证人力资源的最大化和人力资源转化为知识资产的最大化以及知识资产市场价值的最大化。对于图书馆知识管理而言，创新和结构性资本的转化构成了两大价值源泉。当前，我国图书馆界应具有以下战略思路：①树立行业拓展意识；②培育良好的声望和信誉；③成为社会经济发展的标志；④根据环境变化调整策略；⑤用企业家精神管理图书馆。知识管理的战略模式分为：Integrated strategic plan 整体的战略规划；Knowledge management system 知识管理系统；Mechanism for knowledge renewal 知识创新机制；Customer – centered management 以用户为中心的管理；Mechanism for knowledge sharing 知识共享机制；Increased value of intellectual capital 智力资本增值。

● 管理思路　作为一个知识性组织，图书馆应该在知识管理中起带头作用。与那些把知识管理运用于竞争优势的企业组织不同，大多数的公共、高校、学术和研究图书馆都具有不同的使命和价值观。公共、高校、学术和研究图书馆的最重要使命就是为其读者扩大知识的获取。

图书馆知识管理沿着内部、外部两条思路，图书馆外部管理思路包括：①经营广泛的社会联系；②建立行业联盟；③注重图书馆投资与效益分析。其核心内容是建立图书馆组织外部的知识联盟。

图书馆内部管理思路包括：①图书馆管理与文化氛围；②重视隐性知识的价值；③激励个人创新；④变个体知识为集体知识等。其核心要义就是图书馆组织内部的知识整合。知识整合具有多种形式，图书馆应着手进行的知识整合方案包括：

图书馆应整合现有的信息系统，并包括外部与内部需求。

图书馆应整合现有的人力资源，促使其能够实现终身学习。

● 专业思路　图书馆知识管理与创新的专业思路包括以下内容：

将图书馆建设成快速学习中心。营造学习和知识共享的文化氛围，将学习型组织的理念引入图书馆中。建立学习型组织的机制要求在图书馆中培养具有扁平化的组织结构、学习实验室和学习型组织的文化，建立学习型组织的模式关键在于将五项修炼，即自我超越、改善心智模式、建立共同愿景、进行团体学习和培养系统思考能力运用于整个集群的图书馆中。

视用户为图书馆资源的一部分。在增加知识的价值方面与用户需求密切相关，首先，了解用户至为重要，应为首务之急。其次，这种信息可从以下方式获得：从用户注册数据库的统计分析；流通和馆际借阅记录；最常问的参考咨询问题；电话和电子信件服务；电子刊物和数字化资源的使用等。第三，所有的用户服务项目都应该符合各人的需要。第四，通过定期的用户调查来收集用户的满意程度和要求。另外，用户服务还要兼顾高层与基层服务。

从信息管理到知识管理。知识管理与信息管理共同之处，在于他们都重视分类与检索、整序与整合、选择与过滤、应用与共享、分析与评价。知识管理与信息管理的差异，在于信息管理是以信息组织为中心，注重静态对象，以文献信息为核心，注重加工与保存，是一种外部形态整合；而知识管理是以知识创新为中心，注重动态过程，以人和用户为核心，注重应用与共享，是一种知识资源增值。

从知识管理的发展与功能看，信息管理到知识管理的改造思路可以包括：①加强信息利用的开发研究；②加强知识与信息相互转化的研究；③推进信息管理学研究从微观走向宏观，一定程度地开展知识管理研究，重建信息结构，从中发现知识并加以有效利用。首先要把握图书馆发展的新方向，积极支持和鼓励对已有知识的获取和创造性地使用。现在图书馆一个很大的改变，就是从过去以藏书为基础的图书馆变为以信息为基础的图书馆，图书馆是否起到了应有的作用，要看他是否有能力为读者获取他所需要的知识。其次就是图书馆应在信息向知识、智能转化的理智过程中，担任催化剂及参与者。第三是图书馆将越来越担当维护和加强社会智力和文化基础的使命。

• 技术思路　21世纪图书馆面临的机遇和挑战首先是计算机和电讯技术的发展与整合。所以，图书馆知识管理和创新必须以现代技术为支撑，其主要思路如下：①要密切关注信息技术的发展，成为信息技术的早期用户；②建立地区网络和行业网络；③信息资源集成；④信息资源的再次开发。知识管理是以高新技术为支柱的，而作为现代高新技术在图书馆的集中体现的是建设数字图书馆，因此图书馆必须抓住机遇，运用知识管理的理念指导信息资源的建设。知识管理在数字图书馆信息资源开发中运用主要有以下内容：

一是知识创新和知识重组改变传统的"藏书建设"理念。传统图书馆的藏书建设侧重于表达知识的记录型信息，即显性知识的管理，而忽视隐性知识（如个人的知识、经历、诀窍、工作技巧等）的管理。其实，隐性知识对于从事知识创新更为有效，它存在于人们的脑海里或者组织的结构和文化中，是工作中所取得的经验性知识，不易被他人获知。知识重组就是有效地组织隐性知识，精练、提取、发现隐含在信息中的有用知识，对其进行集合组织，设立一个包含信息使用者所需的相关知识信息的内容和地址的知识库，以实现知识的转换和创新，最后才能实现知识的共享和交流。图书馆的知识管理属于公共知识的管理，其重点是显性知识的有效开发、研究和应用，馆员或用户隐性知识的交流、共享和创新。加快隐性知识的显性化，实现显性和隐性知识的转化和共享。从事知识创新是图书馆员在数字图书馆时代的重要使命。如图书馆的定题服务，把知识作为产品的一部分，这些知识要想使产品增值就必须是最新的。图书馆员要利用知识的原材料，通过科学研究把握知识之间的相互关系，来生产、创造新的知识。

二是知识仓库——数字图书馆资源建设的核心内容。在数字化领域，图书馆的重心开始移向网上信息的描述、管理和服务技术。利用现代化技术将更多的特色资源和常用资源数字化，通过元数据的应用，对网络信息资源进行组织研究，最终形成知识仓库。知识仓库是一种特殊的信息库，库中的元数据有相关的语境和经验参考。知识仓库相对于数据库而言拥有更多的实体，它不仅仅存储着知识的条目，而且存储着与之相关的事件、知识的使用记录、来源线索等相关信息。知识仓库是一个有机体，其生命力在于不断地更新。要不断地周期性地对知识仓库内的知识评价更新，才能提供全面、广泛和准确的信息源。各种特色数据库是知识仓库的主要数字化资源。目前，我国众多的图书馆、信息服务机构和商业公司已经开发了许多数据库，其中包括自建的馆藏书目数据库和馆藏期刊数据库及特色数据库、专业数据库和商品化数据库。网上全文数据库是数字图书馆建设的重点，我国具有代表性的网上中文数据库有：中国期刊网、万方数据库资源系统、中国数据库和中国科学院科学数据库等。这些数字化学术资源，都可以进行面向内容的知识管理，基本能实现"为最需要的人在最需要的时间提供最需要的知识"的目的。想要推动知识管理的执行，就必须有一个计划周详，可操作的知识管理系统，来使用最新的信息技术。

## 第二节　图书馆文化管理及实现模式

### 一、图书馆管理的组织文化视野

文化管理是一种先进的管理理论。从组织文化视角审视我国大学图书馆管理，剖析图书馆管理中的深层次问题，并从图书馆组织文化个性出发，探讨图书馆文化管理的特征以及可能实现的模式，对于我国图书馆事业的发展具有重要的现实意义。

组织文化是社会文化的一种形式，是组织客观存在的一部分。"组织文化是组织成员在认识和行为上的共同理解，它贯穿于组织的全部活动，影响组织的全部工作，决定组织中全体成员的精神面貌和整个组织的素质、行为和竞争力。"任何一个社会上存在的由人组成的具有特定目标和组织结构的集合体，都有自己的组织文化。图书馆作为传播信息的一个特殊的服务行业组织，具有特定的组织目标、特殊的组织结构、独特的行为方式，形成了自己的组织文化。因此，从组织文化视角审视图书馆管理，从新技术环境思考现代图书馆管理，探讨图书馆管理中的一些深层次问题，提出建设性措施，对于图书馆事业的发展具有十分重要的意义。组织文化是一种先进的管理理论。从文化结构看，它由三个层次构成，即物质层、制度层和精神层。现代图书馆管理目前面临的困境，主要原因就是这三个层面上所反映出来的问题，即技术张扬；组织结构失衡；价值原则与价值承当背离。

现代技术是图书馆文化的主要成就，是物质层面的，是图书馆物化形态的外在表现。技术对图书馆事业的发展有着极其重要的作用。人们重视技术，积极研究和引进、利用先进技术设备和手段提高工作效率。然而技术是把双刃剑，它在给图书馆带来效益和地位的同时，也带来了负面影响。"技术具有破坏性"，技术扩张掩盖了"为读者服务"这一核心内涵。当代电脑资讯网络的普及又经常把人的存在虚拟化，因此，造成现代人不是忽视别人的存在，就是把别人当成符号看待，把人义关怀编码为一个趋向于技术主体的"他者"，把为读者服务看成是一个与专家式的崇高技术地位相对立的简单劳作，致使图书馆的价值取向认同感产生危机。

组织结构是组织文化的中间层次，属制度层面。所谓组织结构是指组织内部正式规定的，比较稳定的相互关系形式。现代图书馆由于新技术的运用，范式的演变，正面临着组织结构的变革。图书馆组织结构变革要从集权形式向现代的多维多层次的开放形式演进。就目前来说，从图书馆内在的组织结构看，首先体现在组织的专业化，带来组织的分化，出现了各种不同的专业人员，他们之间因为工作岗位的差异，产生矛盾和冲突，给组织整合带来极大的困难。其次体现在图书馆组织的"自动平衡"被打破，群体基本的行为的要求和能力的失衡。表现在馆员队伍素质和能力的差距上愈来愈泾渭分明，表现在馆员个体的工作业绩优劣上愈来愈大相径庭。

组织的共同价值取向是组织文化深层次的问题，属精神层面。为读者服务是图书馆的使命和职责，服务水平、服务质量、服务手段是图书馆人关注的重点。图书馆的一切工作都要体现在这一职能上，这是图书馆组织的共同目标。过去图书馆员都在书堆里巡回，构成了一个封闭的自我完善机制。时至今日，图书馆人虽然认同了"读者第一，服务至上"这一核心价值观，并把它看成是图书馆员的天然属性，当做图书馆的主流话语，但是在具体的行为方式上，到底能承担得起多少道义责任，仍需打上问号。

## 二、实现图书馆文化管理的组织策略

如何使图书馆管理具有文化性？传统的图书馆管理在过去更多的是政治的，在现在更多的是经济的，在将来更多的应该是文化的。在制定图书馆管理制度的同时，如果更多地考虑政治和经济的要求，那么管理制度所传递出来的信息和价值观可能与图书馆的信息功能、教育功能和文化目标不一致。实际上，我们可以将管理分为控制性管理与文化性管理。传统的管理模式，较多的表现为管制、指导、命令，在一定程度上束缚了人的个性和创造能力。未来社会，人们的知识更加丰富，获取信息和处理信息的能力以及社会文明程度和人的精神境界大大提高。以此为基础，必须把图书馆管理推向新的文化性管理的境界。所谓文化性管理是指有利于读者、馆员和其他相关人员将抗有效的管理，类似于我们平时所说的以人为本的管理。因此实现文化性管理必须完成由传统管理思维到现代管理方式的几个维度转化。

● 从强调常规管理转向注重创新　管理任何时候图书馆都不能没有常规管理，但这并不意味着任何情况下常规管理都是图书馆里的中心。在"唯一不变的是变化"的时代，图书馆再想抢着以不变应万变的心态进行管理，只能被时代所抛弃。现代技术环境下的图书馆活动，要求既有利于馆创造的文献服务，又有利于读者不受心灵约束的自主利用信息的环境生成。同时，在管理和服务上的指导令性减弱。馆员在执行图书馆规章制度的同时，应视本部门的具体情况，结合本馆的传统和优势，读者的信息需求和兴趣，开发或选择适合本馆的服务模式。这必然消解既有的管理模型。而对于非程序化问题日益增加的现实，图书馆如果不将重心转移向创新，就无法完成使命，达成改革目标。

● 从强调有形资产的管理转向注重无形资产的管理　面对知识经济时代图书馆的管理，要求必须把图书馆无形资产的管理放在十分突出的位置首先，要提高对图书馆无形资产的认识，采取切实措施开发图书馆无形资产，将开展特色服务，培植学科专家，提高社会声望等品牌效应放到开发图书馆文化资源的高度加以对待。其次，要增加一发办馆意识，对于属于图书馆知识产权之内的创新成果等依法加以保护。

• 从强调物本管理转向注重人本管理　人是知识的载体，要发挥知识的作用，必须发挥人的作用。人与物不同，其根本区别在于人的主动性和创造性。将管理理论的选择和新时期图书馆知识管理联系起来，我们不难得出人本管理更符合现代化要求的显示和逻辑化的结论。因为人本管理强调决策重心的下移，决策在基层做出，让基础部门，馆员个人和读者在管理中拥有更大的权力。人本管理主张以服务对象的需求作为工作的依据，而不是以服务者主观的理念抑或什么客观标准为依据，来设计产品（或服务），即所谓人性化设计。目前图书馆改革的出发点之一就是有效地促进图书馆和谐发展，高扬信息公平的旗帜，而图书馆的这种和谐的、可持续的发展是建立在主动性且富有个性化的基础机制上的。人本管理强调人与组织的共同生长，新时期图书馆管理和服务也追求通过变革促进图书馆的职业发展，进而推出图书馆全面发展。

• 从强调图书馆现代化的目标指向，图书馆管理的重心必须从强调分工转向注重团队协作　现代的图书馆服务形态的多维性，内质的丰富性，反衬出馆员个人知识，能力的局限性。学科知识服务的深化，要求馆员在专业化的基础上具备学科知识的储备，而综合性集成化的"一站式"服务要求馆员必须打破学科界限，部门观念，以开放的心态进行学科间的学习，吸纳和整合。"学习型组织"文化反映了这些特征，唤醒了馆员的"团队意识"。对组织的认同感有助于馆员之间形成凝聚力与亲和力。

• 从强调刚性管理转向注重柔性管理　文化管理所要求的不是刚性管理，而是柔性管理。首先馆员是图书馆服务与管理开发和实施的主体，他们又是受教育程度较高、有思想，善思考，有很强的职业责任感和进取心的群体。对馆员的管理，如果限制过多，过严，手腕过硬，就会挫伤他们的工作积极性，扼杀他们的创造力。其次，图书馆管理与服务系统是一个极为复杂的系统工程，很难找到真正回答一线广大馆员提出的无数个"怎么办"的专家，明智的管理者不是自己去寻求解决问题的答案，而是为馆员创设探求解决问题的文化氛围。再次，图书馆管理与服务的开发实施和评价是一项专业化极强的工作，有效的管理只能是宽严有致，甚至无为而治。

在信息技术与图书馆资源整合中，图书馆的模式由传统的以书（载体）为本的"藏—借—阅—咨"分离模式转变为以读者为本的"藏－借－阅—咨"一体化模式。服务管理不再仅仅是借借还还，还要通过多种文献载体和多种媒体展现服务内容，提高服务的效果和效率。服务和管理的组织形式也以原来以职能分工的运作体系改变为以作业流程为基础的组织形式，强调工作设计的整体化，改变等级制度的直线式组织结构，使组织结构扁平化，从而达到减少管理层次和重复作业，提高工作效率的目的。馆员利用信息技术的形式，主要有以下几种：

一是利用计算机系统进行自动化管理、包括常规的文献流通、阅览、检索等等。这种形式是整合的最低层次。

二是对管理服务内容、体系结构进行改革的尝试，以适应整合的需要。将信息技术融合到各学科文献的开发利用中，必然会引起管理服务内容和体系结构的改革，服务内容的表现形式也必定由原来的被动借阅型、线性体系结构变为主动知识服务型、多维扁平型的结构形式。

三是构建信息技术与资源整合的模式。处于不同历史发展阶段的图书馆在管理理念上有着不同的内容，但"以书为本""以藏为主"一直给图书馆管理留下深深的烙印，在网络信息时代，读者日益增长的文献信息需求和相对落后的文献信息服务方式之间的矛盾日益突出。重组管理理念是业务流程重组的基础。重组管理理念有两个基本着眼点：一是改"以书为本"为"以人为本"，在以人为本的管理理念中，既要强调读者第一的服务理念，也要坚持馆员为本的管理思想，只有充分调动每个人的积极性、能动性和创造性，图书馆的工作才能充满活力。二是改"以藏为主"为"以用为主"，图书馆的一切馆藏文献的收集、加工、存储和利用都应以方便读者，把书库变成读者书房，在藏借阅结合的文献布局的基础上按学科门类或知识体系开辟不同的文献专区。在管理手段上要充分利用计算机等现代信息技术实现自动化和规范化管理，提高信息的处理能力和对文献进行深层次加工能力，有效地利用实体资源和虚拟资源，满足读者不同层次、不同方向的共性需求和个性化需求。

四是给读者提供自主学习和自由利用文献信息的资源环境。实体文献、虚拟信息与网络特性的结合，为读者创造了一个自主学习、自由利用信息的外部资源环境，因此，馆员和读者须实现角色的转变，馆员是读者的主导因素，应给作为文献信息利用过程主体读者以正确的引导和指导，视读者（用户）为图书馆资源的一部分。因为在增加知识的价值方面与用户需求密切相关，首先了解用户至为重要，应为首务之急。其次，这种信息可从以下方式获得：从用户注册数据库的统计分析；流通和馆际借阅记录；最常问的参考咨询问题；电话和电子信件服务；电子刊物和数字化资源的使用等。第三，所有的用户服务项目都应该符合各人的需要。第四，通过定期的用户调查来收集用户的满意程度和要求。

五是进行馆员和读者之间的交流、实行个性化服务。多媒体的重要特征之一是交互性。在校园网或互联网环境下，馆员和读者之间的交流不受时间、空间的局限，使交流具有间接性、独立性、灵活性、多样性和拓展性，有助于发挥读者的主动性和馆员进行因人而异的导读或导航，同时也有利于馆员和读者之间情感的交流和互动学习。

六是在现代信息技术与馆藏资源整合的模式下，馆员必须重点作好两方面工作：馆藏资源的数字化和社会资源的馆藏化。馆藏资源的数字化就是要根据学校学科特点、科研方向和日后发展规模的实际情况，重点创建具有本校特色的文献信息资源。建立个性化的数据库（如河洛文化数据库），实现目录检索、主题检索、和全文检索；同时还根据教学科研的需要，对相关的教学参考书、学术期刊做数字化技术处理，在此基础上建立全方位搜索引擎（学科导航库），实现读者上网轻松阅读和下载。社会资源的馆藏化是针对学校的发展和读者的需要，对社会上的数字化信息进行收集、整合和利用，大力拓展网络资源，将网络资源进行选择，将利用率高，具有学术性、权威性的专业信息进行下载，形成具有馆藏特色的专题、全文或文摘数据库，这样的网络信息资源的收集和利用，则大大突破传统馆藏文献信息资源的界限。这两项工作是图书馆为高校教学科研以及学科建设服务的前提和基础性工作。做好这两项工作，就会大大提升文献资源开发的水平和利用能力。这是图书馆为高校教学科研以及学科建设服务的前提和基础性工作。

将现代信息技术作为认知工具的图书馆资源整合，无疑是信息时代占主导地位的文献开发利用方式，必将成为 21 世纪图书馆管理服务的主要方法。因此，在当前我国积极推进图书馆现代化、信息化的大背景下，探索信息技术和图书馆资源整合的内容和方法，对于发展馆员的"信息素养"，培养馆员的创新精神，提升馆员的职业能力有着非常现实的意义。信息技术给我们提供了一个开放性的实践平台，我们可以采用多种不同的方法，利用它实现高校图书馆价值目标。同时，图书馆资源整合将信息技术看作是一个有机组成部分，它主要在高校图书馆已有的管理服务活动中有机结合使用信息技术，进行资源整合重组，创新管理服务形态，以便使图书馆员的职业能力得以提升。但整合不等于混合，它强调在利用信息技术之前，馆员要清楚信息技术的优势和不足，以及图书馆管理服务的需求，设法找出信息技术在哪些地方能提高服务效果，使馆员完成那些用其他方法做不到或效果不好的事，将那些重复繁琐的事务整合在计算机管理中，解放馆员的体力和脑力，使他们集中精力搞好知识管理和知识服务。所以，图书馆能力建设的管理变革，必须牢牢地扎根于馆员的职业技能，只有在巩固提高基础能力和专业能力的前提下，才能真正形成创新的"核心竞争力"。

## 第三节　"以人为本"构建我国现代高校图书馆管理制度

　　图书馆是一种社会事业。现代科技、经济和社会的迅速发展，不断推动着图书馆的改革和发展，要求图书馆适应现代社会和人们日益增长的文献信息资源需求，要求图书馆有效地进行管理体制和运行机制的创新，实现图书馆管理向多元化发展。现代图书馆管理制度建设的命题就是在这样的背景下提出的。

　　现代图书馆制度建设是一种建立在法制基础上的制度体系，具有法定组成机构及由此而构成的图书馆管理及其运作体系。这种制度体系保障了图书馆体制改革的顺利进行，并促使图书馆建立自我约束、自我完善和自我发展的机制，使各个图书馆在面向社会、市场进行依法办馆的过程中，主动适应政治、经济、科技、教育、文化和社会发展，不断满足国民对日益增长的文献信息资源的需求。现代图书馆制度建设主要体现在以图书馆为本的管理体制和机制改革，建设效能图书馆，强调从改进到发展、从数量到质量、从外控到内部管理。从文献管理到知识管理，从经验管理到科学管理，从重视物质建设到文化建设，形成以人为本和行为规范、运转协调及民主高效的管理体制。

### 一、当前我国图书馆改革与发展的主题

　　当前"书本位"向"人本位"转移是世界图书馆事业改革和发展的重要趋势，我国图书馆改革与发展亦呈现人本管理趋势。图书馆管理改革创新的目的使图书馆自身的组织结构和业务流程能够适应社会信息化、网络化的要求。在传统图书馆管理中，主要是"以物为本"（书本位），图书馆其内部组织机构的划分与设置主要以文献性质为基础。整个图书馆的体制和运行机制在今天这种多元化和多样性的时代变化中，表现则是反应迟缓与因循守旧，无法适应已经变化了的外部环境。因此，图书馆要适应现代信息网络技术的应用和用户需求的变化，就必须改变传统的那种"以藏为主"和以物为中心的管理思想，变"以用为主"与以人为中心的管理思想。将"以人为本"作

为图书馆改革与发展的重要指导思想。

如今我们倡导的"以人为本"是古代"以民为本"思想的发展。早在两千多年的春秋时期，齐国政治家管子就提出了以人为本的原则："夫霸王之所始也，以人为本，本理则国国。"管子的这一宣示表明，他把以人为本看做是建立和巩固霸王之业的根本原则。他把人看做是建立和巩固霸王之业的根本和基础，表现了管子对人作用和价值的重视与肯定。然而，这种重视和肯定烙上了明显的工具性标记，因为在管子的心目中，霸主侯王的霸业才是目的，而人（民）只是实现这一目的之手段。在当代"以人为本"越来越成为国家和社会各级管理事务中所普遍认同的原则和基本理念，一切管理行为只有以人为本，才能实现人的价值、表现人的尊严。全面体现人性关怀，充分发扬人文精神，才能使事业兴旺，国家富强，社会繁荣，从而保证人们能够和谐幸福地生活，自由全面的发展。毫无疑问，今天人们强调以人为本，已经扬弃了其纯粹的片面的工具性质，而把目的和手段的相关性、统一性包含于其中。因此，"以人为本"和"以民为本"是有区别的，前者是后者的发展，在中国，历来"官"和"民"是对立的关系，现在提的"以人为本"与古代的含义相比是一个很大的进展，现代的"以人为本"是以人的发展作为人类社会发展的总体目标，这个思想是非常重要的，社会发展不光是建立一个物质上富裕的社会，社会的发展要以人与社会、人与自然高度和谐为目标，就是把谋求人的彻底解放作为人类最终的发展目标。这个思想对现代图书馆制度建设启示是非常大的。"以人为本"思想对我国现代图书馆制度体系的构建的启示如下：

首先，图书馆实施人本管理，有利于扬弃西方现代性的弊端，建立具有中国特色的图书馆现代制度体系。众所周知，现代文明是以西方文化为底色的，当信息化、网络化、数字化等现代科技成果扑面而来，当代先进生产力所创造的丰富多彩的工业品、科技新产品使我们眼花缭乱，西方文化作为世界主流文化和强势文化，通过先进的科技手段（譬如信息网络）传播到世界各地，使几乎所有的民族文化都在不同程度地受到西方文化的冲击和同化之时，我们必须保持清醒的认识，那就是西方文化虽以工业化和高科技的强势成为现代文明的主流，但是这并不意味着未来的世界文化就是与现代西方文化同质的统一文化，并不意味着现代西方文化就是当代的先进文化，"全球化"并非"西方化"。因此，构建中国现代图书馆制度既不能一味模仿搬用西方现代性的直接成果，也不能幻想将我们的文化传统作为救治西方现代性弊端的灵丹妙药。我们唯一所能够做出的选择，就是立足于"本土化"，重新建构和发展真正属于中国自己图书馆的现代化。随着我国社会主义市场经济体制的发展和完善，国家对个体的制约作用将会越来越间接，制约的范围也将大大缩小。这即意味着图书馆存在和选择的自由权和自由空间不断扩大，为中国现代图书馆制度建设开辟了更为广阔的空间。吸收和借鉴现代图书馆运动中世界图书馆的先进经验和优秀文化成果，不断变革和创新我国图书馆传统中的那些被实践证明已经过时的、落后的东西。同时，弘扬中国优秀的文化传统和图书馆精神，在现代和传统融合的基础上，建立有中华民族特色的现代图书馆制度体系。

历史与现实已经证明，西方的现代性并非是人类最好的选择，西方文明中的种种弊端已经在现代图书馆逐渐显露出来。由于西方文化内涵的信仰和理念注重物欲满足和知识创新，轻视精神超越，现代西方制度又固化了重物质轻精神、重理智轻道德的生活习性，所以现代西方文化常常造成人类道德沦丧及人文精神的淡薄。如今人类所表现出的道德滑坡和人性化的确失就是西方文明弊端的显露。现代文明的负面影响在图书馆主要有两个突出的表现：第一是技术统治。表现是目标为手段所遮蔽，这是所有较高文明的一个主要特征和主要问题。本来技术只是图书馆通往最终价值的桥梁，是一种手段，而人最终是无法栖息在这一纯粹手段上。但在技术统治的现代社会，最终价值目标却被忽视，目标常常被手段所遮蔽。比如把未来图书馆定义为"有序化的信息时空"、"三无图书馆"（无人、无纸、无墙）、"虚拟图书馆"，等等，就是只从技术角度而忽略人文的、社会的价值目标的典型事例。第二是生产工具论的片面影响。江泽民同志指出：历史唯物主义认为劳动者是生产力中最活跃最革命的因素。工具在生产力中是重要的，但无论工具怎样复杂，都要由人来制造和运用。现代高新科技的魅力很容易掩盖了人的主体地位，出现重技术轻人文的错误倾向。现代科技虽可以给图书馆与用户带来极大的快捷、便利和效率，但是在快捷、便利和效率的背后却隐藏着潜在的危机，那就是科技在给我们带来高效、快捷、便利的同时却悄悄地消解了人类所需要的人文关怀。

在马克思主义看来，生产力的发展是推动历史前进的根本动力，而技术进步历来是发展生产力的关键。但是我们深入一步追问生产力为什么会不断发展？科技为什么会不断进步？难道生产力的发展、科技的进步就是社会变革的终极原因么？实际上生产力之所以会不断发展（技术的不断进步是其主要表现形式），无非是因为人们的物质需求在扩张，人类的知识在进步。而人的物质需求的扩张和知识进步都与人的信仰和理念相关。因此，技术无论再先进都是工具性的，它永远不可能代替人的脑力劳动，科技的进步不是社会变革的终极原因。在大量应用信息技术的现代图书馆，我们必须清醒地认识到图书馆职业基本上是一种人文职业，我们的终极目标是人。人的良知问题、人的价值问题、人的道德问题等，科学是没有资格发言的。当前世界图书馆界倡导的"人本主义"的发展观就是对西方文明的反思后的呼唤。

其次，"以人为本"还具体体现在"以馆为本"（以图书馆为本）的管理及其机制上，这有利于图书馆实现自主发展与持续发展。"以馆为本"的含义是指：以图书馆的实际情况、图书馆自身的客观规律为依据，结合图书馆周边社区环境，自主确定图书馆发展方向、办馆特色，确定图书馆的组织行为和管理行为，优化资源配置，从而提高办馆效能。"以馆为本"管理主要是实现图书馆管理自主化，管理人本化和管理个性化。"以馆为本"的管理机制是建立在"政馆分离"（政府与图书馆分离）、图书馆内部偏平化组织结构的基础上，而不是建立在"政馆不分"、图书馆内部科层化组织结构的基础上。其管理思想充分体现了现代图书馆对馆员、读者（或用户）的尊重，管理者与被管理者不再是传统意义上的上下级关系，而是依据契约所形成的平等的"契约关系"和合作关系，读者依法享有自由、平等地利用图书馆并监管图书馆的权利。只有这样，才是真正意义上的现代图书馆制度框架下的"以馆为本"的管理机制。

**二、推进图书馆制度创新，提升中国图书馆整体水平**

现代图书馆的时代特征表现在适应市场经济和建设学习型社会的基本要求，以法治馆，政府规范管理与组织协调，图书馆自主发展，社会广泛参与，读者积极支持，中介科学评估。当前建设现代图书馆制度的核心是图书馆依法自主办馆，重点是完善社会参与和监管机制，扩大读者的参与权、知情权和自由平等的利用权，使中国图书馆更具活力和人文精神。中国图书馆的现代化必须首先要进行制度创新。所谓制度创新是指制度主体通过建立新的制度构建以获得追加利益的活动，制度创新直接制约和影响着管理创新。图书馆要在信息化、网络化环境下生存并取得可持续发展，就必须在传统的基础上，导入"人本管理"的理念，将人本管理与现代图书馆制度相结合，建立一套新的管理制度。在图书馆走向现代化的过程中，不失时机地推进现代图书馆制度创新具有十分重要的意义。制度创新主要表现在：①促进图书馆管理民主化、科学化，满足人民群众日益增长的文献信息资源需求；②进一步解放图书馆生产力，提高图书馆资源的使用效率，形成较为完善的现代国民教育体系，加速建设学习型社会；③建设现代图书馆制度是中国图书馆事业发展的必由之路。现代意义的图书馆是满足国民知识、文献信息需求的专业化组织，是国家科教兴国与教育制度化的产物，承担着保存、传播人类文化遗产和知识信息、启迪国民智慧的任务，它适应经济转轨和社会转型过程中图书馆功能多样化的需要。致力于成为一个社区性的文献信息中心与科技、文化教育服务中心；④可以明确现代图书馆的定位和职能、规范图书馆与政府、社会和读者的关系，有利于图书馆依靠政府，服务社会，完善内部管理机制，提高管理效能，提高图书馆为国民服务的质量和效率。

### 三、"以人为本"的实践与我国现代图书馆制度基本框架的构建

"以人为本"思想具体到图书馆制度建设中就是要落实到"以读者为中心"和"以馆员为主体"这样两个原则，要突破与超越以往对读者和图书馆员的各种不合理限制。现在，"以读者为中心"这一原则不仅渗透到图书馆服务领域，贯彻到图书馆管理中，而且也体现到图书馆建筑的方方面面。图书馆建筑上所强调的"人性化"、"以人为本"、"人文精神"和"人文功能"等，从一定意义上说，就是"以读者为中心"的引申。现代图书馆制度的确立不仅需要建立外在制度（社会干预制度），更需要建立内在制度。内在制度是外在制度的基础，缺乏一定的内在制度，外在制度往往难以有效实施。因此，中国现代图书馆制度创新，一方面需要以法律为依据以图书馆法人化为标志的外在制度；另一方面必须培育植根于图书馆本质即以读者自由阅读为核心的内在制度。作为内在制度的核心，"以人为本"是现代图书馆得以确立的基础。我国现代图书馆制度建设的一项重大任务就是对图书馆管理体制和机制改革进行积极探索，从而促进图书馆依法自主办馆，创建图书馆特色。我国已经开始着手探索现代图书馆制度建设，着手建立图书馆员专业资格认证制度、图书馆行业规范、进行图书馆立法等。中国的图书馆要走世界图书馆共同发展之路，融入世界图书馆事业的发展潮流中，加快图书馆的个性化、特色化发展，中国的图书馆管理需要以全球的视角进行定位，建立开放的机制，并运用国际通用的管理理念与标准，使我国的图书馆与国外图书馆在同一平台上开展交流与合作。构建现代图书馆制度，深化图书馆管理体制、机制改革，就是走图书馆内涵发展之路，它是当前促进图书馆现代化、提升中国图书馆整体水平的重要举措。

我国建设现代图书馆制度，推进图书馆现代化的基本框架如下：

（一）现代图书馆制度的建设目标

1. 建立现代图书馆制度，推进图书馆制度创新，构建开放性、多层次、

多规格、多样化、具有特色和活力的图书馆新体系。

2. 激发图书馆活力，调动广大图书馆工作人员的积极性、主动性和创造性，突出"以人为本"的图书馆发展理念，从"以书为本"落实到"以读者为中心"，最终达到"以人为本"的现代新境界，即追求人的需求、人的价值、人的发展为最终目标。

3. 构建图书馆与社会、用户联手的多渠道、立体式图书馆网络，积极引入各类社会资源，使图书馆服务向社会生活延伸，最终成为"社会的中心"。

4. 加强图书馆专业队伍建设，培养和造就一批新时代的图书馆学专家。

（二）构建现代图书馆制度的理论要点

进行图书馆的制度创新，构建现代图书馆制度的理论要点内容如下：

1. 将图书馆的核心功能定位于"为读者和用户发展服务"，用制度来确保"以人为本"和个性化的图书馆文化的确立与延续，确立科学的图书馆理念、办馆目标，并运用优质高效的管理体系保障理念与目标的实现。

2. 将图书馆的核心能力和竞争优势建立在图书馆所拥有的独特的积累性知识，也就是说图书馆知识获取的速度和数量、知识应用的效率和知识创新的能力，才是图书馆创造价值和保持竞争优势的关键所在。而知识的特性决定了图书馆的核心能力必然是动态发展的。知识管理对图书馆创新能力的支持，使得知识管理在图书馆的重要作用日益突出，成为图书馆今后管理的热点。而知识管理的内涵关键在于三个方面：首先是知识管理的机制，它不仅是技术相关性问题，二是对"人、过程、技术"的有机集成，是一种"技术—社会"系统；其次强调知识管理主要是对知识核心过程　　"知识的生产、分享、应用、创新"的管理；第三是说明知识管理需要实现特定价值，主要表现为它能够有利于提高个人和组织的智商，实现图书馆的整体战略以及取得直接的经济绩效。在以提高服务质量、实现图书馆可持续发展为中心，运用科学的管理体系，建立明确的工作、价值、利益导向机制，全面、全员、全程实施图书馆管理，逐步形成完整、闭合、互动的图书馆内部管理流程。逐步将图书馆传统的文献管理、信息管理上升到知识管理的新境界。

3. 改革图书馆事业管理体制，转变政府职能，建立科学的产权监管体系和图书馆员管理体系；培育文献信息资源的市场，运用社区和社会的力量，为图书馆提供智力与技术支持，强化对图书馆的监督、检测、考评机制。

# 第三章　面向知识服务的图书馆
# 人力资源建设

## 第一节　现代图书馆人力资源开发与管理

自从彼得·德鲁克教授在 1958 年首次提出"人力资源"概念以来，经过许多管理学家的研究和努力，直至 20 世纪 80 年代，人力资源管理理论才真正为学术界和企业界所接受。近年来，图书馆也在尝试人力资源管理的方法，这也是对旧的人事管理体制的挑战。

目前图书馆人力资源的现状极不乐观。不少图书馆人力资源管理混乱，体制不完善，人为因素干扰特别严重，不依规律、章程办事的现象十分普遍。员工工作态度和主观能动性发挥得不理想，责任心下降，主人翁意识淡漠；很多员工长期得不到继续教育的机会，导致人才外流或人浮于事。这些现象严重阻碍了图书馆事业的发展。因此，建立科学的人力资源管理体系刻不容缓。从下列几个方面阐述"人力资源"的开发与管理在高校图书馆的必要性和重要性。

### 一、人力资源管理的定义和意义

管理学家通过对人力资源管理理论发展历程的追溯和分析，将有关人力资源管理的定义总结成三类。

第一类是由彼得·德鲁克等人提出，比尔、莱文（Lewin）和舒勒（Schuler）等人所发展的人力资源管理概念。他们认为，人力资源管理是管理人员所具有的一种广泛意义上的普通管理职能，其目的是为了对工作场所的个体进行适当的管理，具体包括：理解、维持、开发、利用和协调一致。人力资源管理的这一定义是建立在"人本主义"管理哲学的基础之上的，它把组织中的人力资源、组织的所有员工都作为组织的一种有价值的资源，而不是把他们看成组织应该最大限度减小的成本开支。根据这种人本主义的观点，舒勒在《管理人力资源》一书中对人力资源管理做了如下定义：人力资源管理是采用一系列管理活动来保证对人力资源进行有效的管理，其目的是为了实现个人、社会和企业的利益。

第二类是由海勒曼（Hanneman）彼得森、翠西、罗宾斯、施特劳斯（Strauss）、塞尔斯（Sales）和德斯勒（Dessler）等人提出的。他们认为，人力资源管理是人事管理的一个新名称，是由专业人员从事的员工管理，这一定义是建立在这样一种假设的基础之上的：现在的管理实践和管理活动是最好的和可以接受的，可以用来对员工进行有效的管理，并且这些管理实践是可以被不断丰富的。根据这种观点，德斯勒就认为人力资源管理即人事管理，是指："为了完成管理工作中涉及人或人事方面的任务所需要掌握的各种概念和技术"。

第三类是由英国管理主义学派的代表者斯托瑞等人在20世纪80年代末提出的。作为员工至上学说的信奉者和多元主义的拥护者，斯托瑞等人认为，从本质上讲，人力资源管理是为了躲避工会和掩饰管理控制方法的一种复杂的管理方式。他们认为，人力资源管理是用来显示管理人合法性的一种不同方法，而不是作为工具或手段的人力资源管理。

总之，何谓人力资源管理，赵曙明在《企业人力资源管理与开发国际比较研究》一书中界定为：所谓人力资源管理，主要指的是对人力这一特殊的资源进行有效的开发、合理利用和科学管理。从开发的角度看，它不仅包括人力资源的智力开发，也包括人的思想文化素质和道德觉悟的提高；不仅包括人的现有能力的充分发挥，也包括人的潜力的有效挖掘。从利用的角度看，它包括对人力资源的发现、鉴别、选择、分配和合理使用。从管理的角度看，它包括人力资源的预测与规划，也包括人力资源的组织和培训。人力资源管理将成为现代科学管理的核心。

人力资源管理在国内外企业界从20世纪80年代始得到普遍的重视。因为人力资源是现代社会资源中最重要、最活跃的生产要素，尤其是全世界人才之争风起云涌，吸引人才、培训人才成为各个国家、各个行业、各个企业具有战略意义的工作。相对来说，我国高校图书馆人力资源似乎还没有引起足够的重视。这不仅可以从人们的管理观念和方式中得到证实，而且也体现在图书馆人力资源的现状上。据统计，我国现有22万图书馆工作人员，只接受过高中以下教育的人员比例占35%－60%，而且图书馆人才流失现象普遍存在，有可能导致人员素质的进一步下降。但随着信息技术的发展和广泛应用，传统图书馆正被推向全球一体化和网络化的境地。这无疑给图书馆员的素质提出了更高的要求，同时也加剧了图书馆的人力资源供求关系的严重不协调。因此，图书馆人力资源管理的研究具有重要的理论意义和现实意义。

## 二、我国图书馆人力资源现状

图书馆人力资源开发的本质，就是最大限度地调动馆员的工作热情和积极性，使其潜能尽可能地释放出来，创造高绩效，推动图书馆事业快速发展。作为人才相对集中，知识资源较为丰富的图书馆来说要实现这一目标，应该不难达到。但是，由于受诸多因素制约，现状不容乐观。汇集起来，主要反映在以下几个方面。

一是受传统的人事管理的制约。所谓"人事管理"，是指国家机关、企事业单位和人民团体等部门运用科学的原理、原则和方法，对其所属的工作人员和人事工作进行决策、组织、协调、计划、督促、控制等方面的管理活动，其内容包括选拔录用、考核奖惩、调配任免、工资福利等。人事管理基本属于行政事务性工作，主要是以"事"为中心；而人力资源管理把人、人力作为资源进行管理即资源管理，涉及人力资源规划、工作分析与个体差异分析、招聘与选拔、培训与开发、绩效评价、保持与激励等工作。人力资源管理是把人的开发、管理作为核心，是以"人"为中心。

二是内外不利环境的影响。人总是生存在一定的环境中。环境的优劣将对人产生重大的影响。从馆员所处的内部环境看：由于传统服务理念的制约和封闭保守管理体制的束缚，馆员始终处于一种消极被动的环境中，知识得不到尊重，才能得不到发挥。工作热情和积极性逐步消退，心态扭曲，思想畸变。随大流，抱残守缺；"等、靠、要"，坐享其成。贪图安逸，无所事事，已成为不少图书馆员追求的"时尚"。从外部环境看：由于历史的原因，图书馆的社会地位不高。人们对其缺乏认识，利用图书馆意识淡薄。特别是主管领导，他们对图书馆很少问津，也很少见他们到图书馆里驻足。这些来自外部环境的不利影响，致使馆员对图书馆事业失去信心，悲观情绪蔓延。由此酿成的恶果是：外部人才不愿来，内部人才纷纷去。这真是："不见贤才涌涌至，只见门前车马稀"。如此内部环境，何谈馆员潜能的充分发挥？

三是人力资源的大量流失。近几年来，图书馆人才调动失控，高层次人才流失现象严重，就高校图书馆而言，据全国高校图工委曾对北京、武汉、长春、广州等地高校图书馆的大学毕业生进行调查，结果安心图书馆工作的只占47.8%，想调走的占39%。据了解，各大专院校近几年来从毕业生中留下3000多名非图书情报专业毕业生充实到图书馆，可经过各种渠道已有2000余人外流，还在岗位上的也充满了不定因素。

从理论上讲，人才作为一种资源，是需要流动的。正常、有序的人力资源的流动可以使人才增值。但是一个单位的人才流出或流进太少或太多都将被视为不正常。无序的流动，是不健康的。人才过多流失对流出人才的单位也是资源的极大损失。那么，面对人才资源如此大的流失，图书馆是否应该静下心来思考这一连串的问题：图书馆为什么留不住人才、留不住人才的心？是不是图书馆的人力资源的管理出现了偏颇？如果不正视这一连串问题，图书馆人力资源的大量流失不光会严重妨碍图书馆情报信息服务功能的正常发挥，而且将直接影响并威胁到图书馆的生存与发展。

四是人力资源配置"人为性"。随着信息技术和现代化形势的发展，图书馆在服务内容，服务方式等方面发生了很大变革。图书馆工作要跟得上发展，就必须根据新的要求、合理规划、配置和管理人力资源，要从各个岗位应达到的工作目标入手，分析其人员的数量需求和能力需求，素质需求和能力需求等，并对本馆现有人员进行综合分析，找出人力资源配置的最佳方案。这样才能真正做到人力资源的合理利用，才能达到人尽其才，才尽其用，人事相宜，绩效叠加的工作效果。而传统的人力资源配置，总是摆脱不了关系、面子、人情等等诸多因素，这就避免不了人资源配置的"人为性"。正如有人指出的校图书馆，理想的岗位往往不是工作人员自己通过努力学习、不断更新知识和提高技术所能获得的。由于人力资源配置的不科学、不合理，人才得不到充分的发挥、工作没有满足感、成就感，因此，这给图书馆的工作及发展带来了长期的阻碍。

五是图书馆员个人价值再生的机会不大。图书馆的人力资源是由人、财、物三部分组成。财、物资源是通过人联结起来的，对财、物的管理是通过人来实现的。没有对人的管理就根本谈不上对财和物的管理，财、物管理的效益直接取决于管理财、物的人——人力资源。然而，图书馆管理层在认识上还存在着误区：只重视对物的投入，而忽视对人员素质的提高。这种"见物不见人"的观念是极其错误的。其实，任何为读者提供的真正高效、优质的服务都依赖于图书馆员来实现。没有优秀的图书馆员，就没有令人满意的读者服务，"读者第一，服务至上"也只是能流于空谈。图书馆员获得的培训机会越多，其个人价值再生的机会也就越大。相应的，获得个人价值再生的图书馆员反过来又会提升读者服务的质量。这是图书馆服务工作和图书馆员双赢的好机会。可令人遗憾的是，图书馆管理层对这个问题的认识不够深入，才出现了"见物不见人"的管理误区，从而大大降低了图书馆员在图书馆的工作中获得个人价值再生的可能性。

### 三、图书馆人力资源的开发与管理对策

人力资源的开发与管理，一方面是传统人力资源部门扮演角色的继续与改善；另一方面则是新的人力资源开发与管理思想、政策的发展，这两者共同构成了未来人力资源开发与管理的走势。面对图书馆管理现状，如何开发与管理人力资源，已经成为影响图书馆事业发展的当务之急。笔者认为，成功运作的企业在吸引人才、留住人才、发挥人才的潜能等方面积累了不少宝贵经验，将企业在人才资源经营的成功模式合理地应用到图书馆人力资源经营中来，应不失为一种可贵的尝试。

一是树立以人为中心的人力资源管理理念。心理学家马斯洛的需要层次论认为：人的需要分为生理需要、安全需要、归属需要、自尊需要和自我实现需要五个层次。当人的低一层次需要基本满足后，就会向高一层次的需要发展。自我实现需要是最高层次的基本需要。自我实现的本质特征是人的潜能和创造力的发挥。西方管理理论认为：影响生产率的最重要因素是对职工的关注。随着社会的发展，单纯的物质刺激已不能满足职工高层次需要。职工高层次需求不断增长，希望不断提高生活的质量。因此，要求工作本身能给人们提供精神慰藉，需要在工作中找到意义，实现人生价值。所以必须树立以人为中心的管理理念，其核心是重视人、依靠人、教育人、引导人、激励人、塑造人、最终完善人。该理念的原则是尊重人的基本权利，培养人的道德情操，调节人的思想行为，树立人的理想信念。如：本田、3M、摩托罗拉、壳牌等先驱型企业都是将战略人力资源开发与管理思想不断推广运用的成功典范。只有这样才有可能去了解职工物质和精神需求，采取激励措施，引导职工把个人需求与单位事业发展目标结合起来，互动发展、达到双赢，使图书馆事业保持良好的状态并不断持续发展。

二是图书馆管理层应具有前瞻性。可以说有什么样的图书馆管理水平，就会有什么样的图书馆。图书馆管理层对该馆今后五年、十年乃至更长时间的发展必须有一个明晰的规划，清楚地知道图书馆在信息时代、知识经济中的定位。现在所做的如现代技术设备的引进、人员的配备、岗位的设定、人员的培训等工作都应该立足于为更大的发展规划服务。图书馆管理层具有前瞻性，意味着图书馆在实现目标管理的过程中可以少走弯路，把力用在刀刃

上。图书馆管理层只有不断提高自身素质，与时俱进，增强发现、解决问题的敏锐力，才能更加适应时代的发展，更好地做好图书馆的管理工作。

三是人力资源的梯次开发。图书馆中不同的工作部门、同一部门中的不同岗位，对人力资源素质的需求是不同的。如何根据人力资源素质的梯次来决定其在馆内分工中的地位，是人力资源开发的核心，其中要掌握的关键是：（1）坚持能力本位制和资历本位制相结合。传统的人事制度过分强调学历和资历，它给人力资源管理带来的吃老本、熬年头、不思进取、但求无过的风气却是灾难性的。事实上个人素质、能力与学历和资历并不呈简单的正比关系，对学历和资历的过分依赖只是有利于简化人事管理体制。（2）正视人力资源素质的差异性。就高校图书馆而言，有的馆员具有较深厚的专业基础知识，有的具有较广博的学科知识，有的十分熟悉馆藏……最高明的人力资源管理就是要把每个人都放在最适合他的岗位上，使他的才能得以充分发挥。（3）分工与梯次结合，动态调整馆内分工梯次所代表不同的权力、义务、责任和分配方面的利益，这种权力、义务、责任和利益的梯次应与人力资源素质的梯次基本吻合。由于人力资源的可塑性和可激励性，分工的梯次不应当一成不变，而应根据人力资源的变化情况适时地加以调整。

四是建立科学的激励机制。科学的激励机制对于强化人们的竞争意识、效率意识、信息意识、法制意识和独立自主意识，对于全面提高人的素质具有十分显著的作用。激励的形式多种多样，如：目标激励、竞争与评比激励、领导行为激励、关怀激励及榜样激励等，但就其内容说，可归纳为精神激励和物质激励，两者互为补充，相辅相成，有机结合。

精神激励。精神激励是理想目标所产生的内在精神动力。精神激励主要有三种形式。一是兴趣的激励。人们之间不但有年龄差别，而且，在智能上也是各有特点的。有人足智多谋，有人善于辞令，有人精明强干，有人坚忍不拔，有人脚踏实地，有人埋头苦干，有人好动，有人好静，有人手快，有人心细——总之千人千面各具特点。因此，馆领导应根据个人的能力特长、兴趣，"知人善任"，这样才能激发馆员的工作热情。二是尊重信任激励。古语有云：用人不疑，疑人不用。既然安排人家去做这件事就要信任和尊重人家的决定，放心大胆让他去做，这样才能发挥馆员的聪明才智。三是榜样激励。树立榜样，并进行宣传和学习，让广大馆员有一个学习的目标。尤其是领导更要树立起好的榜样，因为领导者是群众心中的一面旗帜。

物质激励。物质激励能满足人们现实生活的物质需要。因此，高校图书馆领导层在进行精神激励的同时，还要充分了解本馆工作人员的物质生活的需要，建立一套奖惩制度。奖：设各种综合和有奉献精神的员工，给予荣誉或经济上的奖励。惩：迟到早退、缺勤、被投诉属实、主观工作失误等，均扣除当月一定比例奖金，严重者影响年终奖金发放及考核成绩，以至下岗。利用经济杠杆奖罚分明，促使每个工作人员在压力和动力作用下积极工作，从而充分调动广大人员的积极性。

五是强化高校图书馆员再教育机制。人力资本是通过投资形成的。注重对人的培养、注重对人的投资、促进员工的知识更新和技能提高、鼓励员工积极参与学习，努力把图书馆建成一个学习型组织，也是图书馆人力资源开发利用的一个不可或缺的重要方面。

加强在职培训。在职培训具有较强的专业性、层次性和实践性。具体做法有：

高校图书馆可在本馆建立培训中心，定期负责对本馆员工进行培训；组织馆际交流学习活动以便互相沟通信息、互相启发；可经常邀请专家学者开展学术讲座以使员工了解学科新动态、开阔视野；对于一些专业性特别强的岗位，如涉及标准、专利、英语、计算机和现代通讯、电子、传播学科的知识技术，可选派相关人员进行专门进修学习。

鼓励学历深造。相比较而言，高校图书馆系统的学历层次比较低，加之竞争所致的人才流动和流失，使得原本学历层次就低的图书馆系统在这方面的弱点就更加明显。因此，为提高图书馆系统的整体学历层次，目前必须将鼓励员工接受学历教育取得学历学位提到高校图书馆的议事日程上来。根据国外的一些经验，结合图书馆工作的性质，可能还应该鼓励和倡导攻读第二、第三学历或学位。比如，把拥有的学历文凭纳入岗位调换、薪酬调整的考虑范围等等。

总之，人力资源管理是一种不同于以往的管理观念。其特殊意义在于将人的思想融入了管理的范围，在传统的人事管理血脉中增添了经济的血液，考虑了投入与产出的效益问题，它已成为现代图书馆管理理论中最值得探讨和研究的内容之一。

### 四、基于知识服务使命的高校学科馆员队伍建设

学科馆员队伍建设是实施学科服务的重点。学科信息、知识是学科馆员成长、活动的土壤，馆员与教学和科研的联系主要通过学科来实现。馆员的知识通过学科服务的积淀而得以传播、扩展。

使命使人们对组织必须承担的社会责任的一种认定，亦是人们对组织应有价值的一种判断和要求。学科服务使命就是学科馆员必须承担的责任，在一定程度上决定了学科馆员的层次和水平。学科馆员是完成学科服务使命的主体。因此，学科馆员的培养和引进必须根据学科服务使命的需要来进行。而现实的问题在于，大学图书馆虽然对学科馆员素质和整体结构提出一些具体的要求和目标，但是，这些要求和目标的确立，很少与学科馆员制度建设的逻辑和目标相联系，很少由图书馆根据学科服务使命、学科结构的需要来考虑馆员的培养和引进，仅仅简单地从馆员的学位、学力的高低来考虑培养和引进。这样的结果会造成馆员的相对过剩和真正对学科服务使命起推动作用的专业馆员明显不足的矛盾。

首先，大学图书馆学科馆员队伍建设的目标，就是要努力适应和满足学科服务使命的需要，人力资源应该按"学科"配置。因此，根据学科服务的需要，加强图书馆员队伍建设，优化馆员队伍结构，这是大学图书馆专业队伍建设的重点；要根据学科发展的需要，大力提高现有馆员队伍的学科素质和能力，从整体上提高馆员队伍学科服务的质量和水平；要根据学科馆员制度的需要和特性，积极探索和建立起新的馆员人才培养制度，努力革除那些与学科馆员制度建设不相适应的人才管理办法。

其次，由传统图书馆发展而来的图书馆馆员队伍，主要是由具有图书馆学、情报学和文献学等专业知识的工作人员组成，学科知识过于单一，各专业技术人员也相应匮乏，再加之大学学科建设的日新月异，建立对口服务的学科馆员就有些显得力不从心。解决这种人才储备不足问题的策略是：鼓励具有图书馆学学位的人员学习其他学科的知识，拓宽知识面。对急需的学科专业人才要有针对性地引进，并营造吸引人才和留住人才的大环境，形成尊重人才、爱惜人才、发挥人才聪明才智、有效凝聚人才的格局；要解决学科馆员角色定位问题，提高他们的待遇，保证学科馆员的收入不低于各院系教师的平均水平。只有这样，才能对外引进并留住人才，对内加强素质提高，稳定学科馆员队伍。

第三，积极促进图书馆的人力资源向人力资本转化。在队伍结构上，从高学历低能力＋低知识含量的"壮工"二重化模式向以"知识工作者"为主体的复合结构转变。在人力资源向人力资本转化方面有两点是明确的。一是要注重对馆员能力培养和学科知识的提高，有计划地提升专业技能水平，包括计算机与网络的运用能力、科研能力、教育能力、信息鉴别、筛选、转化、整合能力，以及公共关系能力等。二是要求人力资源重组应以能级对应配置为核心，实行动态的优化组合，构筑一个公平竞争，据能施聘，量才录用的人力资本运用"平台"。能级对应要求图书馆岗位应有层次和种类之分。西方一些发达国家大学图书馆对馆员的管理一般分为两类，一类是从事专业技能型岗位的，叫做"专业馆员"；另一类是主要从事体能型岗位的，称为"支持馆员"。同时，同一类中每个人也都具有不同水平和能力，处于不同的等级位置。经过重组的图书馆作业团队中，即有学科专家型领军人物，又有一般专业技能馆员，还有主要以文献加工、整架、借还等体能性工作为主的支持馆员组成的队伍体系。

## 第二节　大学图书馆知识资本资本整合途径及效应

知识资本理论是知识经济时代理解企业经营活动的基本工具，是企业获得持续竞争优势的理论指导，如果将这一理论引入大学图书馆的管理与经营活动，把目前的大学图书馆资源整合提升至知识资本整合的层面，就会放大知识资源的整合效应，带来大学图书馆知识资本的增值和发展。

近年来，"资源整合"已经成为我国大学图书情报界关注的热点话题，现代意义"资源整合"的内涵实质是根据大学图书馆的目标根本性地改变其运作方式，他所强调的是图书馆应该做什么而不是图书馆过去作过什么，其任务是寻找改进图书馆性能的创新性方法，"资源整合"与其说是一种方法论，不如说是一种思想，是一种着眼于长远和全局，突出发展与合作的变革理念。整合意味着对原有格局的打破而重新构建新的模式，它的含义绝不仅仅是单纯的业务流程的简化和机构的变革，更重要的是组织理念的更新，意味着全新的组织构成方式，意味着对一个组织作为社会细胞的根本意义和目标的反思和追求，意味着对人的主体意识的重新认识和弘扬。所以，现代意义的大学图书馆资源整合就是运用知识资本理论，借鉴企业知识资本整合的理念和实践成果，对传统的大学图书馆运营模式进行彻底变革，以适应知识经济时代图书馆资本运营与管理的新变化，从根本上促进图书馆可持续发展。

### 一、大学图书馆知识资本概念及特征

#### ●知识资本概念

所谓的知识资本是指能够转化为市场价值的知识，即大学图书馆所能够带来社会效益和经济效益的知识和技能。大学图书馆拥有丰富的知识资源（编码

的和未编码的），通常情况下，知识资源是静态的，只具有潜在的市场价值，只有通过开发、生产才能转化为具有现实市场价值的知识资本。知识资本实际上是大学图书馆全部资本的总和，它将图书馆传统的有形资本与无形资本，物质资本与人力资本等多对概念统一在知识资本概念中，对图书馆的传统资本概念进行有效扩充，并将大学图书馆的基本活动整合在知识资本的运营中。

● 知识资本结构

所谓的大学图书馆知识资本主要有三部分构成，即人力资本、结构资本和用户资本。人力资本是指图书馆职工所具有的各种技能与知识，他们是大学图书馆知识的重要基础，且通常以潜在方式存在，往往容易被忽视。结构资本是指图书馆的组织结构，制度规范、业务流程、组织文化等。而用户资本是指图书馆的服务效果被广大读者认可的程度，以及由此而形成的社会声誉、品牌价值等无形资本的真实反映和体现。

人力资本、结构资本与用户资本三者之间具有互动关系，三者之间的相互作用，推动大学图书馆知识资本的实现和增值。

● 知识资本特征

广泛性和收益性　大学图书馆文献信息资源丰富、学科专业门类齐全，馆员队伍整齐，人才济济，结构层次多样，使得大学图书馆具有知识资本存量较丰富和知识资本构成的广泛性特征。由于知识产品与其他一般产品不同，可以无限制的重复使用，其价值一般不仅不会被削弱，反而具有递增的特征。当知识资本整合后，图书馆管理水平，服务能力在原有基础上会有很大的提高，从而激发馆员更加充分地运用知识资本，而知识资本运用地越多，创造的新知识就越多，知识资本的增值性就越大，由此形成良性循环，这就是所谓的知识资本使用的收益性特征。

无形性与动态性　知识资本是一种知识性的活动，是一种动态的资本而非固定的资本形式。大学图书馆知识资本存在两种形态，一种是固化的知识，例如文献、数字、信息以及其他可编码知识，另一种以人的智力形式或者以知识化的人的形式出现，在大学图书馆员集群中，作为未编码的知识，人力资本存量随着馆员的学习和创新具有动态提高的趋势，而且人力资本的释放与封存动态地控制于馆员个体；组织结构的变革，组织文化的创新，办馆领域的扩展以及知识资本编码化等都会无形中引起大学图书馆结构资本的改变，用户资本无形之中整合于大学图书馆知识资本之中，并随大学图书馆人力资本、结构资本的动态发展而变化。而且在人力资本、结构资本和用户资本三者整合之中，大学图书馆知识资本的总体存量与增量也是动态变化的。

共享性和独占性 大学图书馆知识资本整合以知识双向和多向交流为特征，这有利于形成知识资本共享。大学图书馆比较齐全的学科专业知识、多样的结构层次，有利于馆员之间，读者之间，读者与馆员之间互相交流、交叉和渗透，形成新的知识资本。然而，知识作为一种资本，同样具有其他资本所具有的两重性，即自然属性和社会属性。增值性是资本的自然属性，而知识资本的所有权属性是资本的社会属性。知识资本的自然属性，要求我们必须加大知识资本的整合，提高投入产出效率，而知识资本的社会属性，则要求我们应该承认知识产权，加强知识产权的保护，维护知识拥有者的利益，充分调动知识创新与投入的积极性。

学科性 学科是大学的基本元素，也是人才培养的基础单元。学科建设不仅是大学教学科研的发现领域、人才培养和科学研究的载体，也是大学图书馆资源配量的基础。大学的人才培养是在各个学科领域进行的，大学图书馆文献信息资源、人力资本，以及提供的服务产品同样具有鲜明的学科性特征。大学图书馆的学科性特征决定了其知识资本整合应该以读者为中心，以大学学科专业设置为基础，通过围绕学科建设的资源配置、压力传递和创新机制，促进馆员队伍建设，加强信息资源和技术条件建设，使人力资本、结构资本和用户资本产生互动效应，推动大学图书馆变革，提升管理水平和服务质量。

## 二、大学图书馆知识资本整合实现途径及效应分析

所谓大学图书馆知识资本整合是指大学图书馆通过对其所拥有或者控制的知识资源的组织，开发，传播，使用，存储，扩散等，实现知识资源共享，使知识资源转化为知识资本，从而达到保值增值，实现知识资本的产出优化和受益最大化目的。本文针对知识资本的三个基本组成部分，探讨大学图书馆人力资本，结构资本和用户资本的整合形式及效应。

● 人力资本整合途径与效应

这里所谓的人力资本是指狭义上的含义。在此意义下我们看人力资源与人力资本的区别和联系。狭义的人力资源是正常生长的人所共有的简单劳动力，是经济生活中现存的一般投入要素，对增加劳动成果和提高劳动改革基本上不生产倍加作用。在传统的文献管理时期，图书馆员工大都作为手工工作者，从事大量的简单重复性劳动，则如借借还还，阅览室管理等。虽然这些简单劳动力个人也有所懂得一些宝库经验，但这些经验只有在工作岗位上才有价值，无法随身带走。人力资本是投入到图书馆知识管理和知识服务中

的复杂劳动力，是知识工作者，他们拥有自己的知识资产，这就是脑袋里装的知识。在文献信息数字化和网络化传递的发展环境中，对图书管理员而言，这些知识的核心就是多元载体环境下的文献信息的复合整序能力，文献信息获取能力，和高质量的学科咨询能力。人力资本是知识经济中大学图书馆主要而非全部通过投资形成的能动因素。人力资源与人力资本都是投入要素，人力资源是人力资本形成和人力资本投资的对象。

现在大量在我们面前的最迫切的战略性任务是：如何用人力资本管理的最新理念和最佳实践，并结合中国几千年的传统管理文化所奠定的"以人为本"的管理思想，迅速有效地通过投资和开发，使大量的大学图书馆的简单劳动力，即只能算作"成本"的手工工作者，转变为知识工作者，即人力资本。如何让人力资源管理为大学图书馆创造变现的价值？如何使图书馆核心能力关系不大的人力资源管理转变为时刻以专业技能为导向的人力资本管理，这些问题是我国大学图书馆人力资源管理变革的瓶颈。实施这些瓶颈的关键要实现大学图书馆人力资本的整合。人力资本整合有三个方面的含义：一是重组大学图书馆人力资源，重组就是分解旧的模式，以便释放资源革新的和更高层次的用途。二是以"专业技能"以及拥有"专业技能的人"为变革的基点，将图书馆人力资源整合，转化为图书馆重要核心竞争力。发展生产力。三是大学图书馆人力资源的作用与组织时期相整合，使大学图书馆人力资本管理的各种活动形成一个高效的工作系统。

大学图书馆人力资本整合途径之一表现为重组大学图书馆人力资源。将无专业的非人力资本型的劳动力剥离生产，在队伍结构上，从高学历低能力＋低知识含量的"壮工"二重化模式向以"知识工作者"为主体的复合结构转变。首先，大学图书馆知识资本的学科性特征，决定了其人力资源重组必须坚持"以学科为基础"的原则。学科是大学教育的基本元素，也是大学图书馆管理和服务工作的龙头。在同学科下集聚人才，不仅有利于将相同学科的专业人才吸引到同一地方，而且可降低人力资本的开发费用，实现预期收益行为最大化的良性循环。其次大学图书馆人力资源重组应以能级对应配置为核心，实行动态的优化组合，构筑一个公平竞争，据能施聘，量才为用的人力资本运用"平台"。能级对应配置和管理原则表明图书馆的岗位是有层次和种类之分的，专业技能岗位，（如多种载体的复合文献信息程序，参考馆员，学科情报服务，系统管理，数据管理等）和体能型岗位（如图书馆加工，流通，阅览管理等）处于不同的等级水平，对就业者的知识和技能要求不同，在岗人员的可替代性也不同，岗位对图书馆工作质量和效应的影响更不同。西方一些发达国家大学图书馆对馆员的管理一般分为两类，一类是从事专业技能型岗位的称专业馆员；另一类是从事体能型岗位的，叫支持馆员。同时，每个人也都具有不同水平和能力，处于不同的等级位置。经过人力资源的重组，即要达到上述两种目标，即以"学科为基础"和以"能级匹配"原则配置人力资源。经过重组的图书馆作业团队中，即有学科专家型领军人物，又有一般专业技能馆员，还有主要以文献加工、整架、借还等体能性工作为主的支持馆员组成的队伍体系。

人力资本整合途径之二表现在以"专业技能"为基点，将拥有专业技能的人整合转化为核心竞争力，大力发展大学图书馆的生产力。在现今数字化生存和信息资源网络化传递的发展环境中，大学图书馆的文献信息资源管理与利用的活动方式，将出现与以往印刷技术环境的重大区别。图书馆适应这一变化，关键在于认识自己的真正使命和地位，选择好与环境相适应的专业能力发展重心。处于不同环境中的大部分大学图书馆，若都把"数字化，网络化"技术当做发展重心是步入误区了。因为在当代技术环境中此类能力将日益普及绝不会成为图书馆的专业能力。大学图书馆核心能力的建设，必须牢牢地扎根于自己专业技能，其中包括使自身的基础能力得以提升为多元载体文献信息的复合整体能力，促进能力发展到多元化载体环境下的文献信息获取能力，提升智力资源，开展高质量咨询和学科知识服务。

因此新世纪的大学图书馆变革不能依旧停留在微笑服务，一般文献指引的层面上。要根本改变图书馆在公众中简单借还，阅览管理等低层次服务形象，唯有通过具备丰富专业技能内涵的公众服务才能真正促进现代大学图书馆职业的形成。而大学图书馆人力资本整合途径和目标只能是确定在培养、建立具有文献信息检索和知识服务的高级专业技能的员工群体上，人力资本管理的具体实现形态，也应该是探索、建立一系列的措施、制度，将目前少数专家的文献信息整序，检索与利用的个人技能（知识），提升、转化为图书馆专业化服务的应用技术，将传统图书馆的一般文献供给服务逐步转移到依靠专业技能实现公众知识服务的层面。

人力资本整合途径之三表现为人力资本的作用与图书馆组织文化的整合，使大学图书馆人力资本管理的各种活动形成一个高绩效的工作系统。人力资本整合的前两种途径使大学图书馆的人力资源配置得以优化，基础能力得以提升和专业能力得以加强，大大解放和发展了图书馆的生产力。但是整合的最终目的是将人力资本管理的多种活动形成一个高绩效的工作系统，从而提升大学图书馆的智力资源开展专业化，专宗型的知识服务。大学图书馆文献信息服务的学科特性，要求一批具有学科知识基础和图书馆专业技能较强的馆员分别承担起专门为某学科读者提供深层次知识服务工作，这就是所谓的学科馆员制度。这种与具体学科对口服务的新机制不仅极大地方便了各学科专业的读者，满足读者的个性需求，而且有利于学科文献信息的深层开发。然而大学图书馆的这项制度是建立在组织文化创新基础上的，大学图书馆实行的是传统的参考咨询馆员制度，学科馆员和参考咨询馆员制度是有根本区别的，根本区别在于图书馆业务组织方式的变革，即传统的图书馆工作流程（以采编流参相分离）为基础，以业务管理为中心的组织管理方式向现代化的"以学科为基础，以读者为中心"的组织方式的整合变革。虽然二者都体现了"用户为中心，以服务为本"，但是参考馆员制度是在原有图书馆业务组织模式下业务重心的调整，学科馆员制度才是以用户服务为中心的图书馆业务新的整合，是图书馆业务全程深入地面向用户和面向学科服务。学科馆员制度的实施可促进图书馆服务与教学科研的有效融入，加强和扩大图书馆员与学科建设的交流沟通。但这项制度是一个关系教育培训、人事制度以及图书馆业务和组织结构重组的复杂系统工程，我国大学图书馆普遍缺乏这一资源，解决的办法就是逐步培训、构建这一资源。目前仅这项任务是①重视人力资本的管理，培养知识型馆员为核心，把大学图书馆办成一个快速学习型组织。让馆员有发展的空间和机会。如果图书馆仅限于做一些平庸而简单重复性工作的话，有些人就会觉得乏味、结果或者选择离开，或者不思进取，这样会造成恶性循环，使大学图书馆最终变成简单借还的图书馆阅览室。②建立竞争充分和鼓励创新机制。真正将运行机制转移到以具备专业技能的人为中心，以相关服务专宗活动范畴、专业领域为重心。③创造一个和谐的人际关系，以科学和谐理念指导大学图书馆工作，以内涵发展推动大学图书馆上层次。

　　● 结构资本整合及效能分析

　　结构资本的角色是支撑大学图书馆成员需要的知识网络，主要为知识的组织，传播，使用，存储。扩散和价值实现及其增值提供组织保障和支持。

　　大学图书馆结构资本整合主要指优化馆藏模式，重组业务流程和变革组织结构，运作机制，协同推进大学图书馆特有的创新能力，提高和创造自身价值能力的一系列活动的总和。组织文化创新是结构资本整合的基础，业务流程与组织结构重组是结构资本整合的手段。运行模式重建是结构资本整合的核心。

组织文化具有很强的惰性，处于不同历史阶段的图书馆组织文化有着不同的内容。"以书为本""以藏为主"的图书馆组织文化一直给大学图书馆留下深深的烙印，在数字化生存时代，读者日益增长的需求和相对落后的图书馆服务方式之间的矛盾日益突出，组织文化创新是做好大学图书馆结构资本整合的基础。

组织文化创新有两个基本着眼点：一是改"以书为本"为"以人为本"，在以人为本的管理理念中，既要强调读者第一的服务理念，也要坚持馆员为本的思想，只有充分调动每个人的积极性，能动性和创造性，图书馆的活动才能充满活力。二是"改"以藏为主为以用为"主"图书馆的馆藏文献的收集、加工、存储和利用都应以方便读者，把书库变成读者书库，在藏借阅结合的文献布局基础上按学科门类或知识的体系开辟不同的专区，在管理手段上要充分利用计算机实现自动化、规模化、提高信息的处理能力和文献深层次加工能力，有效利用实体资源和虚拟资源，满足读者不同层次的、不同方向的共性需求和个性需求。其内容涉及大学图书馆馆藏模式，人力资源、业务流程、组织结构、运作机制和组织文化创新等诸多要素的整合。"资源整合"在不少高校图书馆已有具体的实践模式，并显示出一定的效应。但是从总体上看，整合效应还不能适应知识经济时代大学图书馆活动的要求。

结构资本整合主要实现途径是馆藏模式、业务流程、组织机构、管理与服务模式的重组和重建。随着社会信息化的发展，数字信息资源的急剧增大，整合馆藏模式将成为大学图书馆内部变革的基础。通过整合，使大学生图书馆以文献载体为基础，以业务管理为中心的传统结构模式，向现代的以学科为基础，以用户为中心的组织方式转化变革。构建"藏借阅"一体化的文献布局。在以学科为基础的馆藏模式下，重点作好两方面工作，馆藏资源的数字化和社会信息资源的馆藏化。馆藏资源数字化就是要根据大学学科特点，科研方向和日后发展规模的实际情况，重点创造具有本校特色的个性化数据库，同时要根据教学科研的需要，对相关的学科知识信息做数字化技术处理，在此基础上建立学科导航库。社会信息资源的馆藏化是针对学校的发展和用户要求，对社会和网络信息进行搜集，整序，形成具有馆藏特色的专题、全文等多样的数据库。大学图书馆业务流程重组是针对在信息环境下的图书馆业务流程的再思考和再设计的过程。我国大学传统的图书馆工作流程是直线型流水线式的，根据文献在图书馆的流动方向而设计，形成"藏、借、阅、检"分离的局面，这在自动化管理程度不高的情况下有一定效能，但在网络环境下，这种业务流程设计弊端日见突出，效益低下。因此，业务流程重组是图书馆管理成本、服务质量等方面根本改进的关键，是结构资本整合的主要实现形式，可以使大学图书馆形成高效低耗的运作模式，可以实现实物馆藏流程和虚拟信息流程的有机结合，可以实现大学图书馆服务的敏捷反向，有利于把图书馆改造成学习型组织。

● 用户资本整合及效应分析

用户资本整合是指大学图书馆对所拥有的各种用户资本进行运筹和策划，利用用户资本的价值实现大学图书馆的整体价值增值目的和资本运作方式。成功的大学图书馆以其知识专业技能，文化积淀和具有特色的服务成效，在学生、教师及其他读者中形成良好的社会声誉，学术声誉和品牌价值等无形资产。用户资本的整合是大学图书馆提供"理想产品"和提升"用户附加价值"的重要途径，也是衡量一所大学图书馆成就的风向标。

用户资本整合实现途径之一是营建"内容丰富，取用及利用信息环境"，实现覆盖力。一是汇集各方面的信息，丰富环节，整合大学图书馆现有的馆藏模式，由传统的"以书为本"的模式向"以人为本"的模式转变；二是组建利用便利的"藏、借、阅"，一体化的超市的一站式服务模式。三是数字化信息和网络化信息的导航；四是及时了解读者需求和教学科研需求，把那些具有代表性的潜在需求，及时转变为现实供给。五是"以读者为中心"确定服务规则，让图书馆办馆活动都指向一个目的，即读者满意。

用户资本整合实现途径之二是开展"深化服务，接近读者"的个性化信息情报服务，实现扩张力。一是加强对用户的分类管理，对用户实行动态跟踪管理，定期与读者进行双向沟通，与读者建立起利益共享的机制，建立良好的持久的伙伴。二是加强馆员分工合作，充分运用他们各自的特长和优势，提供更具个性化的情报服务，满足用户的个性化需求。三是将图书馆社会声誉，学术声誉，品牌价值等无形资本作为重要的投入资本，并通过这种无形资本的宣传推介，利用品牌效应，吸引潜在用户，使得用户能从各种信息渠道中形成对图书馆优质服务的预期并通过知识资本的输出，进一步扩大图书馆的影响力和和利用率。

用户资本整合实现途径之三是利用活动与用户建立互动关系，实现凝聚力。根据 OCLC 于 2005 年年底提出《对图书馆与信息资源的认知：给成员的报告》[①]所提供的有关大学生用户对图书馆的认知、信息查询行为的大量数据，以及当他们在使用信息工具的时候，图书馆所起到的作用的相关数据来看，尽管大学生更多地意识到使用图书馆的电子资源，但在他们心目中，图书仍旧是图书馆的主要品牌。在信息来源和信息发现工具不断增长的环境中，尽管由于印刷本文献资源的数量越来越少，图书馆作为信息传播的作用减弱，但图书馆作为大学内的聚集场所的需要仍没有减少，读者把图书馆开作是一个学习场所，阅读的场所，免费获取信息的场所，提高素养的场所，支持研究的场所，提供免费的计算机互联网信息存取的场所。这些服务是与众不同的，是其他机构无法替代的。同时要求大学图书馆这个团体中的成员重新设计图书馆的服务能力，利用丰富多彩的多种活动与读者建立互动关系，譬如组织学术交流、阅读经典、网络博客等活动。

应该看到，虽然这些年大学图书馆在电子资源和开发基于 Wed 的服务方面的投资不断增加，但却一直没能将这种投入带来的成果转化为品牌。相对于不同领域中的一些信息服务新形式，大学图书馆的服务比较迟缓，服务方式古板陈旧并显得缺乏生机。

### 三、人力资本、结构资本和用户资本整合关系

知识资本在大学图书馆整合过程中，应保持其资本内部结构的动态平衡。人力资本知识态资本的核心，是知识资本整合的前提和出发点。人力资本整合，旨在最大限度发挥大学图书馆和职工的学科知识优势，专业技能优势和创新潜力。在知识资本中，结构资本和用户资本是以人力资本为载体得以发挥作用的，人力资本必须和结构资本，用户资本有机结合在一起，才能使大学图书馆创造的知识资产实现价值。结构资本使支持人力资本的基础设施活知识平台，既为人力资本发挥作用提供桥梁与工具，又被人力资源所创新。结构资本整合，旨在通过大学图书馆现有组织结构，馆藏模式和运行机制的重塑等，实现其组织文化创新，保证和支持人力资本和用户资本使用效率的最大化，从而为激励知识创新，发挥知识的增值作用提供组织保障和环境支持。

用户资本整合，旨在为大学图书馆提供市场资源和受众支持，为获得市场价值（借用）和实现价值提供现实途径。一方面，用户资本需要通过人力资本和结构资本获得；另一方面，其一旦形成又与人力资本和结构资本产生互动。

综上所述，大学图书馆知识资本的价值实现途径是人力资本，结构资本和用户资本的相互整合，共同作用的结果，而并非各自独立的。因此，要注意对大学图书馆人力资本，结构资本和用户资本内部以及相互之间转化关系的衡量，由此推进大学图书馆知识资本增值，提升大学图书馆的竞争优势和核心能力。

# 第四章 科学发展中的高校图书馆学科化信息服务

## 第一节 构建图书馆和谐服务平台

党中央提出构建和谐社会的宏伟目标使人振奋，深得党心民心，已在全国上下取得广泛共识。高校图书馆作为公益性的知识服务机构，其存在的价值就应为实现这一宏伟目标提供和谐的人性化知识服务，为促进和谐社会建设作贡献。什么是知识服务，如何构建平等正义、诚信友爱、充满活力的和谐服务则是当前图书情报学界需要考虑的重点问题。现在也没有统一认可的知识服务模式。由于教学与科研人员的信息需求模式正发生重大改变，在科研中要求网络化、专业化、个性化知识服务；要求从信息中提取知识、情报、直接可用的信息；要求可从多途径、多渠道获取知识，谁能提供所需知识就用谁家的服务。作为知识服务业的高校图书馆，面对形势和任务的要求，将采取哪些措施并落到实处才能在竞争中占优势，是一个值得深入研究的课题。

### 一、知识服务的特点

• 知识服务非常重视用户需求分析，并根据问题和问题环境确定用户需求，通过对知识的析取和知识重组来形成符合需要的知识产品，并能对知识产品的质量进行评估。

• 知识服务关心并致力于帮助用户找到形成解决方案，并将围绕解决方案的形成和完善而开展。知识的作用最主要地体现在对解决方案的贡献，而解决方案的形成过程又是一个对知识不断查询、分析、组织的过程。

• 知识服务贯穿于用户进行知识的继承、发展、创新、利用扩大的再生产过程。可根据不同用户的需求来动态地连续地组织服务，而不是一成不变的传统服务。

• 知识服务关注和强调利用馆员的隐性知识和技术能力，对现有馆藏资源（包括网络资源）进行深加工形成新的具有独特价值的知识产品，用来解决用户所需要解决的问题。

和谐知识服务适应了用户在新形势下的信息需求。在构建和谐社会这个新的环境下，用户对知识需求发生了很大变化，其主要表现在：一是知识需求的全方位与综合化。即读者对文献资源的利用已不再限于单一的书目信息，而是希望能够提供全程性的、全方位的信息保障。二是知识需求的开放化和社会化。随着全球经济的发展，用户对知识的需求不再是依据某一个图书馆的馆藏，而是需要利用多家图书情报机构的服务才能满足需求。三是知识需求的数字化和网络化。由于信息技术的发展，目前网络已成为读者获取新信息的主流方式，需要提供机上阅读的数字化知识产品。四是知识需求的集成化和高效化。由于信息资源分布广，具有分散性，给用户带来不便，要求通过文献信息的深层次整合，将分散的知识加以集中利用。总之，在新的信息环境发生变化的今天，用户对知识的需求无论是在广度上还是在深度上都发生了量和质的变化。

知识服务就其本质而言是以用户需求为驱动力，将更科学、高效、友善、和谐地满足用户的信息需求，通过对信息的分析和重组提供符合用户需要的高附加值的知识产品，其服务目的是通过这种服务解决用户的问题。它根据用户的需求来动态地和连续地组织服务，并贯穿于用户对知识信息进行抽取、分析、整合的全部过程，通过提供知识服务来支持用户的科技创新。因此，知识服务是一种人性化的和谐服务，是在知识、信息共享与交流融合的基础上提供的知识增值服务。通过知识服务形成网状结构的知识交流渠道，使知识在网中流动，并不断有新的知识入网。知识服务系统不仅适应了用户对知识的需求，而且还适应了用户在知识创新过程中的心理需求，它直接参与到用户的社会活动之中。

## 二、构建用户和谐的网络化知识服务平台

在知识经济的网络时代，图书馆的知识服务对象范围更广，用户需求更为复杂，图书馆要真正做好和谐服务工作，并不是一件容易的事情。图书馆应以数字网络为依托，根据研究和掌握用户信息需求的变化特征和知识服务的特点，重振图书情报服务业，构建和谐服务平台系统。

● 重塑图书馆形象

所谓图书馆形象是指图书馆及其职能发挥在社会上和人们心目中留下的印象和获得的评价，它包括对图书馆的管理水平、职工素质、职能作用的发挥质量、办馆条件、对内凝聚力、对外的信誉以及馆容馆貌等方面的综合评

价。在新的信息环境下重塑图书馆形象，可以消除读者对图书馆只是借借还还、开门关门的错误认识，正确引导读者深层次利用图书馆，通过读者来实现图书馆自身的社会价值；树立良好的图书馆形象，可以营造良好的和谐的外部环境，增进社会对图书馆的了解与认可，取得更多公众的依赖和信任，从而能吸引更多的用户，更深层次地开发图书馆的文献信息服务功能；同时，图书馆具备良好形象与和谐环境，能增强馆员的向心力，可以招揽各种各样的有用人才，促使人人为和谐尽责，为和谐出力，不断推动图书馆事业的发展，提高图书馆的社会知名度，使图书馆事业走上良性循环发展的轨道上来。因此，加强图书馆形象建设是与构建和谐社会相关的重要课题，直接关系到图书馆事业的兴衰成败，具有重要的现实意义和深远意义。

● 构建承诺制和谐服务机制

构建和谐社会符合国家和人民的根本利益，促进和谐是每一个公民的责任。承诺制和谐服务应是图书馆一种创新的服务模式，目前还没有现成的经验可以借鉴。尝试承诺服务模式，并借助一定的知识管理与运行方式强化服务意识和服务功能。那么，读者承诺服务必须建立在扎实的专业理论基础、丰富的实践经验、熟练的业务工作技巧以及以用户需求为中心，方便用户、提高服务层次和服务效果为原则。做到分工明确，各负其责。建立操作监督制度，引进竞争机制，完善激励机制，改革用人体制，稳定专业人才队伍，保障承诺服务的质量。促使与规范馆员努力钻研业务并提供到位的服务，使其成为一种优化馆员职业行为的制约机制。实际上，承诺和谐服务既能增强高校馆自身的服务意识和责任感，又能增强自身的市场开拓能力和可持续发展能力。这不仅在很大程度上督促馆员积极钻研业务知识，无形中又极大地浓厚了馆内的学术氛围。

● 加快数字中文资源建设与整合

由于网上中文科研资源少，外文资源多，读者想获得实用新资源很难。图书馆应树立"管理——服务——效益"的观念模式，在已有条件下加速实现文献信息资源电子化进程，根据用户要求和图书馆自身发展的特定目标，利用馆员独特的隐性知识和创新性的智力劳动，以本校重点学科专业为特色，把本馆收藏的富有特色的知识资源、专家科研成果进行深度加工整合形成具有自主知识产权的电子文献，借助数据库技术、数据推送（PUSH）和采掘（DATA MINING）技术，通过图书馆主页，让读者花更少时间和上网浏览费，平等地获得用来解决实际问题的知识产品，真正达到资源共享，进而为中文网络资源建设作出贡献。同时又可实现高校馆在社会知识创新、知识扩散和知识应用链条上的独特价值。

● 注重挖掘读者需求，构建读者资料库

发展读者、研究读者、服务读者是图书馆读者工作的基本内容。若没有读者及需求，图书馆便不能生存和发展。因此，图书馆必须研究读者心理，挖掘读者需求。信息环境的剧变，一方面使读者的知识需求、期望和信息行为更加捉摸不定；另一方面也为图书馆跟踪和挖掘读者的知识需求提供了便利条件。读者在馆内活动，处处都可留下个人资料。如读者借阅文献时会留下借阅数量、类别及阅读倾向等资料；读者上网检索将会透露其学术兴趣和知识偏好等倾向；读者在科技查新、定制服务的过程中会留下在研课题、研究方向等细节。图书馆应将读者各种分散的信息和资料整合为"读者资料库"，利用数据挖掘技术、客户关系管理（CRM）软件以及统计、分析等方法建立数据模型，使读者的需求和行为模式显性化，以便培养和识别忠诚读者，并通过不断推出新的、超值的知识服务项目来赢得读者的忠诚。

● 做好"集"、"散"工作，为建设和谐社会服务

图书馆是为高校教学科研服务的学术性机构，是社会极其重要的知识集散地。"集"是收集开发（知识创新），"散"是传递服务（知识应用）。因受传统办学模式的影响，图书馆对馆藏文献资源（包括电子、网络虚拟资源等）没有充分兼顾社会需要，"散"也没有真正实现社会化。"散"是"集"的目的，"集"由"散"决定，"集"做好了能促进"散"更好地发挥作用。这两者的相互关系类似于"生产与消费"的关系，既相互制约，又互相促进。在当今买方市场情况下，消费起着更重要的作用。在进入知识管理时代，"散"也将具有更活跃、更主动的作用。因此，面对建设和谐社会知识需求高潮，图书馆在做好知识创新的同时，要重视社会对知识需求的特点，利用掌握信息早、新、系统、稳定的优势，让新信息随时扩散到相关的用户中，便于更多的用户了解、运用，以提高信息资源利用率，增强图书馆对社会的吸引力，为建设和谐社会服务。

● 注重馆员隐性知识的开发力度

隐性知识是一种更有价值的知识。在智力支撑型知识经济中，馆员的隐性知识、智力、收集的信息等无形资产的投入将起决定性的作用。图书馆运用知识化产品，添加创意，提供智力，已成为市场经济活动的核心问题。而财富和权力的再分配取决于拥有的知识、信息和智力。馆员的隐性知识既是

个人的特殊财富，又是图书馆拥有的一种资本。图书馆智力资源的多寡，智力资源开发和利用程度的高低决定着自己未来的竞争优势。正是智力资源对于经济发展的特殊重要性，现在世界各国对于隐性知识的开发很重视。而图书馆为推进和谐社会建设作贡献，除了依托先进的网络技术与文献收藏的优势外，应重视和加大对隐性知识的开发和利用。

● 加速和谐服务模式基本框架的探索

随着"科教兴国"战略的深入贯彻，促进了经济和科技的快速发展，读者对信息需求模式已发生了重大变化，网络已成为读者获得知识信息的主流方式，这是一个公认的事实。目前读者要求网络化、专业化、个性化、大众化的新一代信息服务，并希望从多途径、多渠道获得直接有用的知识产品来解决实际问题，为建设和谐社会贡献力量。为此，为了适应社会发展和用户知识需求的变化，可从不同侧面去探索新一代信息服务模式的基本框架。

新一代信息服务模式基本框架包括：（1）新的基础平台：和谐服务、超高速计算网络；（2）新的信息需求：科技（知识）创新，解决问题；（3）新的社会功能：国家知识基础结构的重要台柱；（4）新的技术手段：交互和协同技术、知识技术、智能技术；（5）新的信息资源：NSFACP定义的科技资源，至少科学基础数据、科技信息和智力资源（协同）三种科技资源同知识服务直接相关；（6）新的信息媒体：多媒体（知识表达多样化）、虚拟真实；（7）文献加工对象：基础信息—深层知识—指挥整个信息链；（8）学科新理论：知识管理、知识构筑、信息生态环境、科学计量等。

● 强化和谐社会知识服务的超前意识

可持续发展的知识服务管理模式不仅应满足当代人的知识需求，还应考虑到信息资源对子孙后代生存利益的影响。知识服务在促进经济发展的同时，还应考虑到对社会和环境的影响。对于那些对发展经济有利但会对环境造成破坏的产业或项目，就不能为其提供服务。知识服务不能只注重眼前的利益，不顾将来的发展。另一方面，由于发达国家和发展中国家在信息资源的占有上存在着很大的差异，发达国家妄想利用知识优势控制或影响发展中国家，使之成为发达国家的附庸。这一趋势应当引起我们的警惕，要在大力加强信息立法的同时尽快实现知识服务由传统向现代模式的转变，为构建和谐社会提供有力的知识保障。

### 三、和谐理念下的图书馆服务新趋向、新要求

和谐社会的发展，使图书馆服务功能更强大，人文色彩更绚丽。因为构

建和谐社会这一新的要求，把读者能否得到更全面的个性化服务摆到了更重要的位置，也对图书馆员的素质和职业道德提出更高的要求。

首先，图书馆服务应发扬人文精神。伴随着和谐社会的发展，人们对图书馆服务需求的层次越来越高，尤其是大学图书馆，个性化服务、多样化服务、读者跟踪服务等新的服务方式已经摆在面前，"以人为本，读者至上"的服务理念必须贯穿到图书馆的各项工作中去。

图书馆人文精神的核心是人文关怀。人文关怀的对象主要是读者和用户，是对读者或用户文化知识需求的关注和关怀，是为读者的文化需求提供保障并营造一种充满人性化的读书环境。所以，图书馆要把以人为本的服务理念贯彻到图书馆服务的实践中去，以人为主体，以人为动力，提升图书馆的服务质量。让每一个用户都没有距离感，让不同层次的读者能享受到同样的礼遇。要从加强自身建设和对读者提供和谐管理服务入手，进一步加强图书馆的硬环境和软环境的建设，将图书馆建设融于和谐社会、和谐校园之中。

其次，图书馆服务要上层次、上水平。当前是信息时代，图书馆不能只满足借还图书，应更新观念，从传统服务向时效服务转变，开展创新服务。这就要求馆员知识更新，服务更新，精神面貌更新，只有这样才能胜任新时期的新任务。

数字图书馆的发展，从根本上改变了以借阅服务为核心的传统方式，图书馆员必须掌握计算机应用技术、网络知识以及图书情报知识，建构与数字化资源相适应的知识结构体系。必须具备相关技能，如在数据管理方面，不仅能从机读数据源获得部分数据，还能自建数据库；在系统管理方面，不仅能进行采访、编目、期刊管理、行政管理等，还能进行数据校对，数据最小重复以及数据备份、恢复与更新等。

21世纪的图书馆，业务工作标准国际化，信息服务网络化，图书情报一体化乃是发展趋势。因此急需培养跨世纪人才，全面开发人才资源；急需建立管理新体制，为人才成长创造条件。图书馆工作者除了必须掌握计算机和外语知识外，还要掌握本学科的最新信息和本专业领域国内外现状和发展趋势，了解国际科技发展前沿与本专业相关的各种技术；不仅能够服务国内读者，帮助他们跨上信息高速公路，还要服务国外读者，帮助他们远程登录以及查阅各地图书馆的信息资源。

所以，每个图书馆工作人员都应成为"信息向导"和"网络交换手"，能从庞大的信息流中筛选信息，能知道什么信息可以上网络，知道什么信息可以从网络或数据库中截取下来，能为用户打开世界信息的大门，充分利用信息的检索途径、方法进行信息咨询，最大限度地满足各类用户的需求。

当今图书馆需要一大批具备综合素质的复合型人才，充分运用所掌握的知识从事与信息管理、咨询、编辑、标引和文摘编制、培训、系统分析、用户服务以及利用现代化手段进行联机检索、文献传递、数据库生产等工作，有效发挥知识信息导航员的作用。为此，高度重视馆员业务素质提高，培养数字图书馆建设所需要的复合型人才乃当务之急。

另外，图书馆服务应突出育人的功能，充分发挥弘扬民族精神，营造和谐、安定的社会局面的作用。图书馆是我国社会主义精神文明建设的主阵地之一，要把丰富而优秀的文化成果推荐给大学师生。图书馆要开拓思路，与时俱进，大胆创新，摸索出一条为读者服务和人文精神有机结合的新途径，全方位、多层次开展信息服务，帮助大学生了解和掌握自然规律和社会规律，不断获得真理，并使读者从中获得知识、技能，帮助读者提高对时代的认识，和对时代责任的确认，为完成时代赋予的构建社会主义和谐社会的历史使命贡献力量。

## 第二节　现代图书馆和谐服务理念及人性化服务

社会生产力的发展，人们日益增长的知识\信息资源需求极大地推动了图书馆事业的发展。21 世纪人类进入信息化时代，以网络技术为代表的信息技术，为人类的知识和信息资源共享提供了现实的平台。21 世纪是图书馆高扬服务的时代，我们应该根据这个时代精神来重新设计我国图书馆的服务理念。

### 一、现代图书馆服务理念的内涵及其特征

图书馆服务理念是对现代图书馆理念的一种丰富，它是图书馆主体在图书情报工作实践中，从图书馆产出的服务性出发，对一系列图书馆问题所形成的总体看法，其主要的观点有：文献信息服务是图书馆的基本产出，读者和用户是图书馆的直接顾客，不断满足读者和用户明确的或潜在的知识信息需求是图书馆改革和发展的出发点和归宿，各类型的图书馆都应增强这样的服务意识。图书馆服务理念的第一个特征是具有鲜明的选择性。在现实条件下，图书馆成了图书馆服务产品的提供者，广大读者和用户成为图书馆服务产品的利用者和消费者，他们有权选择图书馆服务。图书馆服务的选择性蕴

含着图书馆供方的竞争。因此，作为文献信息服务提供者的图书馆，在读者和用户自由选择利用图书馆的机制下，在竞争的推动下，必须努力提高服务质量和品位，为社会提供优质的服务以满足读者的需要，否则将会被时代所淘汰。图书馆另一个鲜明的特征是层次性。读者和用户有不同的"消费需求"，有"高级、中级、低级"层次之分，图书馆必须区别对待，分层服务。

## 二、现代图书馆服务理念的基本内容

图书馆服务理念的具体内容可概括为图书馆服务产出观、图书馆服务市场观、图书馆服务质量观、读者和用户权益观、学术性的服务观等。我们认为图书馆服务理念具有两大特征：主观性和导向性。它的形成必然带有图书馆服务者的价值倾向，而已经形成，又必然能指导我国图书馆事业的健康发展。

● 图书馆产出服务观

图书馆要不要产业化？这在我国图书馆界一直争论不下。对于图书馆这类有着特殊属性的公共事业机构走完全的产业化道路，笔者亦认为不妥。但从市场经济的角度分析，图书馆属服务产业这是没有问题的。文献信息资源供求的主体一方为图书馆，另一方为读者和用户。对于图书馆，其向读者和用户提供的是一种旨在改善人力资本价值的文献、信息、知识等有形或无形的产品，图书馆的产出就是提供文献信息资源的图书馆服务；而对于读者和用户而言，虽然图书馆服务是免费的，但图书馆各种资源包括人力资源都是国家或集体投资的，这里面包含着每一个公民的纳税钱。因此，读者利用图书馆资源就是消费图书馆的服务产品。

图书馆产出服务观解释了传统的图书馆产出观不能解释的一些问题，是对传统产出观的提升：其一它认为图书馆服务是图书馆的基本产出（或核心产品），但不是唯一的产品；其二它把图书馆产出分为图书馆服务和人才，从而揭示出图书馆产品的双重性（服务性与产品性同时并存）；其三它从图书馆服务过程和图书馆服务效果两个不同的侧面来研究图书馆服务，揭示出了图书馆产出产品性与服务性的关系（图书馆服务是人才成长的基础和条件，而非充分必要条件）；其四它揭示了图书馆服务的特性（导向性、差异性、不可分离性、综合性等），为进一步分析和研究图书馆服务质量及图书馆服务市场提供了理论基础。

● 图书馆服务市场观

图书馆有无市场？图书馆服务要不要竞争？这是树立图书馆服务新理念

要解决的基本认识问题，笔者的答案是肯定的。图书馆服务市场是指图书馆机构、情报和信息服务机构因提供文献、情报、信息服务而在图书馆服务供求主体之间形成的图书馆供给、需求及其相互关系的总和。图书馆服务市场的构成要素主要包括：（1）图书馆服务市场需求的主体—社会各部门、和个人及家庭；图书馆服务市场供给的主体—各类性图书馆、情报、信息机构；（2）图书馆服务市场供求的客体—图书、情报、信息服务，图书馆服务是指图书馆、情报机构、信息机构利用图书馆设施设备、信息技术为文献、情报、信息消费者提供的用于提高或改善消费者智力素质和思想观念，促进需求者人力资本增值的实物和非实物形态的产品；（3）图书馆服务市场的本质—图书馆服务的供求关系。图书馆作为一种信息、知识性服务的公益性机构，其实质是一种文献信息的社会化集藏、开发、利用，这种社会化的文献信息的集藏、开发和利用贯穿于图书馆服务的全过程。

●图书馆服务质量观

图书馆服务质量观主要内容可概括为：图书馆服务质量是指图书馆需求主体对图书馆服务的预期同其所感知的图书馆服务水平的对比，若体验质量高于预期质量，图书馆需求者就可能认为图书馆服务质量好或图书馆服务水平高。反之，则可能认为图书馆服务质量差或图书馆服务水平低。图书馆服务质量评价的主体主要是图书馆的读者和用户，图书馆服务质量评价的客体是图书馆服务效果和图书馆服务过程，评价的方法根据评价目的的不同具有多样性，读者的满意度是图书馆服务质量的主要指标；图书馆服务质量同其他物质产品质量在核心质量产生的时机、质量要素、评价主体等方面具有显著的不同，图书馆服务质量管理过程应以满足读者和用户明确或潜在的文献信息需求为出发点和归宿。图书馆产出是图书馆产品和服务的有机组合，要有效地提高图书馆服务质量，必须整体设计和优化图书馆产品和服务的组合，图书馆整体质量应根据读者和用户与社会的期望值进行评估。

●读者和用户权益观

建立图书馆服务体系，必须尊重图书馆读者和用户的主体地位。一方面，它要求市场供给主体（图书馆、情报机构、信息机构）提高服务质量，以维护市场主体（读者和用户）的权益；另一方面，通过维护市场需求主体的主体权益，达到约束市场供给主体行为的目的，从而有效地提高图书馆服务质量。

国家要通过图书馆立法来保障国民平等、自由地利用图书馆资源的权益。

从保护图书馆服务读者和用户的基本权益出发，我们认为图书馆读者和用户应享有四种权利：（1）知情权。图书馆读者和用户有知悉图书馆服务真实情况的权利。读者和用户有权根据情况判断，作出切合自己的选择。图书馆有义务在服务过程中经常提供图书馆运行情况和管理状况等。（2）自主选择权。图书馆读者和用户可以自由地选择利用图书馆资源自主决定采用何种方式获取文献信息。市场供给主体不能用任何理由设置障碍或横加干预。（3）平等利用权。在图书馆服务面前人人平等，市场供给主体不能搞信息歧视。（4）监督权。图书馆读者和用户享有对图书馆服务工作监督的权力，他们有权利就保护读者和用户权益工作提出批评、建议，图书馆应当认真听取读者和用户对图书馆服务的意见，接受其监督。

●学术性的服务观

"图书馆是服务性学术机构"这一观点已被我国学术界所确认。尽管至今仍有个别人对此观点持怀疑态度，但"图书馆是服务性学术机构"的定性已经成为学术界的主流。事实上图书馆的本质属性不仅仅是"服务"二字。图书馆是一个文化教育服务机构，虽然文化教育职能是通过其服务来体现的，虽然服务是图书馆的本质属性之一（因为离开了为传播知识信息的服务，图书馆的价值就不存在了，图书馆一切工作的主体就是为读者和用户服务，图书馆从环境的设计、馆藏建设、读者服务到开展一系列参考咨询、用户教育，以至实现网络化、数字化等现代化管理都是在千方百计地努力实现优质服务目标），虽然，我们承认图书馆是一种学术活动的中介机构，它每天都要接待大量的读者，服务性不能否定，但是图书馆服务是建立在一定学术性基础上的服务。不能因为图书馆是学术活动的中介机构，只看到这些表面的现象而不认识它的学术性。图书馆工作不是单纯的、一般的事务性工作，它不是离开了图书馆学的专业指导和其他知识，如外语、计算机及其他相关学科知识的辅佐所能完成的。"图书馆服务"这个概念是有层次的、有分量的和有较高学术含量的。有许多服务工作如：文献研究、信息检索、情报课题服务、版本校勘、各学科的文献集群分析、数据库建设和信息知识导航服务等等都是学术性很强的工作，而且往往是其他学术部门研究的基础。总之，图书馆是一个学习化组织和学术探讨、学术研究、学术交流的场所，图书馆的服务性与学术性相辅相成，服务性是图书馆各项工作的核心，学术性是图书馆开展各项工作不可或缺的支持和保障，没有图书馆的科学研究，服务工作不但搞不好而且图书馆事业也会停滞不前。

### 三、重构21世纪我国图书馆服务新理念

● 重构图书馆服务新理念的原则

如何重构本世纪图书馆服务的新理念呢？窃认为必须遵循三条基本原则，即国家指导原则、市场调节原则和图书馆自主发展原则。在市场经济条件下，市场是基础，社会和广大人民的知识信息需求已经成为图书馆赖以生存的基础。这种基础主要不是指体制和制度而言，而是指图书馆必须把市场规律作为其运行和发展的基本准则。在市场经济成为我国经济发展的主要模式的今天，我们没有理由拒绝把竞争机制引入图书馆。从某种意义来讲，图书馆现代化的过程是一个建立起竞争机制的过程，没有竞争，就没有现代化，没有现代图书馆的活力。竞争是图书馆的效率与效益的内在要求，是加快图书馆发展的需要。传统图书馆与现代图书馆的一个重要区别，在于是否建立起竞争机制。图书馆没有竞争，信息资源也无法得到较好的配置与利用，其结果只会是低效率与低效益的。然而，竞争是一把双刃剑，它也会产生负面的效应，即无序的竞争。因此，如何使竞争成为理性的和有序化的，就构成现代图书馆服务理念的一个重要课题。这需要图书馆以理性化为目标，建立起相关的各种规范，以保障竞争的有序化。对处于现代化过程中的中国图书馆事业而言，理性化尤其重要。一个原本属于计划经济体制之下的图书馆体制，一旦实行开放式的竞争，而新的规范又未能建立和完善起来，则必定会出现一些转型过程中的无序乃至混乱状态，因此，建立起合理有序的图书馆内部运作的竞争规范与秩序，对中国图书馆的现代化尤其重要。

然而，我们知道，市场调节不是万能的，竞争也不是万能的。由于市场法则的缺陷，图书馆服务坚持在市场调节的基础上，还必须要找到一种调控资源配置、调节供求关系，实现国家目标的手段，这就是以政府规划为指导。从社会机构的分类上讲，图书馆一般是以国家投资为主体的社会公益性事业单位，在管理和服务中遵循市场经济规律的前提下加强国家的宏观规划指导是世界图书馆事业的通则。随着我国社会主义市场经济体制的发展和完善，国家对个体的制约作用将会越来越间接，制约的范围也将大大缩小。这即意味着图书馆选择的自由权和自由空间不断扩大，为现代图书馆服务开辟了更为广阔的空间。图书馆必须走自主发展之路，具体讲就是要以图书馆为本。即以图书馆的实际情况、图书馆自身的客观规律为依据，结合图书馆周边社区环境，自主确定图书馆发展方向、办馆特色，优化资源配置，确定图书馆的组织行为、管理行为和服务方式方法，从而提高办馆效能。

● 从产业经济学角度构建"图书馆是第三产业，其产品就是服务"的新理念

图书馆的产业化是伴随着第三产业的兴旺才突显出来的，毋庸置疑，凡是产业必有其产品。什么是产品？产品就是人类劳动生产出来的成果。产品进入流通领域，作为贸易的对象就成为商品。传统的经济学观念只承认"实物性"的劳动成果为产品，随着产业范围的扩充，人们在研究第三产业的时候，发现诸如司机、售货员、律师、教师、医生等并没有产生"实物性"的产品，他们为人们提供的劳动成果是无形的，即非实物性的（图书馆员提供的产品也是如此）。但这些无形的劳动成果和实物性的劳动成果一样是真实的、客观存在的。这种第三产业的劳动成果通常称之为"服务性劳动"，其劳动成果（产品）就是服务。"产品就是服务"这是第三产业的根本属性。毫无疑问，图书馆是第三产业，它的产品就是服务。它与第三产业的其他行业的劳动成果是完全一样的。图书馆的服务活动就是提供文献信息服务，在运作过程中，图书馆就是生产服务产品，读者和用户在同一时间消费这种产品。图书馆提供的这种劳动成果（服务）是客观存在的，读者接受这种服务之后在思想、知识和能力等方面的收益（消费后果）也是客观存在的。

总之，从产业经济学的角度看，图书馆是服务行业，它的产品就是服务，是一种知识型的服务产品。至今，有一些人对图书馆的产业属性难以认同，对图书馆的产品的性质感到茫然，是因为我们长期在计划经济的环境下形成了思维定势。如果我们从产业经济学角度构建"图书馆是第三产业，其产品就是服务"的新理念，也就不会对图书馆的产业化过分地忧心忡忡了。

● 从社会学角度建立"图书馆服务是半公共产品"

就图书馆产品的基本属性而言，它与第三产业的其他行业的产品一样是服务。但图书馆服务就其社会属性来说，它与第三产业的其他行业又有所不同，就多数图书馆而言，文献信息资源虽是公共财产，但是服务中附加了馆员的智慧和劳动，所以，图书馆的产品（服务）即不是完全的个人产品，也不是完全的公共产品，它是一种半公共产品。可见，站在纯粹的产业经济学角度上，图书馆的服务效果就是读者和用户（消费者）的消费后果。而从社会学的角度来看，图书馆服务的社会功能主要有两方面：传承文化和发展社会生产力。就此而言，不仅具有经济意义，而且具有政治或者说是上层建筑方面的意义。就前者而言，图书馆具有营利性，就后者而言，图书馆具有公益性。正是因为这种双重性，图书馆的产品与完全按照市场价格体系运行的

个人产品不同，也和由国家完全免费提供的、人人可以享用的公共产品不同，它兼有二者的性质，是一种半公共产品。

在当今世界，几乎每个国家都把图书馆作为公益性的事业机构，这是因为每个国家都要通过提供文献信息资源保障的服务来提高本国国民的素质，以延续其文化，巩固其意识形态，提高社会生产力和综合国力。图书馆服务产品的双重性决定了在任何时候，图书馆产品的公益性都是第一位的，即社会效益是第一位的，但市场经济条件下的现代图书馆服务不能不讲经济效益，不考虑投入和产出。图书馆服务特别是凝结着图书馆员智慧的高附加值的知识劳动成果，在体现社会效益的前提下，谋求这些产品的经济收益，也是21世纪不断增强图书馆事业的可持续发展动力的战略性选择。

● 确立权利理念，赋予图书馆读者和用户更多的维权途径

我们知道，接受教育、获取信息是现代社会公民的基本权利。图书馆的社会责任就是满足公民的文献信息需求，图书馆的这种社会责任决定了图书馆服务时应该恪守的最基本原则：那就是捍卫公民平等、自由、合法地利用图书馆资源的权利。国外有一种通行的观念，认为图书馆服务中所谓的"平等"，是建立在促进知识和信息通畅高效传播基础上的平等，因此，平等的出发点和归宿是"平等地提供和利用"，而非"平等地拒绝"。在图书馆服务中，怎样确保读者和用户利用的相对自由？现代图书馆的国际惯例是"为利用者保守秘密"，这里所谓的秘密指图书馆通过业务工作获悉的读者和用户的读书事实和利用事实。读书事实和利用事实为什么要保密？因为二者反映了利用者的思想倾向和个人隐私。在现代社会，思想和隐私是不受监控的。20世纪50年代以来，为读者和用户利用文献信息保守秘密已经成为国际上普遍认可和接受的图书馆服务理念。但问题还有另外一面，就是图书馆在服务中虽然不监控思想，不窥探隐私，但图书馆必须承担维护社会秩序，捍卫公共道德的义务。在目前的我国图书馆界，侵犯读者和用户权益的事情时有发生，因此，我们必须确立读者权益理念，一方面高扬捍卫社会公共道德的大旗，另一方面按照现代观念和国际惯例捍卫公民平等、自由、合法地利用图书馆资源的权益。总之，平等原则、守秘原则、公德原则是目前阶段我国图书馆服务中应恪守的基本原则。

我国传统图书馆管理体制上并没有充分反映出图书馆产权拥有者的利益，例如，读者和用户是图书馆的主要受益者，而且从理论上讲也是图书馆产权的最终所有者，然而，我国的图书馆长期存在一种奇怪的现象，就是读者和

用户对图书馆几乎没有多少监管权和发言权。反思一下我国究竟有多少图书馆在监管体制中反映了读者和用户的利益，使得读者和用户对图书馆的评介能够转变成对图书馆的投入和管理，从而使其作为公共服务设施机构真正落到实处呢？因此，对图书馆来说，有力的监管来自于产权，而产权问题是一个公共监管权的问题。图书馆服务能不能有高效率，关键是看公共监管权能否到位。或者说图书馆管理体制设计中，能不能充分反映利益相关者的期望，而赋予图书馆读者和用户更多的维权途径。

• 以人为本，全面提升我国图书馆服务水平

图书馆建立一种以读者和用户需求为调节手段的知识管理和服务机制，贯彻以人为本，以知识为本的管理思想。图书馆是一种在专业技术手段上运营、在科学基础上提供服务的学术性服务机构，这是现代图书馆的核心要义之一。国外有个通行的规则：读者和用户有得到最好的图书馆服务的权利，图书馆员有提供最好的图书馆服务的义务。怎样能做得好？仅有一腔热情和一副热心肠的服务态度并不行，还必须有基本的专业技能和素养。因此，对图书馆员来说，专业素养和业务技能就不只是一个纯粹的个人学术水平问题，它关系着图书馆服务的质量，关系着业务工作能否优质高效、规范科学。专业素养、业务技能的提高通过什么表现出来？最主要的是服务工作。尽管图书馆的业务工作相对来说规范性较强、程序化、标准化程度较高，但图书馆员千万不要失去了创造性工作的欲望和冲动，图书馆管理者千万不要磨灭了图书馆员创造性工作的热情和积极性。程序化的工作只反映专业技能，创造性的工作才是专业素养、专业水平的体现。

图书馆作为一个整体，它的社会职责是满足公民的所有文献信息需求，这样的社会职责，也只有图书馆作为一个整体才能完成，任何个体图书馆的单打独斗都不行。因此，在图书馆事业中，馆际合作、资源共享是必由之路。然而馆际合作也好，资源共享也好，最终都必须靠人来实现。图书馆是一个社会性的机构，图书馆活动是在履行一种社会职责，发展图书馆事业的目标之一就是要创造文明、健康的社会文化环境。因此，图书馆管理服务工作要树立"以人为本"的理念，要和社会文化、地域文化、社区文化的繁荣联系起来，以积极的态度与其他团体、机构携手合作，共创文明、健康的社会文化环境。这样才能全面提升我国图书馆服务水平。

**四、构建人性化的服务机制**

人性化服务，是一种以人为本的服务理念，它以尊重读者，关怀读者为

宗旨，与读者建立一种平等、和谐的关系，达到管理与服务的最佳效果。

和谐图书馆，就是图书馆热情周到，文明礼貌，为读者提供优质服务，并不断提高服务质量；人际关系诚实友爱，关系融洽；职工自强不息，奋发向上，自主创新，充满生机和活力；图书馆的环境优美，安定有序。环境宜人，优质服务，诚实友爱，以人为本，安定有序，这是和谐图书馆的主要特征。

用户是图书馆的生命线，在科技飞速发展的今天，要能够适应社会和科技的发展，要能给读者提供更为合理和方便的优质服务，这就要求图书馆构建人性化服务的和谐图书馆。这就要求我们要努力做到以下几点：

● 以科学发展观为指导建设和发展是构建人性化服务的和谐图书馆的基础。"发展是硬道理"，图书馆要随着经济的发展而发展，随着学校的发展而发展，不断加强图书馆的硬件建设与软件建设，为构建人性化服务的和谐图书馆的打下坚实的物质基础。

● 牢固树立"以人为本"人性化服务的理念，这是构建人性化服务的和谐图书馆前提条件与根本。图书馆的性质和职能决定图书馆必须始终坚持"以人为本"的服务理念，一切为了读者，为了一切读者，为了读者一切。最大限度地满足读者需求，追求读者最大的满意度。人性化服务就是以满足人的需要，实现人的价值，追求人的发展为取向，以充满人文关怀体现美与和谐的方式来开展图书馆活动。人性化服务的实质就是把一定的服务对象当做目标，出发点是服务对象的利益，落脚点是使服务对象满意，方式是以符合服务对象的合理需求的方式进行服务，内容是尊重服务对象的合法权利，不断满足服务对象的基本需求。人性化服务的目的就是给广大读者提供最大限度的优质服务。如何充分满足人的文献信息需求，充分考虑人的全面发展，充分尊重人的意愿和人的潜能发掘，营造人文关怀的良好氛围，是现代高校图书馆实现人性化服务理念的基点。以人为本就是注重人的全面发展，促进人的全面发展。对于读者，把满足读者的需要、为读者提供优质服务作为图书馆一切工作的出发点和落脚点，为培养高技能、实用型人才服务，促进学生德、智、体、美等全面发展。对职工，坚持民主管理，实行民主决策，一切依靠群众，遇事同群众商量，尊重馆员的工作，重视馆员的需求，提高馆员素质，提高馆员的生活水平和健康水平。牢固树立"以人为本"人性化服务的理念，不断满足读者和工作人员多方面需求和促进人的全面发展，是构建和谐图书馆的本质所在。

● 全体馆员的整体全面素质的不断提高。只有全体馆员的整体全面素质的不断提高，才能给读者提供更为合理和方便的及更好、更高质量的服务。一个优秀的高校图书馆馆员不仅要具备较高的专业修养，以给读者提供更为合理和方便的及更好、更高质量的导航服务，还要培养独特的人格魅力，要用图书馆馆员的魅力来吸引读者、感动读者以建立图书馆馆员与读者之间的和谐关系。

● 诚实友爱是构建人性化服务和谐图书馆的重点。诚实守信、团结友爱是公民的基本道德规范，是每个人的基本行为准则。作为图书馆馆员要忠诚于党，忠诚于人民，忠诚于图书馆事业，忠诚于读者，团结同志，协作共事，互帮互助，融洽相处；办事公正、诚实守信，关爱学生，热爱读者，细致周到；广大读者要严守纪律，遵守制度，团结友爱，互帮互学，把图书馆工作人员当做良师益友，相互信任、相互理解、相互尊重、相互学习。通过图书馆工作人员和广大读者的共同努力把图书馆建成和谐、温馨、幸福的家园。

● 先进的管理理论与技术。管理就是经济、效率与效益的最大化、最佳化。先进的管理则是更加科学与完善的经济、效率与效益的最大化、最佳化。先进的科学技术与先进的管理是推动现代社会发展的"两个轮子"，二者缺一不可，在现代社会的发展中起着极为重要的作用。人性化的管理与和谐管理及先进的技术能产生更大的动力、更大的经济、效率与效益，使经济、效率与效益更加科学化、最大化、最佳化和完善化。它是构建人性化服务的和谐图书馆必不可少的条件。

● 资金的保障。资金是更好、更快发展的条件。

● 改革创新是贯穿其中，这也是构建人性化服务的和谐图书馆的关键。在无论图书馆的外部环境、读者需求、设备条件、人力资源等都发生了很大变化的今天，构建人性化服务的和谐图书馆就必须进行改革和创新，以适应发展变化，对有碍于构建人性化服务的和谐图书馆建设发展的体制、制度、方式、方法等要进行大胆的改革，大胆创新，理顺体制、完善制度，建立激励机制和创新机制，充分调动每个馆员的积极性与创造性，不断挖掘新潜能，不断开发新方式，使图书馆充满生机和活力。

## 第三节　高校图书馆馆员与读者和谐关系的构建

图书馆在解决馆员与读者间的各类纷争时，如果处理不当，不仅会使读者对图书馆产生隔膜，也影响馆员的工作情绪，最终对图书馆形象的树立及其事业的发展带来负面影响。

## 一、读者服务工作中，馆员与读者的矛盾

主要有书库管理中错乱架现象严重，导致馆员对读者产生不满情绪。还有馆员处理读者违规行为引发的分歧。读者违规行为，主要包括图书污损、图书超期、冒用他人借书证、图书丢失等等。读者一旦出现以上违规现象，就面临罚款、扣证或赔偿。在具体处理过程中，读者经常会与馆员发生争议。图书拒借也会导致读者不理解，图书丢失而数据未消除的因素、图书乱架的因素，都会产生拒借。读者对图书馆其他不满意的方面可能还有：新书常用书数量少、采购不及时、馆藏老化情况严重；电子资源种类数量不足、学科不全面、用户数紧张；开馆时间应适当延长；有些馆员服务态度应予改进；检索用计算机设备老化、维护不及时；对于占座、喧哗、接打手机等行为管理不力；复印价格偏高；书目检索系统不稳定，功能有待加强；本校师生在校外无法访问电子资源；国外出版物收藏不足；目录检索显示和架上图书情况？不符，查找困难；分馆资源不能提供全校读者共享；有些馆员工作噪声较大。此外，许多读者会因得不到馆员的引导或推荐产生不满。而馆员的服务态度、业务水平则最容易导致读者不满意。馆员的学识、态度直接影响着图书馆形象和读者对图书馆的评价，影响着读者利用图书馆的效率和质量。

## 二、解决馆员与读者矛盾的策略与方法

首先要加强读者教育，做好新生教育。反复向读者灌输爱护图书有序排架的意识，随时注重唤醒读者的道德良知。其次，加大规章制度的宣传力度，让读者明明白白受罚。针对读者的规章制度要全部向读者公开，读者指南最好能做到人手一册，同时一些临时制度要在网上随时发布。另外，常规宣传和重点宣传灵活结合。

最重要的是，加强馆员的培训，建立健全岗位聘任与监督机制。经常性地宣传馆内发生的馆员关爱读者的事例。加强各种业务学习，鼓励馆员参加各种在职教育、在职培训，提倡馆员间的相互学习与自我学习，关心、重视馆员的专业发展机会，对年龄偏大学历偏低的馆员，及时补充新知识、新技能。还要建立与之配套的监督管理机制和科学的奖惩制度。

要努力创设良好的沟通渠道，有助于拉近馆员与读者的距离，融洽感情，消除隔膜，从而增加彼此的亲和关系。要通过意见箱、读者留言等形式随时反馈读者信息，及时解决问题，把矛盾带来的消极影响降到最低。

## 第四节 科学发展中的高校图书馆导读服务

### 一、大学生导读的紧迫感

最新调查结果显示：在我国国民经济持续高速发展的同时，我国国民阅读率却连续多年总体下滑，与世界发达国家相比差距甚大，已到了社会面临"阅读危机"的境地。即使在阅读需求相对较高的高校大学生中，阅读也表现出"快餐化"、和"功利性"的趋势。一部分大学生一方面面对外部"精彩的世界"和诱惑，"没心思读"；一方面面对就业压力和种种应试，"没时间读"；甚或面对琳琅满目、眼花缭乱的各类图书无从选择，而"无书可读"。于是乎，在他们身上，传统的、精神的追求正在被淡忘，物质的、实用的欲求在扩张；时尚被追捧，经典被遗弃。《大国崛起》中有句解说词说：一个真正崛起的大国必定有其支撑其强大的精神文化。毋庸置疑，文化作为一种软实力，正成为衡量一个国家综合国力的重要标志。图书馆是文化的集散地，在大学文化乃至社会人文精神建设中肩负重要使命。面对"阅读危机"，图书馆工作者要有紧迫感和责任感，要率先倡导和宣传读书意识，营造读书氛围，把握文化导向，做好导读工作。

### 二、在校大学生阅读现状及其共性特征

阅读需求决定阅读行为并通过阅读行为表现出来。读者的阅读需求是读者阅读文献的内动力。在社会多元化的今天，大学生的阅读需求受其个性特征和社会文化环境影响，也产生了新的变化和新的特点。笔者在长期的读者工作实践中，通过对大学生读者的观察了解和交谈、借阅分析和问卷调查，并对互联网有关大学生阅读的调查文章进行统计分析，得出大学生阅读现状的初步认识。笔者认为，总的来说，知识经济时代的大学生有着较强的使命感和责任感，有着比较明确的学习目的。他们追求自身价值的实现，阅读行为越来越呈现多元化态势，其总体是积极的和健康的，但也存在令人担忧和值得思考的一面：

（一）在阅读内容上

1. 大学生以学习基础知识和专业理论为主。反映到借阅过程中是以借阅基础理论课及专业图书为主。2. 伴随计算机技术的广泛应用，社会对计算机专业人才的需求成为大学生兴趣发展的内驱力，许多大学生把计算机相关专业作为自己第二专业，计算机专业书籍借阅率不断升高。3. 严峻的就业形势

以及各式各样的考证、过级、考研，引发"外语热"。外语类读物及参考书借阅量一直呈上升趋势。4. 文学类作品成为大学生提高自身文学素养、缓解压力和休闲娱乐的一种方式，借阅率无论在文、理科高校都名列榜首。5. 伴随大学生市场意识的增强，经济、商贸、金融类图书也是大学生阅读需求的热点。

大学生阅读内容正由抽象转向具体，由宏观转向微观，由关心国政大事转向关注个人生活。这种萎缩到自我个人生活，注重个人发展和完善的心态值得我们深思。

（二）在阅读动机上

1. 呈现功利性色彩。完成学业和实现理想就业是大学生在校阶段面对的最现实不过的事情。20 世纪 90 年代，在大、中学生中曾盛传的："学好数理化，走遍天下都不怕"，如今已演绎成"学好外语和电脑，走遍天下不烦恼"。社会竞争的激烈性，一方面使得他们的阅读紧紧围绕所学专业，出现"偏食"现象；另一方面，在繁重的课业和沉重的压力下，阅读追求无思考的纯粹放松，喜欢休闲娱乐与快餐文化，思想深刻的经典作品被搁置一边，出现"短视"现象。阅读的功利性使阅读走向"实用"和"无用"两个极端。2. 追崇时尚文化。标新立异，喜欢不平凡的生活，是青年人的特点。大学生最具超前意识，他们渴求紧贴时代脉搏，乐于接受新事物，新思想，体验新生活。对于阅读也是这样，面对"时尚"和"流行"文化有着敏锐的眼光，但也容易盲目跟风。当今大众休闲文化中的所谓"拜金风"、"滥情风"、"戏说风"和"恶搞风"，正是反映了时卜一部分人提倡自我实现、贪图享受、猎奇逆反的心理。这些所谓的"文化"正日以侵蚀和践踏着经典文化，腐蚀着我们传统的民族文化和人文精神，对大学生读者不可避免地带来负面影响。

（三）在阅读结构上

1. 随意性大，计划性差。部分大学生阅读存在较大的盲目性，要么跟着兴趣走，要么跟着考试走。2. 结构不够合理。大学生阅读的书籍中，技能型、实用型的书籍所占的比例较大，相对而言，他们比较注重实用学科，而在基础学科方面则比较薄弱。

（四）在阅读方式上

阅读方式越来越呈现多元化。数据库、网络文献、电子文献、多媒体、电视甚至 MP3、MP4、随身听等数码产品都已成为大学生"阅读"的对象。书籍阅读一统天下的局面一去不复返。尤其是网上阅读习惯的形成，正日以改变着大学生的阅读方式和生活方式。

### 三、开展大学生导读的有效举措

面对大学生阅读出现的新变化、新特点，高校图书馆应通过及时有效的导读，正确引导他们多读书、读好书，将图书馆馆藏所荷载的社会文化、价值取向、科学思维、道德观念等精神食粮渗透到大学生心中，通过阅读把深层次的文化构建与先进文化建设统一起来。在构建和谐社会中，大学文化能够批判地吸纳社会大众文化，抵制腐朽思想和错误思潮，彰显主流文化的先进性和科学性，并通过各种媒介和载体展示于社会，从而起到为和谐社会的构建发挥"文化示范"和"文化航标"的作用。那么，高校图书馆如何开展导读、采取哪些措施才能有效地对大学生阅读提供帮助呢？

（一）提供人性化的文献藏阅方式、建立学科导航是导读工作的基础

首先，从根本上说，一个图书馆的文献藏阅方式能否实现科学化、人性化，直接影响读者借阅图书的效率和满意度。我国高校图书馆的传统服务与管理模式最大的不合理性就是以文献的类型来进行藏书布局和机构设置，对图书馆的功能和藏书划分过细。例如阅览往往分成中文图书阅览、外文图书阅览、现刊阅览、过刊阅览、特藏阅览、声像阅览等等。阅览室又按职业（教师、学生）、学科（文科、理科）和语种（中文、外文）划分成多个阅览室。书库分中文书库、西文书库、俄文书库、日文书库等。中文书库下又分文科书库和理科书库。这样层层划分的结果，使得一种文献可能在几处收藏，使读者疲于奔命。从事咨询和阅览工作的同志，"某书在哪里"这类问题几乎天天碰到。所以，只有将"书本位"观念向"人本位"转移，建立"藏、借、阅、查、咨一体化"的"全开放"、"一站式"的服务管理模式，按学科进行藏书布局设置，实现相近专业的资源共享，才能充分提高文献利用率。另外，图书馆还要提供明确的导读标志指引文献收藏和划分的区域，从根本上解决读者到图书馆借阅时的"迷茫"状况。

其次图书馆要建立学科导航机制。大学图书馆针对教学和科研服务，其读者对文献信息的需求一是学科专业性较强，二是同学科相关专业的交叉性较强。因此，组织一批熟悉本馆文献资源、又具较强文献信息检索能力、能为读者提供深层次信息服务和导航的资深馆员，建立专职或兼职导航工作机制，十分必要。

（二）把握导读先机，抓好新生入馆教育

导读工作应从新生入校抓起，将导读工作有机地融入学校开展的新生教

育活动中去。新进校的大学生可塑性强，容易接受引导。图书馆可充分利用这一特点抓好新生入馆教育。入馆教育的内容包括：

1. 组织新生参观图书馆：以浩如烟海的图书文献、幽雅有序的读书环境、浓郁的书卷气息和活跃的学术氛围吸引和感染他们，建立起新生对图书馆的第一良好印象，使其对图书馆产生神圣感与亲和力，从而激发他们读书学习的欲望，同时为进一步培养其文献信息素养和开展导读工作奠定基础。

2. 开展新生入馆教育培训：通过讲课或讲座，介绍图书馆的馆舍布局、文献资源收藏与分布情况，教会新生查阅和获取文献资料的方法与技能，帮助他们初步了解图书馆借阅规则和行为规范。

3. 通过向新生发放图书馆编印的《图书馆使用手册》和观看图书馆拍摄的《怎样利用图书馆》专题片，进一步巩固和加强新生对图书馆的全面认识；并在图书馆网页和图书馆大厅检索机上安装《图书馆利用指南》课件，读者遇到问题可以随时点播。

实践证明，新生入馆教育工作开展的好，不仅能够使新生尽快熟悉和利用图书馆，减轻图书馆工作人员对他们重复讲解借阅规则和方法的劳动强度，而且对培养读者文明素养，确立良好图书馆文化起到事半功倍的作用。

（三）指导大学生制订正确的读书计划

大学生活丰富多彩，大学时光转瞬即逝；书海无涯，精力有限。人们不可能也没必要穷尽天下所有书籍。再者，书籍也有良莠之分。余秋雨先生在谈到关于青年阅读时说"毫无规律胡乱借书的很难有希望，穷几年之力死啃一大堆名著的也不会有太大的出息；借书卡上过于疏空的当然令人叹息，借书卡上密密麻麻的也叫人摇头。"因此，帮助大学生学会选择和确立正确的阅读原则，是大学生导读工作首先要解决的问题。

其一大学生阅读要有目标性。大学生都有自己的专业、研究方向和各自的兴趣爱好。阅读目标或方向一般按照自己的研究方向或兴趣爱好来确定。借阅目标或方向一旦确立，就要保持相对的稳定性。否则借阅无目的，凭一时兴趣，朝三暮四，终将一事无成。

其二大学生阅读要有选择性。目标确定后，就要按照目标选择图书了。但是，选择哪些图书合适呢？图书推荐是导读工作的一个重要分支，它一方面将图书推荐给读者，为书找人；另一方面满足读者的各种需求，为人找书。图书馆既要联合各教学院、系教师，或学术专家制定供不同专业学习的"专业必读书目"，也要提供权威的、有普遍指导意义的"导读书目"，借此帮助大学生选择图书（如：教育部推荐的"中文系学生必读书目"、"大学生必读书目"等）。书目推荐就像航行的灯塔，为学生书海遨游照亮航程。

其三大学生阅读要有计划性。读书的计划性是指阅读时要科学地规定阅读时间、内容、顺序和方法，做到心中有数。制订阅读计划一要注意循序渐进。任何一门知识都有其自身发展的内在规律，体现着由简到繁、由易到难，由点到面、由浅至深的阶段性规律。一般来说，低年级的学生在阅读时应配合课程安排，根据各自不同的起点选读与教材相当，针对性较强的参考书。高年级学生应强调在坚实的基础上参阅起点高、联系面广的不同风格的参考书与专著进行渗透性学习来培养研读能力。二要注意旁征博引。知识门类之间是相互联系的，制订阅读计划不能单打一。作为具有综合素养的现代人，仅仅掌握专业知识是远远不够的，对于能够体现人文精神的包括文、史、哲、艺术、历史、伦理、美学等方面的书籍都要有重点地、有步骤地将其列入读书计划中去。

其四大学生借阅过程中的导读——设立全新概念的咨询台。大学生在借阅过程中遇到的问题和困难可以随时通过图书馆建立的导读和咨询系统来解决。该系统的外部形态就是全新概念的咨询台，它是一个建立在网络技术之上的提供咨询和导读服务的"信息岛"。由具备专业素质的咨询馆员和在图书馆各个网络终端支持他的学科馆员共同承担咨询业务。咨询台的服务对象包括面对面的读者和网络系统上的读者。对于疑难问题，咨询馆员可以依靠网络技术的支持，通过由学科专家、咨询机构介入的智能化平台（Question-point）进行联合咨询。图书馆一线服务窗口遇到无法解决的咨询问题也可以通过网络交给咨询台调度处理。这样，咨询问题可在系统内共享，读者从而获得更全面，更快捷的服务。

（四）大学生网络阅读导读的有效手段

新时期，伴随现代信息技术的广泛应用和网络信息资源的急剧增长，大学生网络阅读意识与能力的培养是图书馆导读工作的又一新课题。为此，图书馆要着重做好以下工作：

一是开发网上虚拟馆藏，为大学生网上阅读提供优质精神食粮。一方面，要针对学校的发展和读者的需求，突破传统馆藏文献资源的界限，对网络信息资源进行收集、整合，通过签署网络协议和购置数据库等手段，使本校读者在图书馆网站上能够轻松阅读、下载所需文献。如笔者所在图书馆引进或购买了中国期刊全文数据库（CNKI）、万方、维普、书生、超星等中外文文摘及全文数据库 10 余种、局域网中央数据库中外文书、刊目数据 12 万多条。全天候 24 小时为读者服务，实现社会资源的馆藏化；另一方面要有选择有计划地对本校重点学科、特色专业文献进行收藏与开发。每一所高校都有自己的优势专业和独具特色的文献资源积累。本校师生的教学科研成果、学生的优秀毕业论文等，反映了一个学校整体的教学和科研水平，图书馆要按其学科、专业、知识结构等进行收集、分类和加工，并编制索引、文摘，与符合要求的馆藏纸质文献及其他载体文献整合、转化为数字文献，建立本馆"专而精"的特色馆藏数据库投入网络共享，实现馆藏资源的网络化。如笔者所在图书馆依据自身所处洛阳九朝古都"河洛"地区的独特地理、人文环境以及特色馆藏和学科优势，自建的"河洛文化文献专题数据库"已作为中国高等教育文献保障系统（CALIS）"十五"期间专题特色库子项目通过了国家验收，投入使用取得了良好效益。

二是做好大学生网络阅读的导航工作。由于网上信息资源数量庞大，内容包罗万象，给读者迅速准确查找信息带来一定的困难。图书馆要把网上相关信息资源进行有效的组织并编制与之相配套的二次文献，形成特定读者需要的序列化的有效信息，以引导读者快捷、准确地查找所需文献。

三是培养大学生检索和利用网络信息的能力。首先，高校图书馆应加强检索技术教育，使学生面对网上庞杂的文献信息能够熟练检索、迅速获取自己所需文献。其次要培养大学生鉴别错误信息和垃圾信息的能力。网络传媒的特点决定了其必然是一把"双刃剑"，它在造福于人类的同时，又在无情地损害着人类的义明，网上信息垃圾、信息污染及暴力和色情传播已成为全球的公害。高校图书馆一方面要充分利用网络优势开展德育教育，用正确、积极、健康的思想文化占领网络阵地，推进精神文明建设；一方面还要引导、帮助学生正确处理好学习与上网的关系，避免学生沉溺于网络虚拟世界，荒废学业。

四是为大学生提供完善的网络服务。随着网络技术的普及应用，高校的读者服务工作已从传统的、被动的、单一的方式，转变为形式多样的交互式服务。已不再局限于面对面的借借还还，而是主动地为读者提供全方位的、快速的知识信息服务。要满足读者通过联网计算机在任何时间、任何地点对图书馆的馆藏资源进行检索和信息浏览的需求。除了在图书馆主页上提供网上数据库导航、新书导读，设立新书流行排行榜，便于读者网上信息检索和利用有关网上预约、续借、馆际互借、电子文献传递等服务外，还要注意在网上提供电子公告、BBS 论坛、咨询专家介入的智能化平台（Questionpoint）等，解答读者疑难、收集读者反馈信息和意见，与读者互动，及时有效地指导网上阅读。

五是建立读者组织，指导开展形式多样的读书活动。图书馆在大学生读者中建立起读者组织，如读书爱好者协会或读者俱乐部，以此为依托，增进图书馆与读者之间的沟通和了解，并开展多种形式的读书活动，从而使读者更加有效地利用图书馆和扩大图书馆在读者心目中的影响是一种很好的导读措施。笔者多年来从事开展读者活动工作，对此颇有感触，现略谈一二：

第一，关于组建"读书爱好者协会"。首先，图书馆组建"读书爱好者协会"（以下简称"协会"）要获取所在高校宣传部、团委、学生处、院系辅导员的关心和支持（如：聘请他们做顾问和经常保持联系等。），这一点很重要，能获得他们的支持，协会作为一个组织才具有权威性和号召力（举一小例：如协会举办活动需发奖状或证书，能由校宣传部、团委、学生处和图书馆联合签章对学生来说较具意义），读者活动才可以上规模、有声势。其次，要获取图书馆领导的重视和财力支持，为协会开展活动提供场地和经费保障。有了这两样，协会开展读者活动就顺畅得多。活动开展的好，能得到学校和图书馆领导的重视，反过来促使他们更加支持协会工作，从而使协会工作步入良性循环的轨道。再者，要郑重地制定协会章程、组织机构和活动制度，并坚持不懈地贯彻执行。

协会的性质是学校图书馆、宣传部、团委、学生处支持下的大学生群众性的业余读书团体，业务上接受图书馆的指导（由图书馆指定专人做指导教师）；协会是图书馆联系广大读者的桥梁和纽带，是图书馆充分发挥教育和情报职能、更好地为教学科研服务的一支可借助的有生力量；协会以"组织会员看书学习，探讨读书治学门径，激发读书热情，引领校园文化意识，引导大学生多读书、读好书，走读书成材的道路"为宗旨。协会通过开展各种形式的读书活动，将教育性、知识性、趣味性寓于学习生活之中，丰富大学生业余文化生活。同时，协会还要明确规定会员权利和义务，如会员有义务协助图书馆开展读者工作，有权利享受图书馆对会员提供的诸如拥有"读者协会会员借阅证"，增加会员借阅权限，为协会干部、优秀会员增加学分等优惠政策，以调动会员积极性，凝聚协会向心力。

第二，关于开展读书活动的内容。读书活动的内容与形式要不拘一格、丰富多彩；要结合实际，不断创新。近年来笔者指导本校读者协会有计划地在全校范围内先后开展过诸如"多读书、读好书、用知识和理智战胜'非典'"系列活动、"阅读文化经典，建设书香校园"系列活动、组织参加"2005 河南青少年读书节"和举办"方正杯"（方正集团赞助）读书月等大型活动十余次，参与读者达上万人之多。图书馆、读者协会定期不定期地举办名人名家系列讲座、读书报告会、读书交流会、读者座谈会、读书演讲比赛、读书征文大赛、大学生书评展、评选"读书标兵"和评选"最受读者欢迎的图书馆员"等活动。连续多年举办的"河洛文化大讲堂"和"图书馆检索知识培训一小时讲座"，深受师生欢迎，作为校园文化的亮点，学校划拨专项经费予以保护发展。图书馆、读者协会办有"书苑"壁报和"读者"刊物；建立有读者协会网站，网站开设"协会新闻"、"读者园地"、"新书介绍"、"好书推荐"、"书评欣赏"、"信息沙龙"与"读者信箱"等栏目。鉴于读者协会在大学生中产生的较大影响，读者协会曾先后被评为校级大学生优秀社团和市级大学生优秀社团。2003 年由于读者协会在"非典"期间的出色表现，被上级誉为"用书籍和知识抗击'非典'的模范单位"。2004 年组织大学生开展的"阅读文化经典，建设书香校园"系列活动，受到河南省高校图书情报工作委员会的表彰，被评为"阅读文化经典，建设书香校园"先进单位。2005 年读者协会荣获共青团河南省委授予的"河南省青少年新世纪读书计划"优秀组织奖。读者协会开展的读书活动历年来多次被新闻媒体报道，图书馆、读者协会的读书活动已成为学校亮丽的文化品牌，受到人们的关注。

### 四、大学生导读工作中遇到的问题

大学生导读工作在具体实践中会遇到许多问题和困难，但以下问题应引起我们的高度重视：

#### （一）导读存在认识上的误区

一方面，对于导读实施方图书馆来说，导读意识淡薄，只满足于借借还还，管借不管导，或者错误地认为导读是某一部门（如咨询部或咨询台）的事而把导读工作全部推给一个部门，导读工作缺乏协作精神，各部门之间不能统一协调，难以形成整体优势，致使导读效果不理想。导读工作是一项系统工程，它牵涉到咨、采、编、流、阅等各个部门。每一部门作为整体导读工作的一个组成部分，既要根据各自特点，分别承担各自的导读任务，还要进行横向交流，统一协调。如采访编目部应及时地向读者发布"出版动态"、"新书通告"；流通阅览部除了主动向读者介绍馆藏布局、热情指导读者查找图书文献外，还要定期统计公布诸如"读者分类借阅情况"、"热门图书点评"、"读者借阅排行榜"等信息，为读者提供借阅参考和激励机制。尤其是工作在一线直接接触读者的馆员，与读者面对面的直接辅导交流，是提供深层次导读服务和人性化服务的前提。

另一方面，对于导读接受方来说，存在部分大学生对导读缺乏正确的了解和认识，学习动力不足，不能主动配合和积极接受导读教育的实际问题。这就要求图书馆进一步加大导读教育和导读宣传的力度，参与读者的阅读实践，对读者的阅读目的、内容与方法给予积极的影响。

（二）导读工作缺乏制度化的有效管理机制

由于对导读工作的重视程度不够，没有建立完善的导读机制和行之有效的制度保障是许多高校图书馆导读工作开展不力的重要原因。比如大部分高校都没有开设导读课，图书馆也没有设专职导读馆员，大多寄希望文检课和新生入馆教育替代导读工作。首先，我们要明确指出，导读工作和文检课的内涵是不同的，文检课是培养大学生如何从各种载体文献资源中找到和获取所需文献或信息的能力，而导读重在指导大学生怎样阅读以及根据读者的特点与需求向读者介绍与推荐阅读对象、教授阅读方法和培养良好阅读习惯等。其次，在高校，选修文检课的只有很少一部分学生，新生入馆教育则时间短、内容过于简单。大学生入校后，从不知如何适应大学阶段的阅读到毕业设计不知如何利用图书馆，都希望得到及时准确的专业指导。仅仅依靠文检课和新生入馆教育是远远不够的。图书馆应制订系统的导读计划，建立包括文检课教师、图书馆导读咨询专家和馆员在内的导读队伍，将导读工作经常化、制度化。有条件的学校可将导读课纳入学校教学计划中，使导读贯穿于大学学习的全过程。

（三）馆员队伍综合素质不能满足导读工作的需要

首先，高校图书馆导读工作的对象主要是大学生群体，他们的知识水平相对其他读者群体整体层次较高。文化知识肤浅、专业知识贫乏的导读工作者是难以履行其职责的，导读工作者应该是一专多能的复合型人才。由于历史和国情的原因，我国高校图书馆不同程度存在人员学历低，专业素养差，知识老化等现象。加上由于长期以来对图书馆导读、咨询和专业化服务认识不足，在图书馆队伍建设上片面地认为图书馆工作人员只需图书情报方面的专业知识和相对广博的常识就可胜任，在人才引进上偏重图书馆专业人才，而既懂图书馆专业，又有突出学科专业背景的人才较为缺乏。如果这种现状长期不能改变，势必影响导读工作的正常开展。因此，图书馆要有危机意识，一方面，要引进和留住人才，另一方面要通过培训和进修提高现有馆员业务能力和综合素养。其次，敬业精神和思想修养对于导读工作者也十分重要。目前在高校，图书馆工作者的社会地位和待遇不容乐观。面对单一的、枯燥的工作环境，导读工作者需要具备乐观向上、不怕挫折的心态和热爱读者的敬业精神。因为导读不是一个单纯的传授与灌输过程，其特点是非强制性的，它是温风细雨、润化无声的关怀。所以，没有对学生的一颗拳拳爱心，没有心与心的交流与互动，没有人性化的服务，就不可能真正开展好大学生导读工作。

第三篇 03

# 高校图书馆科学发展中的功能扩展与学术创新

# 引　言

党的十六届六中全会提出了构建社会主义和谐社会的治国方略和奋斗目标，奏响了时代发展的新乐章。面对新形势、新任务，高校图书馆应从和谐社会理念视角下审视自己的使命，更新服务观念，创新服务的内容和手段，以适应构建和谐校园的要求，促进社会主义和谐社会的构建。

中共中央《关于构建社会主义和谐社会若干重大问题的决定》明确指出：要"着力发展社会事业、促进社会公平正义、建设和谐文化、完善社会管理、增强社会创造活力，走共同富裕道路，推动社会建设与经济建设、政治建设、文化建设协调发展。"同时，《决定》对建设和谐文化提出了目标和任务，指出，到2020年，"全民族的思想道德素质、科学文化素质和健康素质明显提高，良好道德风尚、和谐人际关系进一步形成；全社会创造活力显著增强，创新型国家基本建成"。

高校图书馆对创建大学和谐文化具有特殊功能和作用。在大学文化塑造的系统工程中图书馆有其不可替代的作用。高校图书馆是文化的宝库，是真善美的统一体，它珍藏的文化瑰宝，对读者的思想、道德、行为、心理、知识结构等，发挥着潜移默化的规范、塑造作用，而这种作用是全面的、完美的，而且是不受时间限制的。它以其独特的功能，如丰富知识、提高素质、陶冶情操、净化心灵、娱乐身心等，对大学和谐文化建设发挥着积极的作用。它又依据其优越的学习平台，引导校园学习的潮流，以促进学习型校园健康和谐地发展，为创建大学和谐文化奠定思想基础。高校图书馆通过自己的工作，弘扬社会主体文化，引导、启发广大读者认同社会核心价值，为促进社会发展作出贡献。

提供和谐的物质和文化氛围，让每一个师生在这个氛围中去思考、理解、感悟，净化灵魂，升华人格，完善自己，促进自身的全面健康发展，这是新时期大学图书馆的发展趋势。所以，大学图书馆应从可持续发展的角度，顺应时代的要求，塑造图书馆精神，营造和谐的文化氛围，追求人与自然和谐共进的目标，造就人与人相互关心、和谐合作、协同进步的文化环境。

　　图书馆是精神文明的滋养地，是知识的沃土，是科技的传承，是资源共享的服务平台。在和谐社会的建设中起着承上启下的作用，对个人与组织的发展都具有重要的影响，在构建和谐社会中承担着重要职能。

　　在图书馆学研究领域讨论原创性问题，是我国图书情报学术研究者产生创造性冲动和原创意识自醒的一种表现，也是我国在全社会"知识创新"背景下，图书情报学界的一种必然回应。为了使中国图书馆学研究走出困境，走向世界，原创性成为今天图书馆学术界一个迫在眉睫的命题。本篇的第二章从三个方面来探讨图书馆学术的原创性问题，以此求教于图书情报学界同仁。

# 第一章 和谐高校图书馆的精神理念与功能扩展

## 第一节 科学发展观对和谐图书馆可持续发展的理论指导意义

### 一、科学发展观是图书馆创新的逻辑基础和衡量标准

跨入 21 世纪的中国图书馆事业，面对的是正在发生深刻变化、同时充满挑战与竞争的国际国内形势，图书馆事业将在更深层次和更大范围融入世界图书馆体系之中。西方发达国家图书馆的先进理念、管理体制将对我国图书馆带来极大的冲击和严峻的挑战。和谐高校图书馆精神理念的实质是科学发展观所倡导的可持续发展理论，具体到图书馆事业的可持续发展，就是要与时俱进地改革与创新。改革与创新是时代的呼唤，是历史的必然，不改革，中国图书馆事业就没有出路；不创新，中国图书馆事业就不能跻身世界一流。

从历史角度来看，半个多世纪以来中国图书馆多半是在计划经济的模式下运行，图书馆只是各级政府下面的一级组织或附属物。虽然我国改革开放以来对图书馆事业进行了一些改革，但长期以来形成的一些深层次矛盾并没有得到解决。从图书馆目前面临的任务看，图书馆事业既有观念层面的创新，管理体制和运行机制的创新，又有工作内容、服务方法和技术手段的创新。新的图书情报实践必然呼唤先进理论的指导，而科学发展观强调以人为本，注重全面、协调和可持续发展，为图书馆事业的发展提供了科学的理论指导。

科学发展观着眼于全面发展，和谐发展。首先，作为一个整体，图书馆有着自己完整的业务链，只有当各业务链的节点有机地联结起来的时候，图书馆才能发挥整体的功能和效益。其次，图书馆作为一个社会机构，必须与社会和谐、融合发展，必须努力统筹区域发展、统筹社会经济文化发展、统筹人与环境的和谐发展、统筹国内发展和对外开放的要求。以人为本应成为

贯穿图书馆发展的一条主线。现代图书馆系统的运行机制是面向服务的，图书馆的资源管理与服务内容应时常根据社会的、用户的需求进行调节，以适应发展环境的不断变化。只有这样，图书馆才能成为一个真正动态的、可持续发展的、变化的知识服务体系。

## 二、用科学发展观指导中国图书馆创新的实践

### （一）用科学发展观指导图书馆观念创新

观念是行动的先导，进行图书馆创新，首先要坚持和发展适应国家和社会发展要求的图书馆思想观念，同时要十分注意研究和解决图书馆面临的新情况新问题。深入探索新形势下图书馆发展的规律，更新图书馆观念，确立与 21 世纪我国国民文献信息资源需求相适应的图书情报新观念，树立科学的图书馆发展观，即立足现实、开发传统、借鉴国外、与时俱进的协调全面的新发展观。图书馆的传统观念具有一定的稳固性和独立性，这种观念如不关注时代的进步和形势的变化，就会变成一种惰性，形成思维定势，犯经验主义的错误。当前制约我国图书馆事业创新的一个很重要的因素，就是相当一部分图书馆人的思想观念还不够解放，受计划经济的影响和烙印比较深。因此，图书馆创新首要问题是图书馆界思想观念上的与时俱进，真正自觉地把思想认识从那些不合时宜的观念、做法和体制的束缚中解放出来。

图书馆现代化是一个动态过程，现代性乃是现代化的结晶，是现代化过程与结果所形成的属性，首先，从特征上讲，现代性标志着从传统到现代的转变，表现为与某些传统的断裂。其次，自由构成现代性的核心，人的各种权利的保障构成现代性的前提。在此，现代性表现为建立起竞争机制与合理的规范，即竞争的理性化过程。现代性的理性化，乃是竞争中的理性化。现代化的过程是一个建立起竞争机制的过程。历史与现实已经证明，西方的现代性并非是人类最好的选择，西方文明中的种种弊端已经在现代图书馆逐渐显露出来。由于西方文化内涵的信仰和理念注重物欲满足和知识创新，轻视精神超越，现代制度又固化了重物质轻精神、重理智轻道德的生活习性，所以现代西方文化常常造成人类道德沦丧及人文精神的淡薄。如今人类所表现出的道德滑坡和人性化的缺失就是西方文明弊端的显露。现代文明的负面影响在图书馆主要有两个突出的表现：第一是目标为手段所遮蔽。本来技术只是图书馆通往最终价值的桥梁，是一种手段，而人最终是无法栖息在这一纯粹手段上。身陷于手段迷宫的现代人，只不过是在手段上建筑新的手段，而最终价值目标却被忽视。目标为手段所遮蔽，是所有较高文明的一个主要特

征和主要问题。在当代图书馆界不乏其例，比如把未来图书馆界定为"有序化的信息时空"、"三无图书馆"（无人、无纸、无墙）、"虚拟图书馆"等等，就是只从技术角度而忽略人文的、社会的价值目标的典型案例。第二是现代文明中技术主义和生产工具论的片面影响。江泽民同志指出："历史唯物主义认为劳动者是生产力中最活跃最革命的因素。工具在生产力中是重要的，但无论工具怎样复杂，都要由人来制造和运用。"现代化高新科技的魅力很容易掩盖了人的主体地位，出现重技术轻人文的错误倾向。近来看到学术刊物上一些讨论图书馆麦当劳现象的文章。所谓的麦当劳就是现在风靡全球的速食业或快餐业。它的标准化、快速化，和呈现出的高度、统一性的管理和服务，具有现代社会技术统治的典型特征。西方图书馆的麦当劳现象是后工业社会发展的必然结果。它虽可以给用户带来极大的快捷、便利和效率（数字图书馆就是一个很好的例子），但是在快捷、便利和效率的背后却隐藏着潜在的危机，那就是技术在给我们带来高效、快捷、便利的同时却悄悄地消解了人类所需要的人文关怀。实际上技术无论再先进都是工具性的，它永远不能代替人的脑力劳动，科技的进步不是社会变革的终极原因。总之，我们必须明白：图书馆的终极目标是人，技术和文化都是为人服务的，图书馆所蕴含的人文精神才是推动图书馆发展、实现现代化的真正原动力。

（二）用科学发展观指导我国图书馆现行管理制度和体制的创新

图书馆管理制度和体制是图书馆创新中的重点，现代图书馆制度是一种建立在法制基础上的制度体系，具有法定组成机构及由此而构成的图书馆管理及其运作体系。这种制度体系保障了图书馆体制改革的顺利进行，并促使图书馆建立自我约束、自我完善和自我发展的机制，使各类型图书馆在面向社会、市场进行依法办馆的过程中，主动适应政治、经济、科技、教育、文化和社会发展，不断满足国民对日益增长的文献信息资源的需求。现代图书馆制度构建主要体现在以图书馆为本的管理体制和机制改革，建设效能图书馆，强调从改进到发展、从数量到质量、从外控到内部管理。从文献管理到知识管理，从经验管理到科学管理，从重视物质建设到文化建设，形成以人为本、行为规范、运转协调及民主高效的管理体制。

现代图书馆制度的确立不仅需要建立外在制度（社会干预制度），更需要建立内在制度。内在制度是外在制度的基础，缺乏一定的内在制度，外在制度往往难以有效实施。因此，中国现代图书馆制度创新，一方面需要构建以法律为依据以图书馆法人化为标志的外在制度；另一方面必须培育植根于图书馆本质即以读者自由阅读为核心的内在制度。作为内在制度的核心，"以人为本"是现代图书馆得以确立的基础。新时期我国现代图书馆制度创新的一项重大任务就是对图书馆管理体制和机制改革进行积极探索，从而促进图书馆依法自主办馆，创建图书馆特色。图书馆的管理体制大致可分为政府管理体制和图书馆内管理体制两个方面。从政府层面上讲，我国已经开始构建现代图书馆制度，着手建立图书馆员专业资格认证制度、图书馆行业规范、进行图书馆立法等。逐步改变计划经济条件下形成的部门和地方条块分割、大而全和小而全的封闭办馆局面。中国的图书馆要走世界图书馆共同发展之路，融入世界图书馆事业的发展潮流中，加快图书馆的个性化、特色化。中国的图书馆管理需要以全球的视角进行定位，建立开放的机制，并运用国际通用的管理理念与标准，使我国的图书馆与国外图书馆在同一平台上开展交流与合作。从某种意义上讲，构建现代图书馆制度，深化图书馆管理体制、机制改革，就是走图书馆内涵发展之路，这是当前促进图书馆现代化、提升中国图书馆整体水平的重要举措。在图书馆内部管理体制方面，当前应该主要解决行政权力泛化或过大的问题，进行管理制度和体制创新必须借鉴世界上先进的办馆经验和管理经验。图书馆本质上是一个学术性的服务机构，应该遵循学术管理的规律。以当代世界上先进图书馆的经验看，普遍重视学术权力、重视个性发展。然而，我国图书馆内部管理体制严格受制于国家的行政管理制度。由于我国图书馆管理体制基本还是承袭计划经济的模式，实行的是现代社会组织管理的典型方式——科层制，这种严格的等级管理制度，是一种身份管理，图书馆界盛行职称、学历和官位观念。这种管理在通常机构运行良好的条件下，有助于上下一致，提高管理效率，但不足之处也十分明显，比如权力过于向行政管理偏移，严重削弱了学术权力的发挥。学术主要组成人员——图书馆员在决策中的学术权威作用受到忽视，包括广大读者在内的基层自主权受到限制，因而抑制了基层创造性的发挥。我国图书馆存在一个奇怪的现象：即作为图书馆服务对象的广大读者对图书馆决策和管理几乎没有发言权。从这个事实出发，窃认为：我国图书馆内部管理体制创新，其核心是建立一种新型的图书馆组织文化，其取向是：其一，决策专业化、淡化科层制。由于科层制管理体制下的图书馆馆长通常由上级领导机构组织任命，他们只是对上级负责，影响决策的因素来自于上级权利，可以说决策权基本集中在少数人手中，专业人员和学术权威一般很少有机会介入各个层次的决策过程，即使是对学术事务也没有太多的发言权，尽管馆长理论上讲是学术上的权威，但事实上，他们在制订规划和决策时，通常的角色定位是上级领导在图书馆的权力执行代表。这样很难保证决策的专业化，决策过程的透明化。其二，扩大读者的参与度，确立广大读者和用户在图书馆的主体地位和监管职能。

（三）用科学发展观指导图书馆转变范型、整合创新

• 现代图书馆转变范型、整合创新的出发点和归宿是"以人为本"，现代性的核心观念是以人为本。"代表最广大人民利益"首先要树立"人本主义"的发展观。现代科技加速进步，经济迅速增长，是因为现代文化内涵的信仰和理念注重物质满足和知识创新，轻视精神超越，现代各种制度又固化了重物质轻精神、重理性轻道德的人类生活习性。这也充分说明单纯依靠科学技术并不能完全和最终解决人类的各种课题，也不能为人类带来真正的幸福生活，"人性复归"已成为时代的强烈呼声。以人为本的发展观就是人类在对现代文明沉重反思后发出的呼唤。以人为本的发展观追求的是人的发展，图书馆从古代追求文献收藏保存（以书为本），到现代（近代社会是现代社会的初始阶段）的追求社会服务，现在又从追求社会服务到人的发展，这是时代的进步。从这种意义上来看，现代图书馆本质上不仅已经摆脱了过去的边缘性、阶级性和从属工具的性质，而且正在日益成为整个社会发展的基础和一种生命存在方式及生命的连接。通过它个体不仅获得生存的必要条件（知识信息需求是人类生存的必要条件），而且将人类过去的生命、现在的生命、未来的生命都紧紧相连并汇成一股鲜活跃动的生命之流，同时在人与人之间建立起互通的纽带。总之，立足生命存在，关注生命发展，呼唤生命活力，提升生命质量，这就是当代和未来中国图书馆的"人本主义"科学发展观，也是图书馆现代化的基本内涵。

• 图书馆转变范型、整合创新必须建立在中国图书馆传统文化与借鉴世界图书馆运动的普适性先进成果上。中国图书馆的现代化建设一定要纳入法制的轨道，要制定一部具有中国特色的，能够体现法治精神、引导价值取向、传递职业理念、保障读者权利的《中国图书馆法》。在正确地分析、把握、预测社会期待和读者需求的基础上，在充分吸收世界现代图书馆制度普遍性的文明成果，同时在追求中国特色和民族风格的基础上制定出中国图书馆法，将图书馆的社会责任，管理制度，公民利用文献信息资源的权利，图书馆从业人员履行职务职责依法予以规范和保证。使图书馆这个职业集团真正能够

"以读者为中心，以需求为导向，全心全意为读者服务，千方百计满足读者需求"。

● 现代图书馆转变范型、整合创新表现为建立起理性化的竞争机制与合理的规范。从某种意义讲，图书馆现代化的过程是一个建立起竞争机制的过程，没有竞争，就没有现代化，没有现代社会的活力。竞争是社会的效率与效益的内在要求，是加快社会发展的需要。传统图书馆与现代图书馆的一个重要区别，在于是否建立起竞争的机制。图书馆没有竞争，其结果只会是低效率与低效益。信息资源也无法得到较好的配置与利用，其结果只会是高投入低产出。但竞争是一把双刃剑，它也会产生负面的效应，即无序的竞争。因此，如何使竞争成为理性的，就构成现代性的一个重要课题。这就需要图书馆以理性化为目标，建立起相关的各种规范，以保障竞争的有序化。对处于现代化过程中的中国图书馆事业而言，理性化尤其重要。一个原本属于计划经济体制之下的图书馆体制，一旦实行开放式的竞争，而新的规范有未能建立和完善起来，则必定会出现一些转型过程中的无序乃至混乱状态，因此，建立起合理有序的图书馆内部运作的竞争规范与秩序，对中国图书馆的现代化尤其重要。

## 第二节　在保守与开放中守护大学图书馆精神

进入新千年，中国图书馆事业处于急剧的变革之中。在已过去的 20 世纪，特别是 20 世纪末期，在信息化的宏大背景中，图书馆出现了前所未有的发展良机，获得了空前的重视。图书馆界的学者们对图书馆的发展进行了深入的探讨，其内容包括未来图书馆的形态、图书馆的功能、图书馆的管理与服务、图书馆的现代化以及图书馆员角色等等，可谓是"百花齐放、百家争鸣"。与此同时，诸如产业化、网络化、数字化、虚拟化、信息化、无纸化、国际化、标准化——等等各种时髦论点、华丽辞藻层出不穷，令人目不暇接。然而，在我们认真梳理这种种所谓的新思想、新论点时，一方面为那些真正具有原创性和真知灼见的学术成果感到欢欣鼓舞，另一方面又不能不为种种浮华的外表掩盖了图书馆客观真实的应时之作感到遗憾。诚然，今天的和未来的图书馆是无法回避"适者生存、优胜劣汰"的市场法则的，更不会抱守残缺、死守传统不放、而拒绝新技术的应用。但是，纵览当今这纷纷扬扬的论点和思想，透过种种浮躁的外表，我们不仅要发出追问：图书馆何以成为图书馆？我们对图书馆的反省，就不能不回到起点、原点上去，即对图书馆本质的追问：究竟什么是图书馆？办图书馆的目的的什么？我们究竟应该把未来图书馆办成什么样？

当信息化浪潮扑面而来、知识经济出现在我们这个时代时，当技术的魅力虚幻了图书馆的客观真实时，当市场机制有意无意向着图书馆这个早已不是闭塞的知识殿堂渗透时，喧嚣的外部世界使众多的图书馆人已经不知道何为图书馆了，甚至有人连图书馆的名词都否认了。有的人甚至断言：未来的图书馆是"无馆舍、无藏书、无馆员"的三无图书馆。以技术为主导的各种称谓的图书馆更是五花八门、眼花缭乱，面对众多的只是涉及图书馆外延性问题层，而很少触及图书馆的精神实质性内涵层的研究现状，时代在警示我们：无论世界如何变化，社会如何喧嚣，我们必须守护支撑图书馆生存和发展的图书馆精神理念，这种精神理念是时代之表征，是图书馆之所以为图书馆的本质反映，守护这种精神文化，我们就有宁静的思想和精神的港湾，就会以心灵之宁静来执守文化之理念。

## 一、图书馆从封闭走向开放的历史考察

图书馆作为文献收藏和传递机构的历史是如此的悠久而古老，早在三、四千年以前，在中国的殷商、亚述的宫殿就出现了甲骨和泥版收藏，人类在铸造古老文明的同时孕育了文化精灵——图书馆。然而，在长达数千年的农业社会中，它曾有过显赫的地位、荣耀的历史，却始终没能摆脱藏之秘阁、锁之深宫的处境。从生产关系角度出发，人类社会划分为：原始社会、奴隶社会、封建社会、资本主义社会和社会主义社会，与之相适应的有各种社会形态的图书馆。从生产力的角度来看，整个社会历史可划分为二个阶段：即使用手工工具为标志的古代社会（或称农业社会）与利用机器的现代社会（或称工业社会），因此，在这个意义上可把图书馆对应地划分为古代图书馆和现代图书馆。

原始社会生产手段十分低下，人类一直处在求生存的艰难困苦的斗争之中，在这一时期文字还没有出现，现在的考古资料证明，哪怕是具有起码意义的图书馆也是不存在的。如果把图书馆视为人类文明的产物，图书馆应该是文字产生以后的事。但是如果把图书馆的定义扩展到一般知识信息的保存和传播机构的话，那么，原始社会留下的狩猎、耕种等壁画群，可以看作古代图书馆的萌芽。

青铜器和铁器的使用与发展，宣告了原始社会的结束，极大地提高了社

会的生产力，把人类社会带到了奴隶社会和封建社会。社会分工的扩大，剩余产品的出现，私有制和阶级的产生，脑力劳动与体力劳动的分离，文字的发明与使用，为古代图书馆的产生提供了物质基础和必要的社会条件。从本质上看，这两个社会形态都是建立在自给自足的农业社会基础上的私有制社会，二者都是从手工工具为标志的小生产农业社会，二者的生产力、生产关系、科学文化以及封闭性的社会结构都具有很大的相似性，因此在图书馆的形态、基本属性上表现出一种显而易见的相似性。图书馆的收藏内容主要是奴隶主阶级和封建地主阶级的文化思想——统治术、宗教、圣贤遗训之类。图书馆主要作为一种意识形态及其相适应的设施而存在。在其职能上，主要担负着保存和纵向传递统治阶级文化意识形态的责任，在横向对文献信息的传播上，由于文献资源被少数统治阶级所垄断，对当时社会的传播非常有限。虽然在西方的古罗马、中国的唐、宋时期，古代图书馆都曾鼎盛一时，但是由于当时社会小生产经济所具有的封闭性，使图书馆不可避免地具有封闭性和保守性。决定了它只能被少数统治阶级及其附庸所占有。

15 世纪以后，西方中世纪的黑夜开始结束，近代文明的曙光出现了，以蒸汽机为代表的大机器生产，把人类社会带到了一个新的历史阶段——近代资本主义社会。虽然与古代阶级社会相比，资本主义社会同样是私有制社会制度，但是社会生产方式发生了质的变化，从手工工具到大机器生产，社会生产力得到了空前的发展。自给自足的自然经济发展成为等价交换的商品经济。这种从封闭走向开放、从农业社会向工业社会的变革，为图书馆的发展演变提供了新的物质基础和社会条件。如果说原始社会的图书馆萌芽到漫长的农业社会的图书馆演进属于图书馆的第一次转型，那么，人类社会由农业社会进入工业社会，相应的古代图书馆演变为近代图书馆就是图书馆的第二次转型。这次转型，由于社会生产力的发展，工业社会劳动者对知识信息交流的需求增加，以及工业社会知识的急剧增长，促使图书馆从帝王的宫殿、士大夫的书斋里走出来，涌向了社会。至此，图书馆才抖落了一身疲惫，见了天日，开始了图书馆的社会化。

20 世纪的二战以后，社会生产力空前发展，促使了脑力劳动与体力劳动的第二次分离，特别是 20 世纪下半叶以来，以计算机为核心的信息技术迅猛发展，通讯技术、智能技术、数字技术和网络技术等各种新技术的面世和快速发展，又将人类社会带入了一个崭新的历史时期——信息时代（有人称"后工业社会时期"）。图书馆经历了又一次转型，由近代图书馆演变为现代图书馆。这次转型，使图书馆基本实现了由手工操作向以计算机为主体的自动化操作的转变。图书馆的开放程度进一步提高。

世界进入 21 世纪，以知识信息为基础的一种新的经济形态——知识经济出现了。在知识经济的宏大背景中，图书馆必将获得社会空前的重视。经过当代先进技术改造和武装的现代图书馆，面临着向现代化图书馆的又一次转型。随着经济全球化、政治多极化、文化多元化和信息网络化时代的到来，转型后的现代化图书馆将以更加突出的社会性、开放性、知识性和国际性走向世界。

## 二、图书馆活动的本质及其与人类文化的深刻联系

从对图书馆历史演变的考察中可以得出两条结论：第一，图书馆的产生和发展是人类生存和进化的需要，是社会自身发展的产物。图书馆的出现是人类得以将一个时代积累的经验、事实、思想观念等形态的知识信息保存下来，传递给后世，如果没有这样的社会装置，人类文明的延续与发展是不可能的。事实上，人类最初的图书馆正是作为人类这样一种知识信息的外存装置而出现的，这就是我们现在所说的"图书馆的保存传递职能"。第二，图书馆不断扩张和发展是源于社会知识信息交流的需要，交流是一切社会交往的实质，图书馆是作为人类社会存储和交流知识信息的一种设施而出现的。但是在数千年的农业经济社会中，这种"交流"的功能并不明显。这是因为，以自然个体经济为主的农业社会生产力十分低下，手工劳动，日出而作，日没而息，老死不相往来，整个社会处于封闭状态。加之文化为统治阶级所占有，脑力劳动与体力劳动相分离，知识文化与生产劳动相脱节等，社会对图书馆的需求非常狭隘而有限，这就是图书馆在数千年历史中始终处于"藏书楼"那样一种可悲状况的根本原因。

19 世纪初叶工业革命兴起以来，大产业革命的爆发，大机器生产的社会化，科学技术的迅速发展，造成了社会知识信息空前的增长，教育事业的发展、知识文化的普及、社会对知识信息交流的需求，像一股强大的潮流冲击着旧时代的图书馆，推动着图书馆社会化，开放性国家图书馆的建立、公共图书馆的兴起、专门学术图书馆的出现、大学图书馆的蓬勃发展正是当时这种新的社会需求的反映。图书馆从封闭走向开放是图书馆发展史上的一个标志性飞跃，特别是 20 世纪中叶以后，在世界范围内爆发的以信息技术为标志的新的技术革命，电子计算机作为一种智能型工具，大大提高了人类信息收集、处理存储与传输的能力，是人类的大脑又一次获得了解放。其结果是：一方面社会的知识信息呈爆炸性的增长，另一方面知识信息对社会的作用更

加突出，社会对文献信息的需求增加，从而推动图书馆更大规模地发展。基于这些事实，可以得出以下三点结论：1. 社会对知识信息的交流的需求和知识信息的急剧增长，是图书馆扩张和发展的直接社会动因。2. 图书馆的发展与科技进步、知识增长具有内在的一致性。3. 图书馆不仅是文献信息的保存传递机构，更是社会知识信息交流的通道，换句话说，图书馆不仅担负着社会文献信息的纵向传递责任，而且肩负向社会横向传播知识信息的责任。

综观世界图书馆发展、变革的历史，我们可以很清楚地看到贯穿于图书馆发展全过程的有两点：一是人文精神；二是科学精神。前者的核心是图书馆内在价值理念的守护，是不能随意改变的；后者的核心是对图书馆的变革和对未来理想的追求，是与时俱进而不断变化的。图书馆数千年的发展演变史就是沿着变与不变这样两个轨迹展开的。我国图书馆有悠久的人文传统，但是，从总体上说，我国图书馆的文化觉醒与西方相比还显得滞后和迟缓。一方面中国没有经历真正像西方国家那样意义上的工业社会，所以真正意义上的现代图书馆直到20世纪下半叶以后才在我国逐步建立起来。我国有一部分图书馆直到现在还处在传统向现代的转型中；另一方面，由于根深蒂固的封建思想的影响和高度集中的计划经济的束缚，我国图书馆从思想观念、服务理念和开放程度等方面，与国际水平还有不小的差距，实现现代化，走向世界的道路还很长。

### 三、保守与开放之间的图书馆精神

图书馆的发展、变革并非一帆风顺，长期以来，图书馆界一直存在着封闭与开放、人文与科技、书本位与人本位、理性与功利等等之间的激烈冲突和斗争。中国人好变而又不好变，常常在变中保守着什么，同时在不变中丢失着什么。随着人类社会的发展，图书馆的某些社会职能正在发生变化，现在的图书馆与古代图书馆所承担的社会责任有很大的不同，未来的图书馆和现在的图书馆也会有所变化，这是天经地义的，是完全合情合理的。问题是我们要解构哪些该变的，保守哪些不该变的。

解读图书馆发展变革的历史，我们发现那些变化的往往是图书馆外在的形态的东西，姑且称之为"形文化"，譬如收藏的文献载体、技术手段、服务方式方法等等。而图书馆内在规律性的东西，即图书馆的本质属性，姑且称之为"质文化"是不变的。譬如图书馆收集、保存、传递、传播文献信息的本质属性。无论从古代图书馆到近、现代图书馆，以及未来的现代化图书馆，无论世界如何变化，时代怎样发展，只要还是图书馆，其本质属性就不会变。

　　图书馆的质文化是图书馆产生与发展的缘由，它规定了图书馆所应承担的社会责任是什么，那就是对文献信息的选择、组织、保存和传播，满足国民的文献信息资源需求，保障知识信息的自由流通和广泛普及。从这个角度看，图书馆是现代社会系统中的一个环节，缺少了这样一个环节，会影响社会的文明、和谐、高质量运行。但是图书馆毕竟不是物质生产部门，它和人的简单生存的利益关系毕竟不那么直接。因此，没有必要任意夸大图书馆的社会功能和拔高图书馆的社会责任。

　　图书馆的第一使命就是要守护人类世代积累起来的文化资源和精神传统，因为人类文明的任何进步都依赖于人类文化的积累，在全球化、一体化的呼声日益高涨的今天，维系国家、民族的根基就在文化之中，守护文化传统首当其冲就是守护国家、民族的文化资源和精神传统。国家和社会的发展与稳定必须以文化来支撑，当代社会的进步更应该立足于人类先进的文化资源之上。图书馆收集、保存的文献信息资源是人类文化物质形态，保障这些文化资源世代传递下去是图书馆必须守护的精神理念。在这个意义上，"保存传递"理念的精神含义是保守的。惟其保守，图书馆才会有源远流长的、累积的发展，才会有深厚不绝的精神资源。传播知识信息、满足国民的文献信息资源需求是图书馆的另一本质属性，也是现代图书馆的最为突出的责任。国民对知识信息需求的满足，是现代国家政体有效运行的客观要求，换言之，接受教育、获取信息是现代社会公民的基本权利。图书馆传播知识信息、满足用户文献信息需求的精神理念是图书馆追求的理想和目的，其精神含义是开放的，是与时俱进的。惟其开放，图书馆才能有面向时代开拓创新而保持其生命活力，并能不断吸纳新鲜的文化资源，增强文化创生的力量，探索先进文化前进的方向。我们说图书馆在文化的保存及纵向传递上应该是保守的，绝不是说图书馆应该是守旧的，是旨在守护人类的文化遗产和精神财富。在这一点上，图书馆的存在又绝不是简单地把自己扎在故纸堆中，沉溺于历史旧梦，它只是坚信任何文化的发展与创造都必须植根于深厚的文化资源和精神传统之中，珍视并保存来之不易的人类世代累积起来的文化资源是图书馆与生俱来的天职。与此同时，图书馆还要在历史文化传统的基础上，向着时代和未来开放，与时俱进，追求文献信息传播社会效益的最大化。图书馆这个职业集团是忠实信奉"无传播就无权利"这个理念的。在人类文化的长河中，图书馆的精神是"继往"而"开来"。

　　随着经济全球化、政治多极化、文化多元化和信息网络化时代的到来，图书馆从物质形态、技术手段、服务理念以及社会职能正在发生变化。过去的图书馆、今天的图书馆和明天的图书馆有很大的不同，但是，我不认为有什么本质的不同。电子图书馆、数字图书馆、虚拟图书馆或是其他什么图书馆，与传统图书馆并没有本质的区别，纵向保存传递文化和横向向社会传播知识信息的本质属性是一样的。任何事物的发展变化，反映事物内在逻辑的所谓"质文化"是不会轻易改变的，容易变化的是反映事物外在形态的所谓"形文化"。图书馆概莫能外。在图书馆的产生、演变的发展历程中，文献载体从龟板、竹简、丝帛、纸质走向电子、多媒体、数字等；生产方式从手工操作走向自动化、智能化、网络化；管理和服务理念从封闭走向开放、从书本位到人本位、从对知识信息拥有走向存取、从信息歧视到自由平等利用，等等，都在进行着深刻的变化。并且随时代而与时俱进，创新变化。

今天，在以技术为主导的环境下，人们关注更多的是技术，信息技术的强大魅力掩盖了图书馆的精神实质，面对喧嚣的世界，不少图书馆人不知所措，不知何为图书馆了，什么"图书馆是有序化信息相对集中的时空"、"无馆舍、无馆藏、无馆员"的三无图书馆、无纸图书馆、虚拟图书馆，等等。还有人恣意拔高图书馆的社会功能，说什么"图书馆是知识的喷泉"、"社会发展的原动力"等等，这些论点和说法，都是在不同程度上改变了图书馆的"质文化"，虚幻了图书馆的客观真实。

如果我们能正确地理解了图书馆自身承担的社会责任，把握住图书馆的质文化，那么，我们就会找到图书馆发展中"变"与"不变"的规律。解构该变的，保守不该变的。以使我们中国图书馆真正成熟起来、进步起来。做到既传统又现代、既保守又开放。变与不变，保守与开放，充满了辩证法，"淡泊明志，宁静致远"，图书馆在变革、发展中有所执著、有所守护，那就是保守与开放之间的图书馆精神理念，图书馆以"烛照社会之方向"，才能真正铸造 21 世纪自身的辉煌。

## 第三节　科学发展中的困惑：图书馆员<br>职业倦怠的归因及其对策

### 一、问题的提出

和谐图书馆的创建、图书馆服务质量的高低，在很大程度上取决于图书馆员的工作积极性，而积极性则是一种伸缩性很强的内在潜能。只有将这种潜能充分地转化为有效的工作行为，即发挥馆员个人的最大主观能动性，才能收到最佳的管理效果。然而，在现实的图书馆工作中，总是有一部分馆员身心疲惫，对工作消极厌倦，情绪低落，精神涣散，我们姑且称之为"倦怠"行为。职业倦怠行为是一种受到强烈或持久的劣性精神刺激而引起的消极心理，已经成为现代人工作的头号杀手。笔者对本地区的高校图书馆和部分社会图书馆的图书馆员进行调查，发现竟有近85%的馆员存在不同程度的职业倦怠。当问卷调查中问到"如果有机会换工作，是否愿意改行？"结果有80%的图书馆员选择了"愿意"和"非常愿意"。这些数据表明，图书馆员对图书馆职业极度缺乏认同感和归属感，职业倦怠已经成为当代图书馆行业一个非常现实和突出的问题。

## 二、图书馆员职业倦怠的主要表现

（一）情绪低落。情绪低落、意志消沉是图书馆员倦怠行为的最明显表现，表现为对任何图书馆活动不感兴趣，缺乏积极性；对任何事情无动于衷，对工作感到厌倦。终日陷入压抑、苦闷、怨恨和忧郁之中。

（二）工作疲沓、观念陈旧、不思进取。在工作面前打不起精神，被动应付，认为图书馆工作毫无意义，无心投入。当一天和尚撞一天钟，工作上推一推、动一动，分内的事，马虎敷衍，勉强应付，分外的事，事不关己，高高挂起。更不要说工作创新了。

（三）心理逆反。对一切事物看不顺眼，总是抱着挑剔的态度。对领导者有抵触情绪，事事对着干。或孤傲清高，自命不凡，自感怀才不遇，或深感前途暗淡，悲观失望。

## 三、图书馆员职业倦怠的文化探因

我国是一个有五千多年文化传统的文明古国，图书馆历史悠久，受传统文化影响很深，而且长期受计划经济的影响，难免造成图书馆理念和管理上的偏差。这种在思想观念、制度与机制以及环境与人才等方面的失误造成对图书馆员的伤害，是图书馆员产生职业倦怠的主要文化成因。

（一）图书馆理念的偏差

在传统的图书馆模式里，图书馆员始终处在被动的不被重视的地位，听任领导部门和管理者的指令。图书馆员所从事的不是创造性的工作而是简单、繁重、机械的工作复制和重复。现代管理学告诉我们，知识劳动者作用的充分发挥，关键在于它们自动自发的责任感，因此，对"知识劳动者"的管理，其首先应该诱导他们充分贡献其"心力"，"心力贡献"是知识劳动者的资源所在，而要使知识劳动者的"心力贡献"得以充分释放，最为重要的原则便是"人尽其才，适才适所"。作为知识分子的馆员，当然一直渴望自己的职业与角色活动受到社会的支持和赞誉，以维护自身的尊严。但是，在有重大缺陷的传统图书馆理念下，几十年来渐趋形成的一整套图书馆管理体制和运行机制以及评价体系，使馆员在发现现实社会对他们以及图书馆职业的态度、和他们所渴望的职业地位和角色形象很不一致时，就会产生一种"屈尊感"和"失落感"。他们为所从事的职业不能给自己带来荣誉而烦恼，处理不当就会对图书馆工作失去兴趣和动力，这就是现实中不少图书馆员对自己的职业羞于启齿的原因。

（二）环境因素

我国图书馆事业缺少良好的环境，即所谓的"图书馆生态"。21世纪图书馆职业环境发生了很大的变化，首先是工作对象的传播媒介发生变化，从以纸质文献为主要工作对象过渡到以电子媒介为主要的存储和检索介质的时代。其次是工作组织的模式和工作内容发生变化，图书馆职业活动需要投入更多的智力劳动。然而，长期以来，我国图书馆受计划经济模式的影响，实行封闭式的管理体制，结构单一，沟通性差。加之人事管理中的终身制，馆长上面委派，馆员统一分配，一经录用，无论优劣，稳端"铁饭碗"。职称评定晋升论资排辈。图书馆不承担经营风险，在现实的市场经济的大环境下，图书馆却游离于市场经济规律之外。这种缺少优胜劣汰的竞争激励机制，干多、干少、干好、干坏一个样的大锅饭局面，馆员的积极性和创造性难以调动和发展，致使多数馆员缺乏现代管理和业务知识，习惯于应付日常琐碎事务，久而久之，职业倦怠行为就会产生。

（三）职业劳动价值与职业劳动报酬的背离

对任何社会职业来说，它的劳动价值决定其劳动报酬，图书馆对社会发展的促进价值和进步作用，决定了馆员的职业劳动应当具有较高的劳动报酬与经济待遇。但事实表明，图书馆员与同级其他专业人员相比，收入偏低。再加上职业不被社会重视，不少人轻视图书馆员的劳动，面对这种不合理的社会现实，图书馆员就会产生"不思寡而患不公"等愤懑心理。市场经济的核心是等价交换，分配原则是按劳取酬，经济待遇低，就意味着岗位不重要，贡献小。这样，馆员就会因自身的劳动价值与劳动报酬的背离，心理矛盾加剧，最终导致职业倦怠。

（四）职业工作的高强度和低创造性

传统图书馆大多基础设施陈旧，自动化水平低，主要靠手工操作，馆员劳动强度很大，长久的繁重的超负荷运转必然是馆员身心疲惫。加之工作内容多是浅层次的文献整序和借阅服务，譬如在传统图书馆为优秀馆员制定的标准就是：会把图书整齐地排放在书架上，会对图书进行分类编目并把款目记录的清楚明白，会进行图书采购等等。这种繁杂、重复和被动的低创造性工作，耗去了馆员大部分精力，泯灭了馆员的创造性。在图书馆活动中，馆员面对千差万别的读者，繁杂纷乱的服务内容以及瞬息万变的信息环境，他们必须充分地发挥自己的创造性，才能做好工作。但是，我国图书馆的现实是，馆员长期以一种相同的、没有活力、缺乏激情的状态紧张工作。图书馆工作缺乏应有的创造性，馆员的创造性受到种种因素的制约，传统图书馆工作的这种低创造性，与缺少亲和力的工作环境和氛围，怎会不让馆员产生职业厌倦？任何工作一旦失去了思考和创造的本质特性，工作人员的职业智能只有萎缩而不会成长，长期如此的结果便是馆员对职业的厌倦和下意识的抗拒。

（五）封闭性的图书馆管理系统

长期以来，我国图书馆的管理系统一直延续计划经济模式，实行高度集中的管理，因而导致了图书馆各自为政的孤立发展模式，呈现出分散封闭的状态，造成了资源的重复浪费。在制度方面，至今尚未形成政策、法律保障体系，在管理创新进程中，将面临一系列环境因素的制约和阻碍，人为的因素常常引起许多不正常的波动。这种封闭性的图书馆管理系统，非但不能吸收和反映经济和社会发展的需要与成果，而且也使图书馆对读者的服务效果，难以被社会监管和被社会所承认。总之，这种单一的国家计划投资机制是造成图书馆建设投入不足，投资结构不合理、开放性差、效益低的重要因素。当原本生机勃勃、活力四射的图书馆活动被封闭僵化的计划管理模式紧紧束缚住后，馆员自身应有的怀疑、独立和批判意识和自由精神也会渐趋消失，对自己的职业产生灰心丧气的感觉，从而产生职业倦怠。

（六）现代图书馆工作的高要求与馆员个人素质偏低的矛盾

随着社会的发展，图书馆事业对馆员的要求会越来越高，一些传统的图书馆技能离我们似乎已经很远，图书馆将成为知识和流通的实体。图书馆工作亦对馆员个人能力的要求提高，这些能力既包括个人的业务能力，又包括个人的政治素质。但是，从我国图书馆的现实来看，馆员队伍的专业化建设还有不少问题。图书馆事业在发展，馆员队伍如果不能适应这种变化和发展，虽然可能这些馆员在责任心和道义感的驱使下，尽职尽责，但由于低素质和图书馆工作的高要求的矛盾突出，必然在工作中有诸多问题难以解决，这样，他们在心理上就会承受难以负载的压力，以至于产生心理焦虑和挫折感，失去工作信心。

（七）角色的价值观与个人价值观的冲突

无论从角色职责还是从社会文化的继承而言，馆员一直是社会倡导"默默无闻和无私奉献"的价值模范。然而，随着市场经济的不断冲击，社会的价值观念在不断改变，不少馆员个人的价值观念也在发生变化，于是就产生了职业角色价值观与馆员个人价值观的冲突。这种冲突的结果可能使馆员对自己的角色产生怀疑，从而导致个人价值观与角色价值观的背离，最终引起他们对自己职业的失望。

### 四、防止图书馆员职业倦怠的措施

现代管理学认为：人并非天生厌恶工作，而是勤劳肯干的。关键是否能给他良好的工作环境，是否满足了他合理的需要？防止或避免图书馆员的职业倦怠，外部应从图书馆的生态环境文化入手，内部从建立良好的运行机制即制度文化着手，具体从以下几方面采取措施。

（一）增强图书馆员的职业威望，不断提高图书馆的社会地位

一种职业的社会地位，取决于它的经济基础和职业威望，同时，也决定了该职业的吸引力和本职业从业人员的社会地位。毫无疑问，从事高社会地位职业的人容易受到人们的羡慕、尊敬和优待，从业人员也更多地感到自豪和优越，从而也就会热爱自己的职业。因此，要使图书馆员热爱自己的职业，并立志献身于图书馆事业，必须通过国家政策的倾斜和舆论宣传等手段，促进全社会重视图书馆事业、形成尊重图书馆从业人员的社会意识和心理氛围。只有树立全社会的图书馆意识，图书馆员才会对自己的职业产生光荣感和自豪感，并以健康和积极的情绪从事图书馆工作。加强图书馆事业的制度化建设，要用法律和政策来保障图书馆职业的社会地位，和保障它充分履行现代功能。要像律师、医生和教师等职业那样，建立图书馆员职业资格制度和不断推进馆员职业的专业化发展，切实保障馆员的权利和义务。

（二）建立图书馆良性运行机制，积极营造馆员发展的良好的工作和学习环境

现代图书馆工作有三个特点：一是人员构成的知识密集性。现代图书馆肩负着为社会文献信息保障的重任，馆员的知识构成必须是多样性、互补性，各类人才必须应有尽有。二是成果的中介隐蔽性。馆员的劳动一般

并不直接生产有效用的实体产品，产出的是知识、创意和信息，只有通过用户才会把这些产品作为投入转换成效益，因此，馆员劳动的经济价值和效果是不可能直接用数字来衡量的。三是馆员工作意愿的自觉性。由于图书馆工作无法直接量化，使得图书馆工作绩效考核困难，馆员的劳动成果不能与工资报酬直接挂钩，很容易形成干多干少干好干坏一个样的事实，其工作在很大程度上依赖于馆员的自觉性。因此，要有效地防止馆员职业倦怠的产生，必须创建良性运行机制，保持馆员的最佳状态。良性运行机制起码包括以下内容：

●内部管理激活。作为一个组织的图书馆的未来依赖于它的自我更新发展，而图书馆的自我更新发展要靠领导和馆员的创新活力。为此，领导必须为实现图书馆的目标创造各种条件，做出精心安排，促使馆员通过实现图书馆目标来充分实现个人的目标。应尽量避免利用行政权力来过多支配、命令和抑制馆员，因为无论这些手段是强硬的还是温和的，都会削弱馆员的积极性，使他们处于低迷的工作状态。建立馆员沟通平台，及时对馆员进行培训，在用人上，一定要依据馆员的知识层次考虑岗位分配，做到用人所长，人尽其才。

●岗位激活。加强馆员相互沟通，释放馆员最大潜能。一个现代图书馆必然要有部门、科室等机构的划分，传统的图书馆管理中，图书馆内部组织机构的划分与设置主要以文献性质为基础。这种线性的组织结构无法适应现代多元化和多样性的外部环境，因此，图书馆必须改变过去那种以"藏"为主，以"物"为中心的管理思想，变以"用"为主，以"人"为中心的管理思想。与此相适应，首先图书馆必须调整内部的业务工作流程，重新设置工作岗位。其次，对知识型馆员来讲，这些部门并不是不可逾越的鸿沟，不能让岗位将馆员束缚住，应科学地对馆员进行跨部门、跨岗位的交流。组织内部的这种人力资源流动，有利于馆员释放自身的知识和经验，能促进馆员之间知识结构进行最佳组合，从而焕发个人和图书馆的活力。

●民主权利激活。图书馆工作专业性较强，领导在决策时，必须充分发扬民主，要让馆员特别是专家型馆员参与到本领域问题的决策中来，这样不仅会使决策结果更为合理，而且这也是一种实现馆员智力资本的重要途径，通过参与决策可以凸现馆员所具有的专业知识，充分发挥他们的主观能动性。民主是馆员的权利，民主不是一种作风，而是一种制度，这种民主制度的建立，将会激活馆员的活力，提高他们的积极性和创造性。

（三）满足馆员的合理需要

需要使一个人产生行为动机的根本原因，是人的一种主要的个性心理倾向，是人的行动积极性的原动力。因此，恰当地满足馆员合理的需要是避免职业倦怠，提高馆员工作积极性的一项重要措施。首先要重视馆员的物质需要。满足物质需要是一个人生活和工作的基础，任何人都有这方面的需要，图书馆员也不例外。要满足馆员的合理物质需要，首先要解决馆员职业劳动价值与劳动报酬相背离的问题，使馆员的经济收入与职业价值相适应。从而消除馆员"不患寡而患不公"等愤懑心理，促使馆员产生更高层次的需要。其次要引导和发展馆员的高层次需要。那些低层次的物质生活需要，只能消除人们的不满意因素，而起不到激励人积极性的作用，只有那些较高层次的精神需要，譬如，获得尊重的需要、施展才华的需要、个人素质发展的需要等等的满足，才是最重要的激励因素。因此，领导和管理者要想激励馆员的积极性，防止职业倦怠，必须建立科学的馆员劳动成就评价制度，使馆员的劳动成果得到社会承认和应有的回报，满足馆员的成就感和自尊的需要。要帮助馆员端正工作思想，理清工作思路，使馆员在工作中能充分发挥个人的聪明才智，有的放矢，不断满足馆员施展才华和创新的需要。注重馆员的继续教育，给馆员个人外出进修学习的机会，满足馆员个人素质提高的需要。随着馆员需要的满足，馆员的积极性将不断提高，从而有效地防止职业倦怠的产生。

（四）排除馆员心理障碍，增强馆员心理适应能力

心理障碍往往是个体在从事有目的的活动时，遇到阻挠或干扰，致使目标不能实现，个体需要得不到满足的情况下，而产生的一种紧张、焦虑、沮丧、失意的挫折心理状态。无论是个体的内在因素还是外在因素，所造成的心理障碍都将影响个体积极性和主动性的发挥，严重时可能导致个体行为的失调。要想排除馆员心理障碍，增强馆员心理适应能力，使其在困难与挫折面前始终保持积极向上的健康心理情绪，领导者要注意做好以下几点工作：1. 引导馆员确定恰当的奋斗目标。职业倦怠与心理疲劳紧密关联，而心理疲劳往往源于挫折，挫折则又是在目标行为受阻时产生的，为防止馆员产生心理障碍，领导者要积极引导馆员确定恰当的目标，并创造条件帮助馆员在工作中尽可能获得成功。2. 注意建立良好的人际关系。馆员健康的心理状态是由组织内良好的心理环境熏陶而成的，而良好的组织内心理环境是由良好的人际关系构成的。因此，要想馆员保持良好的心理，必须建立图书馆内外良

好的人际关系。建立起馆员之间沟通平台和馆员与馆外人员之间的人际交往平台。但最好的沟通方式不是以正式的管理手段的形式出现的，而是以一种自然而然的做事方式存在于图书馆的领导和馆员身上，在这种自然而然的做事方式后面，有领导者对馆员付出同志式的爱心、诚心、细心和耐心，还有领导者自身良好的人际关系的榜样力量。3. 加强对馆员的心理研究。因为，职业倦怠与心理因素关系密切，所以图书馆要高度重视馆员的心理问题，我们不能将心理问题轻易地混同于思想问题和社会问题。当然，排除馆员心理障碍，增强馆员心理适应能力，还需要馆员个人的努力。首先馆员个人要有正确的社会价值观，孔子说过，"知之者不如好知者，好知者不如乐知者"。（注）只有发自内心的"乐而为之"才会对自己所从事的事业满腔热忱，才会在困难与挫折面前不气馁，才能热爱事业，并从这种热爱中得到极大的职业享受。一些优秀馆员遇到多种困难，但他们都会及时克服和排解就是这个道理。要让馆员明白职业倦怠不但损害了事业，同时也损害了自己的生理和心理健康。馆员要做到"乐而为之"，必须对图书馆工作有正确的价值取向，而这种正确的价值取向来源于馆员个人对图书馆职业的正确认识。这种对自己所从事的事业的价值认定，是一个馆员避免心理障碍，保持最佳心境的思想基础。其次，馆员个人要加强个性修养，努力增强个性中的积极因素，克服消极因素，譬如增强理智感，克服主观臆断；增强自制力，克服激情性冲动；增强自信心，克服自暴自弃等，馆员还应经常注意保持乐观自信的健康情绪。

（五）塑造图书馆文化，强化创新机制

图书馆本身就是社会文化的产物，对于这样一个文化底蕴厚重的组织，更应注重自身内部文化的建设和发展。领导者应致力于在发展中塑造本馆内部文化乃至行业文化，并将该文化植根于馆员的思想和意识之中，这样，图书馆事业就会进入一种自觉、规范、稳定和连续的发展状态。要不断进行图书馆服务内容、服务方式的变革与创新，进行文献信息的深层次开发，逐步改变传统图书馆工作的低创造性。让"知识整序、知识导航"等理念成为图书馆的主导理念，要让创新成为图书馆组织文化的主流，真正让知识和学术含量高的创造性工作成为图书馆业务实践的主体。要不断完善图书馆内部的竞争机制，因为竞争是生物界和人类生存和发展的基本法则，完善的竞争机制能激发人无穷无尽的活力。当然，图书馆领域的竞争不同于商品经济领域内的竞争，它不是简单的商品生产，而是知识信息经济的竞争，是培养人才的竞争，是馆员素质和工作水平的竞争。图书馆完善的竞争机制要有制度作保障，譬如人事制度、激励制度、科学评价制度等。那么，在一个有着充满竞争活力和浓郁创新氛围的环境中，馆员的积极性和创造力就会不断得到激发，从而有效地防止馆员职业倦怠的产生。

## 第四节　图书馆功能的现代演进

图书馆功能古已有之。"功能"一词看似普通，但其含义却十分丰富，学术界对其有多种理解和表述。其中最具代表性的表述是：功能即一事物在特定环境中所发挥的作用能力。对这一表述笔者认为偏向于系统对外部环境的作用或效能，忽视了系统对其内部自我调节和修复能力的揭示。实际上，对于复杂事物的功能往往有对内和对外两个方面。譬如，人的大脑功能就有两个方面，对内是调节脑垂体和人体生理平衡的总司令部，对外则是认识客观世界的认识器官。因此，可以认为，所谓功能就是系统内部要素之间及系统与外部之间相互联系和作用的能力。事物的功能是事物的基本属性，它体现了一个事物与外界进行物质、能量、信息的输入或输出的交换关系以及自身内部调节的机制。依此我们可定义，图书馆功能就是图书馆系统内部各要素之间及图书馆系统与外部之间相互联系和作用的能力。

图书馆的现代转型与人类历史发展进程相关联，一部图书馆的发展史其实就是图书馆功能的演进史。从系统论的角度来看，复杂事物的功能通常包含着对内对外两个方面，图书馆功能也是如此。图书馆系统对外作为社会大系统的一个子系统，对系统内部还有着众多的要素相互之间形成纵横交错的复杂结构。图书馆对外功能通常又可分为图书馆的固有功能和图书馆的工具功能，固有功能即图书馆系统促进图书馆个性化的功能，工具功能即促进个体图书馆社会化的功能。图书馆的对外功能以图书馆固有功能为基础，作用于社会便产生了工具功能。图书馆的对内功能则指图书馆的自我衍生功能，即图书馆系统的自我保存、自我调节和自我更新的功能。世界图书馆运动的历史足以证明了图书馆系统自我衍生功能的强大。

### 一、古代图书馆功能：僵固单一

文字符号的每一次问世，都必须有它赖以依存和显现的有形的物质载体。于是人类开始苦苦地为他们各自的文字寻找载体。泥土（泥版）、石头（石刻）、动物（龟甲、牛骨和羊皮）、植物（竹简、木简）、金属（青铜器）、丝织品（帛书），人类几乎找遍了可以找到的一切质料。考古学家发现早在三、四千年以前，在亚述的宫殿和中国的殷商就出现了记录文字符号的泥版和甲骨收藏。最早的文献就是由这些质料构成的。自从人类有了文献，就有了关于文献的各种活动。因此可以说，人类在铸造古老文明的同时就孕育了文化的精灵—图书馆。从生产力角度来考察，整个人类社会历史可划分为两个阶段：即使用手工工具为标志的古代社会（或称农业社会）和使用机器为标志的现代社会（或称工业社会）。从生产关系角度来看，古代社会包括了原始社会、奴隶社会和封建社会三种社会形态，现代社会包括资本主义社会和社会主义社会两种形态。原始社会生产力十分低下，人类一直处在求温饱、求生存的艰难斗争之中，在这一阶段，文字系统还没有出现，现在的考古资料证明，哪怕是具有起码意义的图书馆也是不存在的。原始社会后期，由于人类逐步掌握了铜铁等金属的制作和使用，畜力和部分自然力也被人类所利用，社会生产力水平得到了较大的提高，人类进入了农耕经济时代。在公元前1300年的商周后期，中国人就发明了甲骨文。几乎在同时，竹简也出现了。因为竹简比之泥板、甲骨和青铜相对更牢固、更廉价，因而在当时，中国文献的数量领先于世界。社会生产力的发展，带来了社会分工的扩大，剩余产品的出现，私有制和阶级的产生，脑力劳动和体力劳动的分离，人类社会逐渐向奴隶社会、封建社会演进。文字的发明和使用，文字载体的进步，为古代图书馆的产生提供了物质基础与社会条件。

东汉年间中国人发明了纸，自唐代时又开始了雕版印刷。由于找到了一种廉价、轻便、耐用的文字载休，且有了印刷手段，中国文献的种类和数量在当时都居于世界首位。中国古代文明领先于世界的一大原因就在于其文字载体和印刷技术的领先，从而导致文献的繁荣、文化的传播。从古代文献记载着，中国西周至战国时期，朝廷和诸侯国都确定无疑地有了藏书的处所，只是名称并不统一，至迟到了西周初年，已有了确定的藏书处所。在有关文献中它被称为天府、周府、周室等等。东方文化的巨人老子、孔子同苏格拉底、柏拉图、亚里士多德一样，处在书籍与图书馆的形成期，并与之有着不可分割的联系。生卒年都整整比苏格拉底早出一个世纪的老子曾做"周守藏室之史也"，《史记》中的这一句话，不仅说出了周代已经有了国家图书馆，并说明老子曾作文史官，管理周朝的典籍。比苏格拉底早上半个世纪的孔子则一身兼任柏拉图与亚里士多德的角色，即为中国文化奠定了基础，开始了讲学传经，同时也是第一位整理、编纂文化典籍的人。自孔子后，中国进入了百家争鸣的时代，中国文化空前繁荣，民间的藏书更为可观。文献搜集更是汉朝复兴文化的重要资源，以后随着纸张特别是印刷术的发明，文献更为丰富，私人藏书也愈益发达。东汉时洛阳已有"书肆"，开始买卖图书。宋代不仅藏书人更多，且流通量大，多数藏书还提供借阅。明代杨循吉私人藏书已达10余万卷。清代的私人藏书也十分可观。可惜明清时期，藏书楼规定不外借。就这样，中国的古代私人藏书与官府藏书相辅相成，使得中国文化度过了一次次战争和王权更替的劫难，得以保存传递下去。

由于古代社会以农耕经济为基础，基本上是以手工工具为标志的小生产经济，而小生产经济所具有的封闭性，使得古代图书馆不可避免地具有封闭性和保守性。在西方的古罗马，在中国的唐宋，图书馆都曾鼎盛一时，但他始终只为少数统治者所占有，主要担负着保存和传播统治阶级的文化意识形态的职能。在通常情况下，图书馆还是封建统治阶级控制和垄断文化与思想意识形态的机构和工具，具有强烈的阶级属性。因此，古代图书馆突出表现出的是僵固单一的政治功能，社会功能、经济功能等其他功能微乎其微。这种僵固单一的功能使古代图书馆的结构呈现出单调、封闭和松散的状态，具有明显的边缘化、工具性、阶级性的特征。

### 二、现代图书馆功能：日益分化、开放和日趋完善

以机器生产为特征的英国工业革命，标志着人类改造自然的能力有了极大的提高，显示着人类社会生产力已发展到一个新的水平，西方社会进入一个新的历史阶段——近代（属于现代社会的前期）资本主义社会。与古代阶级社会相比，虽然同属阶级社会，但是社会生产方式却发生了质的变革，从手工工具到大机器生产，从自给自足的自然经济发展到等价交换的商品经济，社会从农耕经济开始步入工业经济。社会生产力的空前发展，促进了脑力劳动与体力劳动的第二次分离，首先，造就了一支庞大的产业工人队伍和专业科技队伍，伴随的是教育的大规模扩展和科技知识的爆炸性的增长。科学尤其是自然科学成为社会生产力，科学与教育的发展推动社会对知识信息交流需求增大，从而使图书馆成为一种社会性事业。其次，资本主义的商品经济与市场竞争的基本属性，使其从一诞生就具有以往农业社会所不曾具有的开放性。因此，近代图书馆除保持阶级社会原生的政治功能外，图书馆的社会功能开始显露，突破了古代图书馆封闭性的思想意识保存与传播为重心的功能系统，逐步转变为一种开放型的知识信息交流的社会事业性设施。社会性、开放性与知识性是近代意义上图书馆的基本特征，从封闭走向开放使图书馆

革命性的变化，是图书馆运动中一个光辉的篇章。

中国的近代则处在半殖民地半封建社会，政治腐败，经济落后，科技文化衰落，社会生产力停滞不前，图书馆因袭旧制，总体上并无多大变化。只是到了清末洋务运动、维新变法时期，在西学的冲击下，为图强国，国人倡导"西学东渐"，尽管中国古代社会有着源远流长的藏书传统，但是近代意义上的公共图书馆、大学图书馆，却是在西学的影响下建立起来的。

图书馆作为人类文明的产物是那样的悠久而古老，然而，在长达数千年的农业社会中，它虽也有过显赫的地位，荣耀的历史，却始终没有摆脱藏之秘阁、锁之深宫的处境。15 世纪以后，西方中世纪的黑夜结束，现代文明的曙光开始出现。图书馆这才抖落了一身疲惫，从帝王的宫殿，士大夫的书斋里走出来，涌向社会，开始了图书馆社会化。当我们考察图书馆功能的演进史时，不能不为图书馆从封闭到开放的这一革命性变化而欢呼。

20 世纪 20 年代以后，随着工业自动化和生产社会化的发展，专门职业技能的培养越来越重要。20 世纪中叶以后，以电子技术为标志的世界新技术革命又一次加速了社会生产力的历史性跨越，新的高科技物化成为现代生产资料不仅延伸了人的体力，而且亦延伸了人的脑力。社会的进步及生产力科技含量的提高，使生产力要素发生了质的变化，劳动者在进入劳动之前必须进行教育的训练，生产劳动队员是体能要读进行扬弃，吸收更多的认知技能。图书馆作为社会教育的文化设施，国家对其投资归根结底是为了经济的增长和社会的发展，因此图书馆从某种意义上也成了一种资本，它的功能就在于促进社会个体人认知技能的发展，从而推动社会生产力发展和社会的全面进步。现代图书馆的社会责任是不断满足社会公民日益增长的文献信息资源需求，这种责任也是现代国家政体有效运行的客观需求。换言之，接受教育、获取信息是现代社会公民的基本权利。在这个意义上说，现代图书馆不仅社会功能显著，而且经济功能也很突出。然而，现代图书馆突出的经济功能和显著的社会功能并非掩盖或替代了图书馆的政治功能，只不过图书馆的政治功能随着社会的发展更加复杂化和隐蔽化。图书馆政治功能的含义不再仅仅是统治阶级的工具，而是政治功能的社会化，其目的是培养合格的社会公民。

现代图书馆在显示突出的社会功能的同时，亦注重个体发展功能，图书馆现代性的本质是什么？中外图书馆运动史证明，现代图书馆已经摆脱了古代图书馆的从属工具性质，正日益成为整个社会发展的基础性事业。随着人类文明的发展和社会不断进步，国家对个体的制约作用将会越来越间接，制约的范围也将大大缩小，这意味着个体存在和选择的自由权与自由空间不断扩大。在我国传统计划经济体制之下，个体的存在方式及其质量，基本上都是由外在于个体的力量所控制和支配。但在市场经济体制之下，这种控制和支配的权力逐渐过渡给了个体自身，如何安顿并健康地发展自己，不断提升自身的质量和价值，已经成为每一个图书馆不可避免的必然选择。图书馆社会化与图书馆个性化成为现代图书馆运动主流的两大干流。

### 三、图书馆现代功能演进的未来走向

图书馆的功能及结构演化，嬗变到了当代已经发生了巨大的变化。人类社会进入 20 世纪后，物理学领域的伟大成就和微电子、计算机的发明，以及随后出现的各种信息技术产业群，导致了 20 世纪 70 年代末至 90 年代初以信息技术为特征的人类历史上第三次技术革命，推动了人类社会从传统大工业社会向信息化、网络化和数字化时代迈进。这次新科技革命与第一、第二次技术革命的本质区别在于，它使技术的要素的中心从能源转换转向信息集成。与此相对应，建立在信息技术基础上的新产业群及其产生的新兴生产力，与传统工业产业及其生产力也有本质的差异：它是以知识和信息为中心的新经济生产力，而不是以能源为中心的大工业生产力。这次新技术革命对图书馆事业的发展提出了新的要求，同时也提供了千载难逢的机遇和新的科技手段。信息网络走近了社会生活和生产的各个领域，人类走出了封闭、隔离的世界，全人类由于计算机联网而实现信息的沟通连接为一体。作为保存和传播人类文化遗产的图书馆不再是传统意义上的图书馆，为满足人类不断增长的文献信息资源需求，正在转化成为横向联系的、互为一体的高度开放的复合型图书馆连接体。图书馆日益社会化、社会日益信息化的态势已经出现，人类即将进入终身教育、终身学习的学习型社会。学习成为人们生活中必需的劳动，图书馆作为人们学习和终身教育的主导形式之一，成为社会教育的重要组成部分。图书馆功能将不断分化、细化，图书馆的教育功能正日益朝着包括整个社会和个人终身教育的方向发展。在未来的空前要求教育的时代，在一个学习化的社会人们所需要的不是一个体系而是"无体系"。图书馆现代化植根于社会转型的基础之上，必将越过历史悠久的传统图书馆所规定的界限，在时间和空间上扩展它的真正领域，朝着高度社会化——全球化的方向发展。并跨越"以物为本"的传统理念，建立"以人为本"的发展理念。在现代科技的支撑下，真正实现人类的梦想——文献信息资源的全球共享。

综上所述，图书馆是人类生存与进化的需要，是人类文明的产物。恩格

斯在《家庭私有制和国家的起源》中说过："由于文字的发明及其应用于文献记录而过渡到文明时代"。文字及其文献典籍的发展是人类的大脑获得了第一次解放，大大地提高了信息的存储能力，在世界各个区域的社会发展进程中，当文献积累到一定数量时，产生搜集、整理、保存并提供利用的专门机构——图书馆也就具有必然性和普遍性。图书馆的出现是人类得以将一个时代积累的经验、事实、观念等形态的知识信息保存下来传给后世，没有这样一种社会装置，人类文明的延续和发展几乎是不可能的。然而，我们知道，古代社会其内在底蕴是一种农业文明而非工业文明，小农经济的文化心态使得古代图书馆必然具有封闭性和保守性的特征。又由于封建主义文化具有一种集权主义和家族本位的价值指向，所以，在通常情况下图书馆还是统治阶级的政治工具，具有强烈的政治功能。古代图书馆的这种僵固单一的功能使得它处于社会的边缘，明显具有边缘化、工具性和阶级性的特征。现代意义上的图书馆是以西方文明为底色的，是建立在工业文明基础之上的。由于大工业生产的集中性和社会化，使得现代图书馆从一诞生就具有开放性，社会功能突出。并随着工业化的发展进程，图书馆的社会化开放程度越来越高。现代图书馆不仅摆脱了古代图书馆的那种统治阶级及少数圣贤们的从属工具性质，而且成为满足社会公民的文献信息资源需求、对社会公民提供终身学习和教育的基础性设施，其功能随着社会的发展将日趋完善。

当前传统工业社会正向后工业社会转型，这必然促使我们审慎地思考现代图书馆发展的未来，人类即将进入一个知识处于中心地位的知识经济时代，这是一个全新的未来，现代图书馆的功能也必然有一个新突破。图书馆的社会化和开放性正在向着更高的阶段——全球化发展。但是，我们必须清楚图书馆的功能不断变化的只是对外的工具性功能，而系统内部决定自我衍生能力即反映图书馆本质属性的内部功能是不会变的，换言之就是倘若变化了就不是图书馆了。我们必须把握住图书馆发展中"变"与"不变"的规律，积极变革那些应改变化的，同时保守那些不改变化的，万变不离其宗，即使图书馆的现代功能不断发展和完善，又保证图书馆现代化不会丧失本源、迷失方向。

## 第五节　走向"社会的中心"—现代图书馆发展理念

理念是人们经过长期的实践与理性思考所形成的理论化、系统化，并具有相对稳定性和连续性的认识、理想以及观念体系。图书馆宏观服务理念主要研究图书馆在自身发展和社会发展中的角色定位问题，涉及图书馆的性质、目的、职能与使命等，也就是说从根本上回答图书馆是什么的问题。图书馆理念具有四方面的特征：其一，共性特征。在图书馆理念中，有着"图书馆之所以为图书馆"的一套核心观念体系，这些核心观念具有永恒的意义。譬如图书馆的"藏"与"用"等观念就是永恒的，没有藏书就不是图书馆，藏而不用就不是现代意义上的图书馆。其二，时代性特征。图书馆理念需要随着时代的变化而赋予其新的内涵，特别是先进的图书馆理念更是反映并代表人类文明发展的趋势，与当今时代开放、民主、协同发展的潮流相适应。其三，社会性特征。图书馆的发展要受特定社会历史、文化传统的影响，图书馆的理念其实就是国家、社会和民族文化精神最集中的表达。其四，个性化特征。不同的图书馆在其发展中受自身传统的影响，会形成不同的特色和具体的管理与服务理念。本文通过对图书馆理念的历史辨析，得出图书馆的内在规律和外在发展规律，并在这些规律的指导下，构建出图书馆新的服务理念。

## 一、图书馆理念的历史辨析

图书馆是人类社会的产物，是社会知识信息的交流系统，人类在繁衍古老文明的同时孕育了文明的精灵—图书馆，它随着人类社会的发展而生长。如果我们从图书馆历史发展演变的角度来考察图书馆的发展动力，发现促使图书馆不断生长的动力主要来自三个方面：图书馆内在逻辑（或称图书馆内在规律）、国家的要求、市场经济的需要。就世界图书馆的发展历史而言，大致可分为三个时期，每一个时期都有主导这个时期的图书馆主体理念。

● 内在逻辑起主导作用的时期

图书馆是人类生存和进化的需要，在世界各个区域的社会发展进程中，图书馆的产生也就具有必然性和普遍性，它是社会自身发展的产物。图书馆的出现使人类得以将一个时代积累的经验、事实、观念等形态的知识和信息保存下来，留给后世。没有这样一种社会"装置"，人类文明的延续与发展是不可能的。但是，在图书馆产生的初期以及以后漫长的农业化社会这一历史时期，图书馆是一个按照自身规律发展的有机体，主要是在内在逻辑作用下产生和发展的。图书馆无疑产生于收藏并且得名于收藏，收藏和拥有是古代图书馆的主导性理念，虽然图书馆的诞生与保存和传播文化分不开，但是，由于这个时期统治阶级垄断文化，占据各种藏书机构，藏书主要为统治阶级所用，因而古代图书馆对文化的横向传播很有限，主要是纵向传递文化的功能。"藏书楼"就是那个时期图书馆理念的最好诠释。

● 国家规划与内在逻辑作用时期

十五世纪以后，西方中世纪的黑夜开始结束，近代文明的曙光出现了。图书馆这才抖落了一身疲惫，从帝王的宫殿和士大夫的书斋里走出来，进入社会，开始了图书馆社会化。到了近现代，图书馆已经从官办或私办的藏书机构，发展为由国家主办或国家资助的具有一定规模化的图书馆，这就是所谓的近代图书馆。由于这时的图书馆主要是国家投资，因而就决定了图书馆必须把国家利益放在重要位置。在这一历史时期，图书馆理念的核心是如何处理图书馆内在逻辑与国家利益及需求之间的关系。十八世纪末叶以后，西方资本主义国家工业化进程加剧，工业化社会需要大力提高产业工人的素质来适应大机器生产的需要，而图书馆所拥有的丰富的信息知识资源，以及优越的读书与学习环境，使其在当时的社会需求下具有其他社会机构无法代替的优势。因此，面向社会公众开放，适应工业化社会需求，成为近代图书馆发展的主要走向。以"藏"为主的图书馆观念开始转向藏用并重，进而向以"用"为主的观念转变。"藏书是为了用"这一理念成为这个时期世界发达国家图书馆的主导性服务理念。"一切为读者"、"读者是上帝"等口号都是这个理念的具体体现。

● 国家规划、市场调节与内在逻辑共同作用的时期

这个时期即现代图书馆发展时期。二战后，世界图书馆事业加快发展，图书馆逐渐成为社会的重要机构。这种大发展是政府规划、市场调节和图书馆内在规律共同作用的结果。就整个世界的图书馆体系来看，大体可分为两种情况：一种是政府规划在图书馆起主导作用，包括前苏联和东欧及中国为代表的一批社会主义国家。另一种是市场经济力量起主导作用，这以美国为首的一批实行自由市场经济的西方国家为代表。

政府规划、市场调节、内在逻辑三种力量是当代各国图书馆发展的共同决定力量。20 世纪 80 年代以来，世界图书馆的发展表现出更多的共同趋势，以至于我们现在很难区分出典型的政府规划主导、市场主导、或内在逻辑主导的体制。计划经济体制下以国家规划为主导的传统图书馆体制发生了深刻的变化，国家不再是唯一的主导力量，市场调节的作用得到了极大地加强。以美国为代表的西方发达国家的图书馆则普遍强化了国家规划的作用。总而言之，如何协调好国家规划、市场调节和图书馆内在逻辑这三种力量，是我

们在构建 21 世纪图书馆先进理念的重要原则。

## 二、重构 21 世纪我国图书馆发展理念的原则

如何重构本世纪中国图书馆的宏观发展理念呢？笔者认为必须遵循上述的三条原则，即处理好国家规划、市场调节和图书馆内在逻辑规律这三者之间的关系。

**• 内在逻辑规律是主体**

保存和传播文化的职能是图书馆的本质属性，集中反映在图书馆对文献信息资源的"藏"于"用"。这是图书馆区别于其他社会机构的根本所在。随着时代的发展和社会对图书馆需求性及依赖性的日益增强，图书馆的功能愈来愈多样化已是不争的事实，但图书馆"保存和传播"知识信息这个"特征不变量"则亘古不变。不论是国家宏观规划指导还是市场的调节法则，都要通过图书馆内在逻辑发挥作用，都要遵循图书馆自身的发展规律。图书馆具有面向社会自主办馆的权利和自我发展、自我约束的机制。这是图书馆健康发展并不断满足社会需求的前提。然而值得指出的是强调内在逻辑是主体，并非是要否认国家和市场的作用，而是更加强调图书馆应有的相对独立性和自主权。

**• 市场是基础**

社会和市场发展需要已经成为图书馆赖以生存的基础。这种基础主要不是指体制和制度而言，而是指图书馆必须把市场法则作为其运行和发展的基本准则，图书馆内部应该有一种公平竞争的机制，图书馆与图书馆之间也应该展开公平、公正的竞争。只有这样，图书馆才能充满活力、持续发展。从大环境看，21 世纪世界将逐步进入一个知识经济的新时代，这个历史进程是不以人们的意志为转移的。形成全民学习、终身学习的学习型社会，促进人的全面发展，是我国全面建设小康社会的一个重要目标。学习型社会是一个信息化社会，尤为重要的能力是处理信息的能力，提高人们的信息素养，图书馆有着得天独厚的优势和其他社会无法替代的作用。因此，我国图书馆所面对的是世界上任何国家都无法比拟的阅读和学习大市场，数以亿计的读者需要终身学习所带来的知识和信息需求，是我国图书馆生存和发展的巨大市场，以这样的市场为基础，中国必然要建成纵横交错的图书馆网络，到那时，以社会的学习和阅读需求为服务导向的图书馆将以社会信息中心、社会终身学习场所、和社会终身教育机构等身份，由社会的边缘进入社会的中心。

　　• 以政府规划为指导

　　我们知道，市场调节不是万能的，由于市场法则的缺陷，图书馆在坚持以市场调节的基础上，还要找到一种干预市场、调节供求关系，实现国家目标的手段。从社会机构的分类上讲，图书馆一般是以国家投资为主体的社会公益性事业单位，在管理上采用公平竞争机制的前提下，加强国家规划和指导这也是世界图书馆事业的共同发展趋势。在全球经济一体化、信息网络化的背景下，图书馆建设更要加强国家规划，避免封闭、分散和搞重复建设。

### 三、中国图书馆以先进的发展理念走向"社会的中心"

　　通过以上我们对图书馆理念历史演变的考察，以及构建图书馆先进理念所应遵循的三个原则的分析，我们把 21 世纪中国图书馆发展的先进宏观理念概括为：保存传播、平等竞争、服务社会。"保存传播"是图书馆的根基，是图书馆发展的内在逻辑或内在规律，也是图书馆之所以叫图书馆的本质属性。"平等竞争"是图书馆得以持续发展的活力与动力。"服务社会"是图书馆的目的和使命，是现代图书馆内在逻辑的扩充和延伸。中国图书馆以"保存传播、平等竞争、服务社会"的现代图书馆发展主体理念为指导，与当今开放、民主、协同发展的时代潮流相适应，通过图书馆人的不懈努力，必将走向社会的中心。

　　• "保存传播"是图书馆的内在规律，也是图书馆发展的主体性理念。现代图书馆以这种不可替代性的主体性理念走向"社会的中心"。"藏与用"是图书馆保存传播这个主体性理念的具体体现，是一个与生俱来的古老理念，也是图书馆区别于其他社会机构，体现其存在价值的本质属性之一。"藏"与"用"这一对矛盾贯穿在图书馆理念的历史发展之中，"藏书楼"是古代图书馆的称谓，也是当时图书馆主体理念的表征。"藏"是这对矛盾的主要方面，古代图书馆的功能是保存文献，对文化的传播主要表现在纵向传递上，对当时社会的横向播散范围很有限。

　　近代图书馆以工业化社会为背景，为适应大机器化生产和工业化社会的知识信息需求，图书馆"藏"与"用"这对矛盾，"用"逐渐上升成为矛盾的主要方面。由"藏用并重"发展到"藏以致用"，近代图书馆以此为主体性理念，使图书馆从"藏书楼"时代走向面向社会开放的社会公益性事业机构。

　　到了现代，特别是进入了 21 世纪，世界跨入了信息时代。虽然今天图书馆的收藏已是广泛意义上的文献，图书馆的技术手段和工作方式以及服务方法都有了根本性的变化，但保存、组织和传播信息知识的本质属性没有变。相反，以网络技术为主的信息技术转变了图书馆传统的收藏观和服务观后，更加重视社会信息资源的整体性收藏和传播。现代图书馆以自身的优势和不可替代的作用走向社会的中心，必然要突破传统图书馆对文献信息的"拥有（收藏）"观，上升到文献信息"保存、组织、传播"的现代"存取"理念。但是，图书馆无论怎样发展，"保存传播"、"藏和用"始终是图书馆得以生存和发展的缘由所在，也是最能体现图书馆精神的精髓所在。这一点对现代图书馆来说没有丝毫改变。很难想象，在以知识经济为基础的现代人类社会，不以保存传播文化知识和信息为理念的图书馆，不能很好地处理收藏和利用关系的图书馆能真正成为社会的文献信息中心、社会终身学习的场所和社会终身教育的重要机构。

从"保存传播"、"藏以致用"等理念的社会价值方面来看，现代图书馆是通过追求藏用统一来回应社会需求和体现其社会价值的，而且现代图书馆对社会需求的回应是通过收集多元载体的文献信息，既有实体文献又有虚拟信息，并追求不同层次的多样性的文献信息利用，体现出多层面特征。现代图书馆的多载体收藏和多样性服务，在一定意义上正反映了图书馆对社会需求的多层面回应这一特征。这种对社会需求的回应，其着眼点不是短期的和狭隘功利性的，而是与现代图书馆的使命、职能及目标相一致的。唯有如此，才能强固现代图书馆的"社会中心"的地位。

● 现代图书馆的发展以市场经济为基础，以"平等竞争"的理念和市场法则保持活力和发展动力，以持续发展的态势走向"社会的中心"。可持续发展战略是当今社会广泛认同的一种全新模式，图书馆的社会信息中心地位说明社会的持续发展不能失去图书馆的支持，图书馆自身要与社会紧密结合，根据社会对文献信息的需求和市场的持续变化，不断改变服务方式和管理机制。其中很重要一点就是图书馆不能游离于市场经济之外，现代图书馆必须以平等竞争的市场法则来增加自身的活力和发展动力。图书馆不仅要立足于现实，同时要放眼未来，追求全面、整体、和谐的发展。突破传统体制的禁锢和管理模式的束缚，与社会环境始终保持平衡、协调的发展关系，并不断推进自身的持续发展。优胜劣汰的市场规律、平等竞争的市场理念、科学合理的激励机制，是现代图书馆可持续发展的动力。我国目前单一的国家计划投资机制是造成图书馆建设投入不足、投资结构不合理、开放性差、效益低的重要因素。因此，有必要引入市场机制，形成一个多元化的投资体系；制定相应的法律法规，即保证国家和地方政府对图书馆投入的稳定性和连续性，又鼓励企业和个人对图书馆建设的投入，多渠道多形式地利用外部资金，逐步形成多元化的投入体系和机制。

相应的，在图书馆内部管理机制上，要从传统的行政办公型管理转移到知识型服务组织的运营管理上，持续跟踪相关领域前沿发展，学习和吸收一些企业尤其是高科技企业的管理和运营手段，建立一套适合图书馆公平竞争、有效激励的科学机制，增强图书馆的活力，提高我国图书馆在知识经济和市场经济双重挑战下的可持续发展能力和国际竞争力。

● 现代图书馆保持相对独立的品格，以针对性、方便性和开放性的社会服务理念走向"社会的中心"。服务社会是现代图书馆一切追求的归宿，针对性、方便性、开放性是现代图书馆服务社会的核心概念。针对性它所指涉的是图书馆与社会需求的期望符合程度，其核心是现代图书馆的发展如何与社会需求相适应的问题。它包括现代图书馆的全部职能和一切功能的针对性。对针对性有两个认识问题，第一个问题是对针对性概念内涵的认识，传统的所谓针对性，主要指的是图书馆针对社会的文献信息的现实需求，而今天对针对性的认识，已经超越了单纯适应现有的社会需求而被赋予了创新的内涵。时代在飞速发展，社会在加速进步，图书馆服务社会的目标定位不能仅仅落在社会的现实需求上，要面向未来、面向世界、面向现代化。"未来不是我们要去的地方，而是一个我们要创造的地方。通过它的道路不是人找到的，而是人走出来的。"因此，现代图书馆社会服务的针对性就有一个如何把适应与创新统一起来的问题。第二个问题则涉及对针对性的外延的认识。过去更多的是从现代图书馆的发展如何适应本地、本国的社会文献信息需求来理解针对性，随着现代社会经济、和科技发展，特别是在经济全球化、信息网络化的条件下，则应从更广泛的意义上来认识图书馆与社会相适应这一外部关系规律。也就是说，现代图书馆的发展，不仅要与本地、本国的社会经济及科技发展相适应，而且在一定程度上与全球社会、经济及科技的发展相适应。也唯有如此，图书馆才能真正走向"社会的中心"。

方便性和开放性是现代图书馆服务社会的理念中两个基本概念，其实质就是图书馆要始终坚持"以人为本"的开放性办馆理念，真正将"以人为本"的原则运用到读者服务中去。从图书馆的建筑、图书馆内部的功能布局、文献信息的组织管理、开放时间和开放范围等，都要从读者需要出发，建立具有中国特色的以人文关怀为基础的现代图书馆。毋庸置疑，科学技术是第一生产力。在当代社会任何一项社会事业的发展，都离不开科技的强大推动力，图书馆也不例外，在图书馆的发展进程中，积极引进先进技术，追求应用技术所带来的高效益是无可厚非的。然而，我们不能忘记图书馆是为了满足人（读者）对知识信息的客观需求而存在的，这是图书馆存在和发展的根本动因。因此，图书馆职业基本上是一种人文职业，人文价值观念是图书馆职业的核心。为适应文献信息新型载体的变化，信息产业的高速发展，知识创新节奏的加快，以及人民生活质量普遍提高的要求，现代图书馆正逐步呈现出多功能化和全方位开放的趋势，并朝着社会文献信息中心。社会文化活动中心和终身学习中心的方向发展。信息时代图书馆原有的功能不断变化，教育的功能在不断延伸，由原来的主要靠读者来借阅，发展到组织读书活动，举办各类专题讲座，开展学历教育，举办各门类知识培训等。同时，图书馆知识传播功能也发生了革命性的变革，由原来简单的阅览和外借，发展到馆际互借，网络查询，网上预约预借。除此之外，图书馆原有的文献典藏、文献整序、文献流通等传统功能和服务手段远远不能满足社会的需要，图书馆新型功能空间不断扩展。图书馆的多媒体服务功能，文献信息数字化功能，数据库网络服务功能，文化展示功能，文化交流功能，文化研究功能以及文化服务功能、文化娱乐功能都会得到蓬勃发展。为了适应时代发展的要求，在发达的图书馆中，图书馆的新功能空间已经愈来愈多地呈现出来，比如新建的法国国家图书馆在馆内设了几十间个人阅览室、音乐厅、展厅、会议厅、报告厅等。我国新落成的图书馆，如上海图书馆、深圳图书馆等也开辟有个人研究阅览室、演讲厅、展览厅、教育培训中心、多功能厅等多种体现图书馆的新功能空间。图书馆是科学精神与人文精神的整合体，所谓科学精神是指在图书馆活动中注重科学技术的应用，以先进的技术手段保障图书馆实践的有效性的一种思想态度。而图书馆活动中的人文精神是指在图书馆工作实践和理论研究中体现以人为本的思想，以满足人的需求，实现人的价值，追求人的发展，体现人文关怀的一种思想态度。21 世纪世界的图书馆人文主义趋势是十分明显的，无论是图书馆学理论研究还是图书馆的实践活动，人的问题始终是一个头等重要的问题。我国图书馆有其深厚的传统人文精神底蕴，在大量应用信息技术的现代图书馆，这种传统的人文精神不但不能摒弃，而且更值得强调和发扬。我们不能让信息技术的魅力掩盖了人的主体地位。因为这种人文精神是推动我国图书馆走向"社会的中心"的真正原动力。

现代图书馆保持相对独立的个性品格，其核心就是要走特色化发展之路。

这也是信息社会图书馆的一个必然发展趋势。因为在信息社会中，每一个图书馆都是全球信息网络中的一个网点，而每一个网点都是各具特色的文献信息资源的集合体。作为一个个体图书馆，面对时代的这种整体化、网络化的环境以及信息知识无限膨胀的趋势，客观上只能将无限变有限，选择最需要的、最主要的，选择的标准就是特色。特色是图书馆现代化的一个主要特征，是图书馆效益和质量的重要标志。当然，特色化不仅仅表现在图书馆的文献资源建设上，还体现在馆舍、管理、服务等等方面。此外，图书馆的个性化品格除了传统的原生含意外，还被赋予了时代新的内涵：一是把馆藏特色与现代图书馆对社会所履行的责任和应尽的义务统一起来，在承担社会责任的基础上进行藏于用的设计和组织；二是把特色化建设与针对性、方便性和开放性统一起来，使图书馆以相对独立的个性品格走向并立足"社会的中心"。

# 第二章　科学发展中的图书
情报学学术创新

## 第一节　中国图书馆学术原创缺失
归因与境界开拓

### 一、什么样的研究才称得上是中国图书馆学术原创性研究

原创的本意是最初的，开始的。对于学术研究的原创性，我国学术界已有多种认识和表达。有的研究者提出了原创性起码是给人类提供了新的角度、新的思想、新的可能性。有的学者提出原创性研究至少应体现出"问题的原发性、研究素材的原始性、结论的独特性和创新性"，并提出了具体的原创性标准，如首创性、基础性、导引性和实践性等[i]。这种对原创含义的认识和表述固然不错，然而，如果我们追问一下，这种原创性的学术研究在现实中能否出现呢？对此，笔者持怀疑态度。因为像这种把原创性界定为"零起点"的研究虽然在图书馆学术发展史上是有的。譬如19世纪形成的追求信息公平与信息民主的现代图书馆学思想和务实的理论精神，源于英国近代图书馆学理论思想最伟大的奠基人——爱德华兹的原创；20世纪形成的科学、理性的图书馆学理论思想则源于美国学者谢拉的原创等。但是，同时应该看到，学术研究绝大多数都不是"零起点"。如果学术界仅仅把这种"零起点"的研究界定为原创性，必然会导致两种结果：要么是取消原创性（因为绝大多数研究难以达到这一高度）；要么是降低"零起点"的标准，把低水平的研究夸大为高水平的，从而使原创性实际上成了一种自我标榜的口号。

笔者认为，原创性在学术研究中的实现应该是有层次的。不能谈到图书馆学术原创就认为是爱德华兹和谢拉式的。现实的图书馆学原创研究应该体现在三个层次上：第一层次是哲学世界观层次，即思想层面上的原创。这是原创意义的最高境界。因为一个人学问做到深处，一门学科发展到一定高度，

必然产生哲学上的思考。图书馆学的原创性研究是一种本质性追求，必然指向哲学和思想层面[ii]。语言虽是个体化的，但思想内涵是全人类的，思辨是哲学的，思想就是原创，这是一种必然。第二层次是针对一般学者来说的个体化消化层次，因为很难要求人人成为哲学家、思想家，都从哲学角度来进入原创，因此对既有思想进行个体化消化并保持原创冲动，这是一般学者的原创可能。这个层次的原创有人称之为"再创"。历史上思想家和图书馆学家中既有第一层次的人也有第二层次的人。如前所提到的爱德华兹和杜威对图书馆学的贡献就属于前者。而在整个20世纪中，图书馆学术研究就是对以爱德华兹为原创的人文图书馆学思想和以杜蔚为原创的实用主义图书馆学理论思想的继承和发扬。出现了不少在创性的人，如美国"芝加哥学派"、印度的阮冈纳赞等，就是对爱德华兹的人文图书馆学思想和杜威的实用主义图书馆学理论思想经过个体消化后，形成自己独到的图书馆学思想内涵。"芝加哥学派"以一种社会科学中通行的"科学的方法"来研究图书馆学，他的再创成为图书馆学从人文科学转变为社会科学的里程碑。阮冈纳赞的"图书馆学五定律"就像物理学中的牛顿三定律可以演绎出其他物理学定律一样，演绎出了《冒号分类法》、"分面分类方法"，他的再创是图书馆学研究具有数理科学的方法论特征[iii]。第三个层次是能否有独到见解，如果在某个特殊点上有自己的独到见解，这也是一种原创或再创的准备。见解的独到可以在治学层面和日常图书馆实践中均有所体现，一个学术环境由追求独到见解的学者组成，就构成了原创的学术氛围。

　　思想就是原创，而思想创造与学术研究是两个不同层次的问题。思想的产生主要来自于对当代图书馆现实问题的发现和创造冲动。在这个冲动过程中，把影响自己的思想和知识纳入自己的批判视阈。相反，不能穿越以往的知识结构，被现有的知识所限，只在种种不同的现有知识和思想中忙乱，从而没有理论思想的原创冲动，是不会产生思想原创的。再者，原创和创新是两个不同的概念，具有创新性的研究不一定具有原创性，创新是学术研究的本意，是学术研究的根本尺度。原创性是创新的最高层次，是学术研究追求的最高境界。中国图书馆学术研究的现实问题是要有创新意识，在此基础上产生原创冲动。即凡有过的东西，你尽力避免，这种避免不是刻意追求的标新立异，而是出自创造冲动之中的，人面临的问题是不一样的，其创新的成果也应是不一样的，研究者的实践基础和思想来源是不一样的，其原创的层次也是不一样的。

以上是笔者对原创含义的感悟与理解。那么，中国图书馆学术原创本意是什么呢？首先从思想层面上看，指在问题的来源上，即根据本土图书馆发展的实际情况，以本国图书馆发展的需要与实际问题为研究来源，获得原始性素材，做原始性（相对于验证性）的研究，进而得出在国内或国际范围内富有独特性与创新性的结论。这里的原创性突出强调了本土化与民族性，亦即图书馆学术的本土化问题。由于人类实践的普适性和人的本质的共通性形成了图书馆学的共性，所以，这种基于本土的图书馆学原创性研究必然具有世界性。其次，从图书馆学学科发展的视角来看，学术原创主要指向研究者提出了富有时代意义的新概念、新命题（问题），并有独特的思维方式或研究范式，成为同类研究的起点。

## 二、中国图书馆学研究原创性何以会缺失

### ● 客观原因

我国图书馆学术原创性缺失客观上归因为历史原因和制度环境因素。历史原因是中国现代图书馆学是一种"舶来品"，被动接受是其研究起步时的特点。20世纪是一个中国不得不接受的世纪。我国近、现代图书馆学是20世纪初经中国第一代图书馆学学者以学科的形式移植自美国，被动接受是研究起步的特点。客观上我们不具备产生重大原创性成果的条件，我国的图书馆学理论研究比西方发达国家落后半个世纪。事实上，19世纪形成的追求信息公平与信息民主的图书馆学思想、务实的理论精神，20世纪初叶形成的科学、理性的图书馆学理论思想、合作与资源共享的思想、关注技术的思想等重大的图书馆学原创性理论问题，在我国到20世纪80年代后才逐渐被认识，有些问题直到现在我们也还没有解决好。所以，历史上中国贫穷落后的生存现实和现代图书馆学的舶来品性质，是我国图书馆学术领域不能提出震惊世界的新问题和出现重大理论原创成果的客观因素之一。另一客观因素是学术环境和制度上的原因。即学术生态系统的问题。所谓学术生态系统即学术赖以存在和发展的环境。在我国现实的环境下，由于计划和市场两种体制同时存在。学术生态系统存在着三方面突出问题：一是科研管理体制方面的问题，计划体制内的科研项目分配，如果受到潜在的市场交换的影响，就会暴露出种种被称为"学术腐败"的缺陷和弊端。如"跑项目、买项目、卖项目"等。二是学术研究受体制变革和市场经济的负面影响而构成的学术失范、学风不正和学术道德败坏问题。改革开放后，在社会主义市场经济制度下，我国图书馆学术研究在经历了一度空前的繁荣后，被市场力量引入到屈从于市

场逻辑和实用主义功利目的。一种理论和思想一经提出，便有很多人效仿，并立刻纳入市场交换的轨道。各种抄袭、剽窃等丑陋行为时常发生。这种负面影响直接助长了图书馆学术领域实用主义和急功近利的研究方式。三是被现代性制度和市场扭曲的学术评价体系。如学术评价制度、职称制度等，乃是学术浮躁和学术腐败的体制化的原因和温床。我国长期以来形成的得奖多少，在核心期刊上发表论文的数量，级别、职称、资格等来做评价标准。整个社会评价系统有一个评价权威，完全是中世纪经验哲学的特征。

● 主观原因

中国图书馆学术原创性的缺失，历史和环境制度因素的影响是客观存在的，但并非是深层原因。深层次问题还在于我国学术共同体自身原创力的贫弱。中国图书馆学界迫在眉睫的问题，是如何利用原创冲动形成图书馆学术的原创成果，从而摆脱思想层面上的依附西方的状况。笔者这样讲是基于以下事实为依据的。

中国图书馆学界缺乏原创力是普遍的问题。从图书馆学术发展史看，我国第一代学者在学术研究中体现的原创精神最为强烈。如提出"图书馆学要中国化"和"建设中国图书馆学"的论题，就是由梁启超、杜定友、刘国均等第一代图书馆学者提出来的。这种建立本土化的图书馆学的思想无疑极具学术原创价值。然而遗憾的是，长期以来由于缺乏图书馆学本土化的明确目标，以及我国图书馆学界原创冲动的不足和原创力的贫弱，时至今日我们仍未摆脱国外图书馆学的影响。我们不得不承认这样一个事实：20世纪下半叶以来，我国的图书馆学术研究先是追随西方的各种思潮，坚持着"西学东渐"的思维模式与话语方式。所使用的元理论、元概念、元方法等多是舶来品。再就是将各种各样的思想拼合或整合起来，然后作为自己的反思、检讨的独立或依附性的基础。这种研究方式，导致了我国图书馆学术研究原创性的缺失。

学术批判力的弱化使图书馆学术研究原创失去重要的支撑与条件。无论思想层面的原创、或个体化消化后的再创，抑或追求独到见解的原创和再创准备，他们总的倾向都以本体性否定的批判性意识和方法为前提。而我国图书馆学术批判力弱化表现是多方面的。第一，理论研究很多是对图书馆政策及政策导向下图书馆实践的论证和诠释；第二，忽视本土已有的学术成果和图书馆传统，对历史上丰富的图书馆学术资源缺乏合理的时代性阐释和批判；第三，对其他学科的研究方法、言说方式、思维路向的简单移植，甚至完全从其他学科的视野而非图书馆学的视野分析各种图书馆学问题；第四，"西方中心主义"影响下对外来图书馆学理论的盲目吸收。

只有立足于对现实知识、思想持批判性立场，才可能形成原创。没有科学有力的学术批评和充分自由的学术争鸣便没有学术研究的深化。中国历史上思想比较活跃的时期，都是不同思想互相碰撞的时期。譬如我们学一种西方图书馆学思想，然后用来解释中国问题，认为它是唯一真理，实际上达到了这种思想框架后，就已经没有了思想来源，没有了思想活力了。怎样进入到原创的思想状态呢？除了个人创造勇气之外，就是观念的置换，即参与到不同思想框架里，去碰撞、对话。在当今文化堆积如山的情况下，原创是否可能首先取决于我们的自觉行为，即摆脱一切既有观念的束缚，保持一种自觉的张力。中国的图书馆学术研究者应该学习鲁迅的批判精神，向他晚年一样，常常处在面对虚无说不出话来，在沉默中感受有力的荒凉的状态。

问题意识的淡薄使图书馆学术原创缺少推动力。从另一个角度来看，我国图书馆学术研究之所以显得原创性不足，还在于研究者所提出的某些问题在"问题性"上有缺失。一方面，追求纯粹的理论、远离图书馆实践和社会生活，不能充分关注具体的问题；另一方面，在研究过程中缺乏反思。这种反思的缺失在图书馆学中表现在：其一研究的是别人的问题而非自己的问题。其二伪问题的存在，即问题本身是虚构的，是炮制出来的。其三问题定位的偏颇，往往思想层面的问题按技术层面的问题来解决，使根本性的问题被旁落。

任何一门科学、任何一种理论都是从问题开始的，图书馆学术研究也是如此。真正的学术问题当它提出来之时，在他的文字中已经包含了求解方向或解决的途径，甚至包含了提问者准备坚守的答案。重要的是提出什么样的问题，以什么样的方式提出，都与问题的最终解决有关。如果问题本身是有效的，那么它一旦被提出来，就昭示了它在有效的程度和范围内被解决的可能性。反之，如果问题本身是无效的或者是虚拟的，那么不可解决性就成为该问题的必然结果。"问题"的混乱以至于不能科学地解决，这是导致图书馆学术研究原创性缺失的根源所在。近年来，人们所讨论的要么是西方语境下产生的图书馆学术问题，要么是相关学科的学术问题，我们缺少的是本土语境下产生的图书馆学术问题。再者，对图书馆本质的解释应该追溯到本体论，追溯到人类对我们这个世界的基本认识，我们需要从哲学层面来理解图书馆存在的缘由。

理论与实践的疏离从根本上使我国图书馆学理论原创失去可能性。图书馆学是一门实践性很强的学科。那种远离现实的飘萍无根的理论不可能有原创性。衡量图书馆学术研究是否具有原创性，除了具有理论标准之外，还有实践标准，它体现了图书馆学术研究原创性的特殊性。当今，图书馆学理论与实践的疏离的主要表现是封闭的图书馆学术研究仍然存在，研究者远离图书馆第一线，缺乏对实践的直接了解，理论从研究者的头脑中凭空产生。这种文风导致我国图书馆学理论研究实际上不少是脱离实际的"玄学"。所以，一个好的图书馆学术问题，或者说一个有足够"问题性"的问题，必定是一个建立在图书馆学理论和图书馆实践关系之上的问题。它既不是纯粹的理论问题，也不是单一的实践问题，而是在两个维度上互动关联中产生的问题，衡量一种图书馆学术研究是否具有原创性，就要看它是否提出了这样的问题，这既是图书馆学术原创性的前提，也是它的基础。

### 三、中国图书馆学原创性研究品位提升和境界开拓何以可能

如上所述，原创不是"断裂"，而只是与既定世界不同，原创并不构成对既定世界的取代。任何一种学术体系的产生都是历史进化的结果，都离不开过去的成果，更不能割断学术的发展过程。图书馆这个社会文化现象已有数千年的历史，现代图书馆学体系的建立也有百年以上的历史，在探索图书馆规律这条道路上，前人已做了大量的工作，产生了许多图书馆学思想和理论，总结出了不少带有规律性的东西，成功的、失败的可以说是不计其数。如果我们对这些学术成果一点都不了解，怎么可以轻言图书馆学的理论原创呢？所以，要谈原创的可能性问题，第一个原则就是一定在继承的基础上谈创新。21 世纪中国图书馆学术创新必须站在"巨人肩膀"上，这个"巨人肩膀"就是前人所留下的丰富的图书馆学术宝藏。第二个原则是要在社会实践中寻找思想来源。要研究当今社会发生了哪些重大变化，图书馆怎样去服务和适应。马克思认为产生社会思想和社会理论的源泉不应当从思想和理论本身去找，而要从社会的物质生活条件中去寻找，从社会实践中去寻找，道理就在于此。依据这两个原则，我们可以从总体上构想出 21 世纪中国图书馆学术原创的大致走向。

• 跨越西学和中学之间的鸿沟，形成科学基础上的中国图书馆学流派

西方图书馆学在与中国的现实文化基础对接时，必然有一个整合的过程，这一过程就是"本土化"的过程。20 年的中国图书馆学发展道路就是国家的改革开放使西方图书馆学术文化的进入，使中外两种图书馆学术文化的再度

遭遇和相互的对话和汇合。虽然与"西学东渐"时期的第一次引入外来文化性质有所不同（第一次是被动、不自觉，这一次是主动、自觉），但基本的冲突和困惑都一样，仍是国故与新潮、中学与西学、传统与创新之间的矛盾和选择。尽管表现的形式不尽一致，但问题的实质是一样的。如果说20世纪初叶"西学东渐"时期，我们能接受西方的图书馆学术在当时的中国就是一种创新意识了，那么中国改革开放以来的二十多年仍然沿袭这种学术模式就是问题了。因为，"西学东渐"时中国当时是处在一个不得不接受的时代，而现在的情景却完全不同，我们不但能够拿进来，也能够送出去。文化一旦产生，交流是必然的，有"西学东渐"就应该有"东学西渐"。如果在图书馆学本土化过程中，我们把关注的焦点放在中国现代图书馆学术文化的实际问题上，一些困扰图书馆学界的问题也就不难得到解决了。如"失语症"问题。其实，只要我们致力于中国本身问题的寻求及其解决方案的筹划，在总结、概括、抽象和具体表述中也会相应的形成本土语境的概念、范畴和整个理论方法体系，从而避免总是重复别人的学术话语和提出不属于自己的问题。总是借他人酒杯浇自己块垒的尴尬。在此基础上，喧腾已久的光荣梦想——建立中国图书馆学派，也就不再仅是民族自尊自强的呼吁，而有了切实的可能性。

●继续了解和回应国际图书馆学术前沿趋势和发展方向，更勇敢地正视和更积极的探讨中国当代图书馆学术文化及自身发展中的现实问题

今天，不管人们是爱是憎，现代性早已不是单纯的西方问题，而是中国本身无可规避、迫在眉睫的问题。因为现代化正是全球化的主要内容，中国百年来就自觉不自觉地行进在现代化的历程中，目前正处于关键时刻。为此，对西方学术界就现代性、现代化、现代社会进行的批判与反思，中国的图书馆学界无法也不应是置若罔闻。历史与现实已经证明，西方的现代性并非是人类最好的选择，如今人类所表现出的道德滑坡和人性化的缺失就是西方文明弊端的显露。现代性在图书馆学术研究中的体现就是所谓的工具理性（或称技术理性）。今天，现代信息技术的巨大能量与其在图书馆的有效应用进一步加剧了图书馆学工具理性的膨胀。工具理性对图书馆负面影响突出表现为"目的为手段所遮蔽"，本来技术只是图书馆通往最终价值的桥梁，是一种手段，而人最终是无法栖息在这一纯粹手段上的。然而，陷身于手段迷宫的现代图书馆人，常常是在手段上建筑新的手段，而最终价值目标却被忽视。这就是现代图书馆人的技术情结。

近现代图书馆是近现代人文精神的社会成果，是人类文明的历史成就。

我们当然无法也不能轻视图书馆的技术理性，但是单纯依靠科学技术已经给人类带来了太多的挫败和教训，技术并不能完全和最终解决人类的各种课题，也不能为人类带来真正的幸福生活。图书馆作为一种社会文化记忆装置，自其诞生之日起，就不断深入地体现着人类文明的进步对人自身的终极关怀。"人性复归"已成为我们这个时代的强烈呼声，人文意识的觉醒已经成为一股势不可挡的世界性潮流。说到底图书情报学的原创性研究是一种价值追求。虽然中国图书馆现代化离不开现代科学技术的支撑，但我们不能忘记，图书馆体内流淌的是人文的血液，它的终极目标是人。就人类文明的历史进程和信息文明与信息文化的基本特征而言，21世纪是人性回归的世纪，21世纪图书馆学只有坚持工具理性和价值理性的整合，高扬科学精神和人文精神相统一的旗帜，才可能最终把握图书馆学学科建设与发展的正确方向。

• **重建我国的图书馆学术生态系统**

回顾改革开放以来我国图书馆学术发展道路，有一点是不容回避的，即学术研究受体制变革和市场经济的负面影响，暴露出种种被称为"学术腐败"缺陷和弊端。这个问题要分析地看，不仅要看到学术共同体内部的问题，还要关注它所存在的外部环境，即学术生态环境问题（譬如科研管理体制、学术评价制度、激励机制等）。诚然，我国目前的科研管理模式和评价制度不失一定的合理性，但同时应该看到，学术研究的本质是发现问题，解决问题，思想自由是原创的根本。更重要的是，在目前学术权威难以服众、计划体制内科研管理模式、学术规范的不健全，以及被扭曲的学术评价体系已经成为体制性障碍的学术生态环境下，这种依靠计划从制度上去催生图书馆学术原创性成果问世的做法，难免会为滋生学术腐败提供了可能。笔者认为，任何原创性研究成果出现的前提，都是研究者对已有图书馆学理论和现行图书馆实践的特殊的感悟、体验，在此基础上建构起来的独特的理论思想。可以说原创从来不可能依靠集体立项和非学术因素完成。因此，要使中国图书馆学研究多出原创性成果成为现实，必须尽快优化、改善学术生态环境。

• **着力我国图书馆学术共同体自身的历练**

曾有人为原创设计了三部曲：第一步是照着讲阶段。原原本本的理解前人的所有不同理论和思想。第二步是接着想即个体消化吸收阶段。用批判性思维分析问题。第三步："本体性否定"即创新与解决阶段。我国图书馆学术研究欲达原创境界不能总是停留在"照着讲"的阶段，重要的是第二步和第三步。关键是研究者的创造性品质和学术素养。首先，应着力解决理论向实践的回归问题，要突破"自上而下"的研究模式。形成一种"自下而上"的研究思路。通过实践了解更多的问题，倾听更多的声音，开辟出一条有大量真实信息的、意义丰富的言说道路。其次，学术批判力的提高。从批判的性质上看，可分为两种，一是属于"思维"层面的先验批判，是针对图书馆学研究主体的有效性批判，它直接规定着图书馆学研究本体论上的可能性，对于图书馆学理论原创有着更为重要的意义。二是"存在"领域的经验批判，它针对的是图书馆工作实践中的各种具体问题，是对各种客观材料的批判。就我国图书馆学研究的现实而言，前者更为匮乏。批判是理论思维的特质，是理论创新的必然要求。中国图书馆学界批判精神的觉醒与高扬预示着理论原创的机遇。其三，问题意识的增强。只有以问题为切入点，才能找到图书馆学理论发展的时代契机与生长点。图书馆学术研究者应该树立"推进和改造中国图书馆实践的使命感"，在对图书馆实践实然和应然的充分关照中发现问题。问题意识的增强与上述的两种批判一起，共同构成了图书馆学理论原创必不可少的条件，或者说原创的机制。

　　总之，在跨入新世纪的同时，中国图书馆学术研究又迎来全球化趋势下本土化的学术建设与世界性的知识资源重新互动整合的大挑战，正确理解图书馆学本土化命题的科学含义是图书馆学本土化的逻辑起点。图书馆本土化就是根据中国的国情，将产生于西方并得到比其他国家更快发展的西方图书馆学体系，通过引进，消化改造，创新，变化为适合中国文化环境的图书馆学，并建立一个为世界图书馆学界普遍接受的区域性的中国图书馆学流派。图书馆学本土化是中国图书馆学界最重大的原创性命题，同时又是中国图书馆学研究者和实践者的思想来源和实践基础。它包含两个内容，即毛泽东讲过的"洋为中用"和"古为今用"。一方面大胆引进、消化、吸收和改造西方先进的图书馆学术成果；另一方面要正确理解和处理我国古典与传统图书馆学术的转型问题，在继承的基础上，以中西融会贯通的一元化现代图书馆学术结构为最高目标。

　　今天，人类已进入了全球化时代。而全球化是以信息技术为标志的信息网络时代的产物。全球化的中心是处在后工业社会的西方发达国家，在全球化进程中，西方文化作为优势文化对我们的辐射是不容置疑的。深入探究全球化的实质，在全球化和本土化的交流碰撞中，既吸纳多元图书馆学术文化中对民族本土文化有用的精华，又强化民族本土图书馆学术文化的精神价值。譬如"以人为本"的发展理念就是对西方文明反思后的呼唤，然而"天人合

一、以人为本、贵和尚中"历来就是我们中华民族文化的精髓。"人文精神"从来就是中国图书馆的文化底蕴。图书馆学术研究从关注物（文献）到关注社会，又从关注社会到注重人的发展，不断地开拓新境界，一步一步地接近终极价值。而中国图书馆学研究产生重大原创性成果的希望和可能就在于新境界的开拓过程之中。

## 第二节　关注21世纪中国图书馆科学的前沿性问题

创新是时代的呼唤，也是图书情报事业改革与发展的灵魂。而创新通常以科学前沿问题的突破为主要标志。

### 一、为什么要关注图书馆学学科的前沿性问题

科学前沿就是科学研究者在探索研究过程中，将已有的成果进行梳理、判断、进行明晰化的最新焦点问题，从某种意义上讲前沿就是临界，往前一步就可以突破了原有的理论和实践模式，创新的突破点常常集中在科学的前沿问题中，图书馆学科前沿的突破是图书馆理论创新的根本标志。然而，突破前沿首先必须关注前沿，知道学科前沿之所在。

基于以上对前沿问题内涵的理解，窃认为，对前沿问题的突破，意味着对某一认识对象或实践领域从不确定性到确定性的转化，从而由未知达到已知，这便是创新。中国图书馆要创新，就要突破传统的理论与实践模式，有两点必须加以关注：一是要站在巨人的肩膀上，二是要研究新的社会现实和时代现实。这两点体现在图书馆研究领域和实践领域的方方面面，首先所谓的"巨人的肩膀"即学科前沿，这是学科发展的生长点，抓住了学科前沿就抓住了学科发展的方向，就图书馆学理论研究而言，把握学科前沿是科研定向和选题并做出创新成果的重要条件。其次在图书情报实践领域，发展和改革的前沿是推进事业改革和发展的突破口，抓住了前沿问题就抓住了主要矛盾。显然，一个不知道本学科前沿问题的研究机构、研究人员和实践人员，很难说他能在科研和图书馆实践领域的突破和创新。

应该说百多年来，中国图书馆界的前辈们在理论和实践中创造了不少闪光的思想，积累了颇为丰富的实践经验。但是从总体上看，由于我国将图书馆学作为独立的学科进行比较系统的研究时间并不长，因此在现代图书馆学理论上还缺乏独立的品格和原创性的贡献，创新并不多，对中国图书馆现代

化的实践还未能提供强有力的理论支撑。中国图书馆学研究和实践首先要立足于创新，要创新就要把握科学研究的前沿、热点和动态，这一观点应成为我国图书馆界的共识。

**二、如何判断、梳理图书馆科学的前沿性问题**

对图书馆科学前沿问题的判断应该是科学判断与价值判断的统一。科学判断以图书馆事业发展的内在逻辑为依据，价值判断以对图书馆事业发展的重要程度为依托。对图书馆学科前沿问题的梳理，是指在对前沿问题进行判断的基础上，使前沿问题明晰化，理顺前沿问题的内在联系，并做出一定的归纳，作为科学研究的参考。为了更有效地判断和梳理我国图书馆科学的前沿问题，本文从方法论的角度提出以下几点见解。

其一，判断、梳理前沿问题必须了解图书馆科学前沿问题的特征。由于图书馆工作是社会现象，它是以人的文献信息资源需求为研究对象的，它不仅有自身的研究领域，而且同其他科学领域皆有直接和间接的关系。由于学科本身的复杂性与交叉性，各种问题纵横交错，致使其前沿问题具有模糊性和隐蔽性的特征，如不作大量分析、筛选的工作，则很难作出准确的判断，这是图书馆学前沿问题的第一个特征。又由于图书馆学科属人文科学，在研究过程中它的答案总是不确定的，为了寻求问题的解决，必然会出现多种途径，多种答案的探索，因此学科前沿问题的第二个特征是求解具有多种可能性与可争辩性。图书馆学科前沿问题的第三个特征是层次性与开放性。因为图书馆学科与整体的科学结构一样是一个完全开放的体系，其学科前沿的延伸也是完全开放的，没有止境的。之所以说科学无禁区，就是因为如果有了人为设置的禁区，就阻挡了科学前沿继续向前推移的去路，而科学的前沿问题有时往往就在人为的禁区之中。而我们常说的科学无国界，主要指自然科学，而作为人文社会科学的图书馆科学，应该说既有世界性又有本土性。因为世界现代图书馆运动中那些反映图书馆普遍规律的成果，是全世界的宝贵财富。但是，由于各国社会、经济制度与文化背景的不同，图书馆事业历史发展阶段以及发展道路的不同，图书馆事业必然具有本土化的特点，并面临着各自要解决的问题，这就是图书馆学前沿问题的世界性与本土性特征。图书馆学科前沿问题的最后一个特征是现实性与推移性。因为图书馆学科的前沿问题总是从现实的需要和可能性出发提出来的，并随着问题的解决，再将前沿向前推移。科学的前沿问题就是这样不停地滚动向前发展的。

其二，判断、梳理前沿问题必须了解这些问题的渊源。前沿问题从根本上讲，来源于两种基本的矛盾，一是理论的内在矛盾，即理论的不完善所反映的矛盾，或者存在不同学派、不同观点的矛盾和冲突。二是理论与实践的矛盾，或者是理论在实践中不能得到演绎或证实所引发的矛盾，或者是理论滞后于实践的发展，不能对重大的现实问题做出科学的解释并提供理论指导而引发的矛盾。这两种基本矛盾通常在图书馆的学术活动与实践活动之中表现出来，并构成图书馆科学前沿问题的主要来源。这就是我们通常所说的"五个点"：即学术界和社会普遍关注的热点，比如，吴建中先生在《战略思考—图书馆发展十大热门话题》一书中提出的 21 世纪图书馆发展的 10 个热点问题；图书馆工作实践中引发争论的焦点；学术研究或图书馆事业改革与发展中久攻不下的难点；在学术活动或实践领域虽然重要却被忽视的薄弱点或空白点；还有学术领域或图书馆活动中学科之间的交叉点。这五个点既是相对独立的，有时又是互相交叉的。它们与前沿问题的关系，大体上可分为三种情况：一是它们中的某些问题直接就是前沿问题；二是它们中间的某些问题本身还算不上前沿问题，但其背后却隐藏着前沿问题；三是它们中间某些问题无论是直接的或间接的都与前沿问题有关。所以说这五个点即是前沿问题的来源又不能等同于前沿问题，需要从中进行分析与判断。

### 三、中国图书馆科学的"巨人肩膀在哪里"

我们知道，任何一门学科，任何一种理论都是从问题开始。创新要站在巨人的肩膀上，这个巨人的肩膀就是科学的前沿问题，那么中国图书馆科学的前沿问题在哪里？要从整体层面上回答这一问题可以有多种的角度，例如可以从学科体系出发，还可以从图书馆事业面临的任务出发，或者将二者结合起来考虑。本文从中国图书馆现代化这个角度出发，依据以上的原则和方法，初步判断、梳理出图书馆学科的一些前沿问题，供大家参考。

●一个主题：这个主题就是世界图书馆事业现代化的共同趋势与中国图书馆现代化的道路。提出这个主题（命题）主要依据是：1. 现代化是一个世界性的命题，是中国社会发展和改革的主题，理所当然也是中国图书馆学科理论发展和图书馆改革实践的主题。2. 中国图书馆现代化同中国社会现代化一样，将是一个长期的过程，即由传统向现代转型的生生不息的双向运动过程。如何走出中国图书馆事业现代化特色道路，还存在着大量的不确定因素，需要不断探索，因此可以说这是中国图书馆科学面临的最大的前沿问题。3. 抓住中国图书馆现代化这一主题，可以将促进图书馆学科理论的建设与图书馆馆事业的现代化结合起来，并使二者相互推动。

●四个关系：以中国图书馆现代化为主题梳理前沿问题须处理好四方面的关系：1. 中国图书馆事业与世界图书情报事业的关系。世界图书馆运动具有普遍的规律，中国图书馆事业除了要受到普遍规律的制约外，还有其自身的特殊规律。显然我们提出的命题重点是研究中国图书馆现代化的特殊规律，而特殊性之中寓有普遍性，"民族的就是国际的"就是这个道理。2. 图书馆与社会的关系。图书馆是社会现象，图书馆既要适应社会，又要为社会服务。图书馆与社会，既是局部与整体的关系，也是一般与特殊的关系。图书馆科学的前沿问题除了从自身逻辑和学科理论中去找，还应该从社会的物质生活条件中去寻找。所以研究前沿问题一定要研究当今社会发生了哪些变化，图书馆怎么去服务和适应这些变化。3. 图书馆事业的整体与不同类型图书情报机构及图书馆个体研究的关系。这三者是我国图书情报事业中不同层次的主体，既存在不可分割的联系，又有必要作为相对独立的研究对象。4. 理论研究、战略决策研究、立法研究的关系。从研究的角度讲，理论研究、战略决策研究、立法研究是解决中国图书馆现代化问题的三个不可或缺的环节。这是因为，首先图书馆现代化需要图书馆理论的支撑；其次图书馆现代化的实施过程需要有科学、民主的决策；其三现代图书馆制度的建立与图书馆的运行必须有法律上的保障，由人治到法治本身就是现代图书馆运动的基本特征之一。这三种研究既有一种递进的关系，又是一种互动的关系，由理论到战略决策到立法，是从理论到实践的一个完整过程。

●几个具体前沿问题

一个好的图书馆学问题，必定是建立在图书馆学理论和图书馆实践关系之上的问题，它既不是纯粹的理论问题，也不是单一的实践问题，二是在两个维度上互动关联中产生的问题。衡量图书馆学研究是否具有原创性，要看它是否提出了这样的前沿性问题。根据目前的情况，对中国图书馆现代化的前沿问题，我们还不能做出比较全面的归纳，只能是基于对以上主体命题及四种关系的理解，提出以下几个具体前沿问题以供讨论。

**a. 现代图书馆的性质、功能、目的**

什么是图书馆？什么是现代图书馆？这是一个看似明了实则并未解决的基础性问题。这是图书馆学研究的元问题，它是决定图书馆学发展、制约图书馆生命力的根本性问题，如何看待这一问题将直接影响我国图书馆现代化的根本方向。21 世纪人类正处在旧世界和新世界的两个拼图之中，老的世界里有一部分东西正在发生变化。图书馆领域也是如此，正在被新的东西、新的形象所取代。但是，图书馆的本质属性是不会发生改变的，改变了就不是图书馆了。例如图书馆学研究的对象问题、图书馆的性质、功能、目的等所谓的图书馆学元问题，数十年来中西方有上百种有关这方面的定义和表述，但至今没有确定、统一的答案。图书馆学研究和中国图书馆现代化实践活动首先必须将这些"元问题"深入进行探究，从而抽象出本学科最高理性，并深入发掘学术史，形成新的学术增长点，这是图书馆现代化中具有原创意义的前沿性问题。

**b**. **中国图书馆事业现代化的整体框架与发展战略**

中国图书馆现代化必须对现代化目标有一个比较清晰的整体上的认识，在此基础上才能制定出阶段性的目标。应当承认目前我国对图书馆现代化还没有勾画出一个整体的图景，因而在实践中常常以偏概全，只见树木，不见森林。实现图书馆现代化目标，需要确立一个长期的稳定的发展战略，然而，这种战略至今并未完全形成。

图书馆的目标体系直接决定对读者服务的质量、规格、类型和层次等方面的需求。在今后相当长的时期内，图书馆将以"复合型图书馆"（传统纸质文献与数字化信息混合）的新形态出现，这种复合型图书馆呈现以下特征：文献信息资源的复合（现实馆藏加虚拟馆藏）；馆舍的复合（物理空间加网络空间）；读者的复合（到馆读者加异地用户）；馆员的复合（图书馆员加信息专家）；服务的复合（传统手工服务加现代技术服务）。目前需解决三个突出问题，一是从整体上正确处理图书馆各系统要素之间发展的全面性、专业性之间的关系，应突破一般的定性研究，将研究的重点转移到各个发展要素的生成机制、内在联系及整体把握上来。二是服务水平的定位应切实可行，克服过度理想化的倾向。三是解决服务目标的统一性与多样性的关系，反映不同类型、不同层次读者的文献信息资源需求。

**c**. **中国图书馆现代化的制度建设与运行机制**

人类目前已经进入了一个以技术或者说以工具为主导的社会，由于技术为我们的生活带来了种种奇迹与进步，容易使人们对科技的崇拜无限的膨胀，从而使我们的注意力几乎完全集中到了图书馆那些正在发生变化的部分，而忽略了没有发生变化的部分。当前，在我国图书馆现代化研究中，多在现代技术和规模上做文章，而在制度、文化等这些更深层面的问题却被忽视。事实上，中国图书馆与世界发达国家图书馆的差距主要不是在馆舍、设备和技术设施等硬件上，而是在体制、制度、观念等文化层面上。首先要解决的是现代性问题，即什么是现代图书馆，如何建立现代图书馆制度，然后才能谈效益、水平的问题。小农经济的文化心态是封建主义文化的心理基础，由于中国以小农经济为基础的封建社会漫长，而现代意义上的图书馆又不产生在本土，没有工业化的历史背景和市场经济制度的依托，在建立社会主义制度后的一段历史时期内，小农经济的文化心态和其他封建主义残余仍然深深地积淀在图书馆领域，例如我国图书馆存在的"重藏轻用"、"大而全、小而全"等等的思想观念至今挥之不去，受长时间计划经济影响，体制上的僵化、结构和模式上的单一、分散和封闭等弊端，缺少竞争活力的运行机制和被动的服务模式等，就是小农经济文化心态在图书馆的表现。有人曾发文提出这样的疑问：假如不改变中国图书馆目前这种体制、制度以及落后理念的现状，就是给了与西方发达国家图书馆同样先进的技术设备，能否发挥出发达图书馆的效率和水平呢？我看此问题值得深思。图书馆作为真实存在的社会机构，需要制度化的基础与条件，因此，中国图书馆现代化必须在制度建设和运行机制的完善上下工夫。

### d. 传统与现代：中国图书馆现代化演进

图书馆现代化植根于社会转型基础之上，在现代化进程中传统模式如何向现代模式转换，是学术界研究的一个重要课题。事实上两者是既离不开也摆不脱的，传统与现代性是现代化过程中生生不断的"连续体"，现代化的本质是适应现代世界发展趋势而不断革新，但现代模式不可能建立在空中楼阁上，必须在传统模式上进行构建和创造。那种把现代化与传统割裂或对立的观点是错误的，那种把现代化图书馆视为纯技术形态的观念也是不妥的。譬如将未来图书馆说成"三无图书馆"、"虚拟图书馆"，还有什么所谓的图书馆是"有序化的信息时论"等等，都是将图书馆现代化建立在传统与现代割裂的状态上。事实上，历史上成功的现代化运动大多是一个双向运动过程，即传统因素与现代因素相反相成，既善于克服传统因素对现代化运动的阻力，也善于使传统文明转换成现代文明。因此，中国图书馆现代化必须研究传统图书馆与现代图书馆这种互动关系。

### e. 现代图书馆的精神与先进文化理念

现代图书馆应具有明确稳定的办馆理念，这种理念是在长期的办馆实践中形成的，为图书馆界与社会所认同，不以领导或任何个人的意志而改变。而且渗透到图书情报工作的方方面面，潜移默化地影响着图书馆每一个成员。

先进的文化理念使图书馆具有自己独特的图书馆文化品格和气质。图书馆的馆风是其外在的表现，更本质的是图书馆的文化底蕴，建设现代图书馆最根本的一项任务是铸造图书馆的现代精神和灵魂，明晰图书馆的办馆理念，形成图书馆丰厚独特的图书馆文化底蕴。

**f. 图书馆员的专业化与职业道德伦理规范**

在今天，图书馆员的专业化问题主要有两点：一是终身学习；二是以高素养为基础的创造性服务。现代图书馆运动发展到今天，图书馆正面临着深刻的变革，新思想、新知识、新技术不断出现，图书馆员终身学习的迫切性比以往任何时候都更为强烈。但是，终身学习如果不是停留在一种简单的口号或号召上，就必须有实现途径，就必须有激励机制，就必须有获得社会认可的渠道，这就是发达国家普遍建立的图书馆员专业职务资格制度。这个制度是图书馆员这个职业集团为圆满完成自身所承担的社会责任，基于自身的自觉意志，向社会公示的集团性伦理、专业素养与行为规范。从本质上讲，图书馆员职业伦理规范传递的是现代图书馆观念，勾画的是现代社会中图书馆员的形象。我国图书馆现代化要与世界接轨，目前急需要建立一个体现法治精神、引导价值取向、传递职业理念、同时具有中国特色的图书馆员职业资格制度。

**g. 中国图书馆的法制环境建设与立法中的重要法律界限**

中国图书馆立法是建立现代图书馆制度的法律保障。我国目前已经进入图书馆的立法进程，这是一个历史性的进步。现代法治作为一种系统的秩序化生存状态，它并不仅仅是一种制度设计，也是一种文化模式。图书馆是一个社会性机构，图书馆事业是一项社会性事业，图书馆的运营、发展和社会生活的方方面面密切相关，因此，其健康发展需要的法律保障也一定应该是社会性的、体系化的。离开了社会的关注、合作、支持、保障，图书馆的发展最多也就是自我感觉良好，它的社会认知程度无法全面提升，社会责任无法全面完成。所以，中国图书馆事业真正需要的法制建设，一定是法制环境的建设，其更深层含义就是一种文化模式的建设。图书馆立法当前还有不少法律界限需要划清。一是政府宏观调控与图书馆自主发展的法律界限；二是学术问题与政治问题的法律界限，即学术自由的底线；三是捍卫公民平等、自由、合法地利用文献信息资源的权利与图书馆必须承担维护社会秩序、捍卫公共道德权利的法律界限。这三个问题的解决对现代图书馆制度的建立是至关重要的。

**h.** 当今图书情报技术的发展

我们知道，图书馆的性质与知识、信息最为密切，图书馆的发展与信息技术密切关联，信息技术不仅决定着社会信息量的大小和信息载体的物理形态，而且决定着图书馆进行信息整序和开展信息服务所能采取的方式：即决定了图书馆外部的社会信息环境和内部的业务工作手段。对中国图书馆来说，实践"三个代表"重要思想，当务之急要紧紧抓住先进生产力这一最具决定作用和本质意义的因素，努力在图书馆系统建成现代化的生产力。当前首要的任务就是及时引入新技术，用当代先进的信息技术改造传统图书馆。数字图书馆作为现代技术的产物，固然代表着一种先进文化。但是，与现代社会的传统工业一样，传统图书馆不是落后的代名词，它同样可以接受、吸纳现代技术来提升自己的工作效率和服务水平，计算机可以应用，网络可以存在，数字信息、实体文献可以共存。在传统与现代的转型中最终以"复合图书馆"定位于社会。技术从来就是生产力发展的关键。信息技术在图书馆应用最为集中的体现的是数字图书馆技术，包括文献信息资源数字化技术、超大规模数据库技术、多媒体信息处理技术、数据压缩技术、数据存储技术、数据迁移技术、数据安全技术、数据检索技术和网络传输技术等等。这多种技术的综合利用可以实现图书馆文献信息资源的网络化，形成一个将数字化信息、互联网、用户和图书馆场所文化等的复合型与高集成化的信息环境，扩大信息的利用范围，提高服务的速度和效率，最终实现文献信息资源的全球共享。

**i.** 全球化背景下图书馆的交流、借鉴与竞争

图书馆国际化趋势是现代图书馆的重要特征，从封闭走向开放是中国图书馆现代化坚定不移的方针，当前要研究的问题，首先是在交流与借鉴中如何正确处理国际化与本土化的关系，其次是如何在现代信息技术支持的基础上，实现文献信息资源的网络化和全球共享。

第四篇

# 04

## 和谐高校图书馆的
## 特色化实践与探索

# 引 言

1998 年以来新升格的本科院校有 198 所，已经占到了高校总数的三分之一还多，眼前这批新升本院校正陆续迎接教育部本科教学水平评估，正处在以评促建的非常关键时期。文献信息资源是提升新建本科院校教学水平的基础资源，所以，研究如何进一步提高新建本科院校图书馆的办馆水平，应是事关新建本科院校教学质量和水平的大问题。

笔者所在的洛阳师范学院是一所 2002 年新升本的地方高校，该校图书馆升本后没有盲目照搬老牌高校图书馆的发展模式，而是认真研究自己，重新认识自己，找准自己的定位，在内涵发展上挖掘自己的比较优势、寻找自身的发展空间，依托地方文化资源发掘特色文献内涵，对图书馆资源进行整合重组，对传统组织结构进行改革，历练内功，不断提升图书馆核心能力，使之具备较强的竞争优势，走出一条与学校教学科研融合、与地方文化协调发展的内涵发展之路。

洛阳师范学院是一所具有九十年历史的学校，在师范教育和人文学科方面在豫西地区处于领头地位，具有一定的学科优势。学校地处古河洛地区中心，河洛地区是中华民族文化的发源地，有厚重的文化底蕴，是河洛文化的生成区。河洛文化作为中华民族的核心文化就是一种优势文化资源和拳头品牌。所以，学校还具有地域文化优势。为了使优势资源发扬光大，成为学校教育、地方经济和对外交流的"品牌"，学院成立了"河洛文化国际研究中心"，下设"河洛文化研究中心"、"河洛文化资料中心（设在图书馆）"和"河洛文化教育中心"三个分中心。目前，图书馆"河洛文化资料中心"正着力于河洛文化信息资料的搜集、整理开发。

本篇从新建本科师范院校图书馆的现状出发，以洛阳师院图书馆变革为案例，从图书馆结构性改革，专业性与学术性的融合，特色发展目标与定位等方面探讨了我国新建本科师范院校图书馆的改革与发展思路，为同类高校图书馆发展提供借鉴。

# 第一章 凝练办馆特色，走内涵发展之路

## 第一节 和谐高校图书馆品牌建设

品牌是企业界十分推崇的一个概念，实施品牌战略已成为企业立于不败之地、谋取更大发展的法宝。随着我国信息服务业向纵深方向发展，"读者服务创品牌"已是当今图书馆追寻的目标。我国大学图书馆正在由传统向现代化转型，品牌建设是一个很关键的问题。因此，找准大学图书馆品牌建设的科学定位，树立科学的发展观，戒除急功近利思想，集中力量进行图书馆品牌化建设，是大学图书馆坚持走内涵发展和可持续发展道路的重大举措。

### 一、大学图书馆品牌建设的内涵

大学图书馆品牌是大学图书馆在办馆过程中长期地、有目的的积累和发展的在价值取向、办馆理念、发展目标、专业队伍结构、文献信息资源建设、管理机制、学术研究、服务风格等诸方面表现出来的，具有相对稳定和持久的、有别于同行而具有的独特个性或品质。这种独特个性或品质具有最大限度地适应社会、政治、经济、文化、教育及大学发展的需要、符合图书馆内部逻辑和发展规律、有利于自身生存与发展的特性。

我们依据大学图书馆品牌化的可感知程度和抽象程度，可以将其划分为三个层次：理念层、行为特征层和物化层。理念层主要包括图书馆的办馆理念、价值取向和人文精神等，这是大学图书馆品牌建设的核心、灵魂和原动力。行为特征层是大学图书馆办馆的主体，包括图书馆的方针政策、规章制度、管理模式、目标定位等组织行为特征以及馆员所普遍表现出来的敬业意识、开拓精神、高尚职业道德等个体行为特征。物化层主要是指图书馆在自然环境、建筑物、图书馆设施等方面所拥有的特色和优势，这是品牌建设的基础，是大学图书馆品牌建设的根本保障。

## 二、品牌建设对大学图书馆生存与发展的积极影响

现代高水平的大学图书馆有三个基本特征：先进的办馆理念和科学理论指导下的管理与服务活动；先进的技术手段；具有创新精神的图书馆文化。作为一种特有的文化现象，大学图书馆服务品牌一旦形成，其对大学图书馆生存与发展所产生的影响和功效不仅是多方面的，而且是深刻的、持久的、甚至可以说是大学图书馆生存与发展的一条重要的生命线。

（一）图书馆品牌建设有利于大学图书馆树立起良好而独特的公众形象。大学图书馆的公众形象最初始于其在大学内部师生员工心目中的印象，是这种印象不断积累和强化的产物。正如一个没有特点的物品难以给人留下深刻印象一样，一个没有特色，缺乏个性的大学图书馆绝不可能在公众中树立良好的形象。而在市场经济、高等教育大众化和社会信息化的大环境下，公众特别是大学的广大师生员工在一定程度上成为大学图书馆的"监管者"和"裁判官"。因此，有无良好的公众形象，已直接关系到大学图书馆自身的生存和发展。

（二）图书馆品牌建设有利于大学图书馆取得不可替代的地位。就图书馆服务品牌化的最终目标而言，它所追求的是一种"人无我有、人有我优"的结果，从而达到"舍我其谁"的境界。因此，品牌化发展有利于大学图书馆获得在同类院校图书馆中不可取代的地位，使之在图书馆领域日益激烈的竞争中处于有利的地位。

（三）图书馆品牌建设有利于大学图书馆不断完善为高等教育和大学教学科研服务的文献信息资源保障体系。按照品牌质量要求，在专业馆员队伍建设、文献资源建设、现代技术应用、管理制度改革、服务质量评价等环节上不断调整、完善和更新，使特色更加鲜明，系统更加完善。

（四）图书馆品牌建设有利于大学图书馆高层次人才使用环境的营造和优化。在吸引、引进、培养和人才使用上形成相互支持的系统，形成专业队伍建设上的良性循环。

## 三、影响和制约我国大学图书馆品牌建设的主要因素

（一）外部因素

首先，由于历史的原因，我国的高校一直运行于计划经济的环境中，长久以来我国单一的高等教育管理体制和图书馆管理模式，不仅使得大学图书馆缺乏办馆自主权，缺乏谋求自我发展的主体意识，而且大学图书馆的办馆规模、经费、馆员聘用等所有环节均由国家教育行政部门和大学统一规划、

统一管理。大学图书馆只是单纯执行学校和上级部门的发展政策，没有竞争压力，也没有办馆自主权，缺乏自我发展的主动性和积极性，不能形成市场竞争意识，最终导致"千馆一面"。尽管近年来我国加大了高等教育体制改革的力度，但旧体制仍然在客观上起着作用，如果说大学是我国计划经济体制之下的最后堡垒，那么大学图书馆就是这个堡垒中的一个牢固据点。目前，不少大学图书馆在思想和观念上还存在着"体制依赖"。这种单一体制的长期约束，影响了大学及大学图书馆的品牌建设。其次，由于硬性的大学图书馆评价制度。近年来，我国兴起了大学图书馆发展评价，当然，这对增强大学图书馆的发展意识和竞争意识，提高办馆水平和强化办馆特色起到一定的促进作用。但是，目前的大学图书馆评价主要是由主管行政机制主导进行，管理性强于评价性，导向性大于检验性，比如近年来导向现代技术应用等。在我国现行大学图书馆评价体系中，虽然对高校图书馆的类型和层次进行了一定程度的区分，但更多的是以一些硬性的统一标准来进行评价，这就在无形中给大学图书馆以统一性导向，从而不利于大学图书馆的品牌建设。

（二）内部因素

其一是旧的思想和观念对图书馆员和大学师生员工的负面影响。由于我国历史上以小农经济为基础的封建社会漫长，小农经济的文化心态是封建主义文化心理基础。因此，当封建主义文化所直接服务的社会政治经济制度被摧毁之后的一个相当长的历史时期内，小农经济的文化心态和其他封建主义残余仍然深深地积淀在社会生活的各个领域。我国图书馆追求"大而全"、"小而全"、"重藏轻用"、分散封闭的办馆思想等等就是小农经济文化心态在图书馆领域的负面影响。盲目的求大求全，滋生攀比心理，必然导致大学图书馆办馆模式的统一化，甚至丢掉了已有的办馆品牌。其二是不少大学图书馆的缺乏个性的办馆理念和对大学图书馆规律的深刻认识。长期以来，我国一些高校图书馆的馆长习惯于照章办事，对体制的依赖使之久违了先进的办馆思想和管理理念，即使有独到的主张也因为无法用实践检验而不能确定其是否符合实际。所以，今天中国的大学图书馆最缺乏的还是在办馆理念上不随波逐流，即有真知灼见，又能够脚踏实地地按照大学图书馆内部逻辑办馆的专家型馆长。其三是忽视大学图书馆专业化、教育性和学术性的特性。大学图书馆作为高等教育的有机组成部分，与其他类型图书馆相比，突出的特性是教育性、学术性和专业化。因此，大学图书馆的品牌建设必须围绕这些个性化的特征进行。其四是专业馆员队伍建设堪忧。设施硬件和馆员队伍是大学图书馆发展的两翼，然而，目前许多大学图书馆却不能真正做到两翼双飞，在加大投入进行硬件建设的同时，忽视了馆员队伍的建设，馆员队伍知识层次低、专业结构不合理，难以形成学术梯队，同时由于管理和竞争、激励机制的不到位，图书馆内部缺乏高层次人才的使用环境，使得队伍不稳定，馆员对专业业务工作精力投入不足，高层次人才难引进和留住。高层次、高质量的服务难以开展，影响了图书馆服务的品牌化。

## 四、我国大学图书馆品牌建设的方略

### （一）明确大学图书馆个性、走个性化发展之路

大学图书馆在当今信息化和网络化环境下面临着日趋激烈的竞争，要保持自己特有的地位，拥有特定的用户群，就不得不深化自己的服务，发展自己的个性，以个性化的馆员队伍建设、以个性化的馆藏体系，以个性化的文献信息产品、以个性化的环境、以个性化的服务来构建品牌化的图书馆。大学图书馆的个性化有两层含义，一层是作为大学图书馆的类型特色问题；另一层是各大学图书馆个体之间的特色问题。这两层含义归纳为大学图书馆个性化问题。个体大学图书馆的特色化建设目前在中国的图书馆界普遍得到认可，而作为一个整体的大学图书馆类型与其他类型图书馆相比较有何特性的问题，却没有得到重视或者说没有得到应有的认识。那么，大学图书馆与其他图书馆群体相比的主要区别在哪里呢？这需要从大学图书馆的服务对象来寻找。从本源上说，大学是社会分工不断专业化的必然产物，而从大学本身的存在来看，专业化是大学建设和发展的根本特征。大学图书馆是大学有机组成部分，它不仅与大学的专业化趋势相一致，同时本身也存在不断专业化的过程。大学图书馆专业化特性的表现是多方面和多层次的。首先大学图书馆服务对象专业化性质明显，服务主体是多种专业的教师、科研人员和学生。因此从根本上决定了大学图书馆必须走专业化的道路。第二，大学图书馆专业化特征决定了大学图书馆馆员队伍的专业技术的复合型人才，这也就是为什么西方发达国家大学图书馆馆员普遍具有双学位的缘由。第三，大学图书馆不仅在文献信息的采集上实施专业化，而且在内部布局、馆藏文献组织结构以及提供服务方面也必须是专业化的。现在西方发达国家大学图书馆的内部结构普遍采用以文献学科内容为中心、集文献信息的采集、流通、参考、咨询等为一体的集成化管理服务模式。这种模式即充分体现了"以人为本"的先进办馆理念，又突出了大学图书馆的专业化的特征，然而，遗憾的是这种模式的意义至今还没有被我国大学图书馆界所普遍认识和重视。这种不能

突出和充分发挥大学图书馆专业化特性，不能体现当代图书馆开放性、方便性的陈旧模式若不加以改革，必将成为中国现代大学图书馆品牌建设的障碍。总之，大学图书馆是为独特群体（专业群体）服务的专业性学术团体，从诞生之日起，教育性、学术性和专业化特性就是它生存和发展的强大生命力所在。

（二）对大学及大学图书馆发展进行准确定位，在"位格"中形成特色并进一步强化为品牌

大学定位主要是指大学办学类型层次、学科特点等方面的定位。学校定位决定学校的奋斗目标，决定大学一定时期内追求的最优标准。而这个目标的实现关键在于大学定位科学性和可行性。大学图书馆在进行自我定位时应综合考虑社会发展的需求，考虑大学的定位与相关的状况以及自身具备的优势等各方面的因素，以突出特色。

突出特色第一层意思就是"分层"裁量，对号入座。在大学群体中，由于多年累积和承继，自然地形成了一种分层现象，这里有一种看不见的分界线将高校划分为：科研型、科研教学型、教学科研型和教学型四个等次。这四种等次的学校性质任务不同，人才培养规格、办学条件、资金投入、设施也大不一样。大学的分层现象决定了大学图书馆的目标定位，馆藏文献资源建设特色首先必须量体裁衣、对号入座，与学校等次相互对应，协调一致。突出特色的第二层含义是要选准"坐标"，定向发展。从纵的方向看，大学有层次之分，从横的方向看，大学又有类型之别，比如理、工、农、医、师等等。如果说大学的分层现象决定了大学图书馆的馆藏定位，那么大学类型的划分，则制约着大学图书馆的馆藏定向。大学图书馆只能依据学校的"位格"，来选择自己的"坐标"，确定今后的发展方向。突出特色的第三层含义，是要维护传统，将优秀传统发扬光大。无论是等次上的差别，还是类型上的差异，每一所大学及图书馆都一定会有自己的优势学科或拳头品牌，也一定会有自己的"区域"优势或者"人气"优势。因此，每一所大学图书馆一定会有自己的"闪光点"和馆藏重点，维护这种日积月累形成的宝贵传统，并使他们发扬光大，成为对外交流的品牌，这也是大学图书馆品牌建设的举措之一。

总而言之，品牌是一种比较优势，不一定要大而全。力争人无我有、人有我优，人优我新。要确立品牌，很重要的一个方面就是在一定的比较范围或类型上首先确立特色，每所或每类大学图书馆在发展和竞争中都会有一个相对的位置。合理的定位、找准自己的"位格"，在此基础上发现特色、建设特色、强

化特色，最终形成自己的品牌。

（三）树立前瞻性的办馆理念和发展思路，要有大视野、大智慧

大学图书馆办馆是否有特色，集中体现在办馆理念和办馆思路是否有特色。办馆理念就是以建设什么样的大学图书馆为"纲"。从中外大学图书馆发展的历程来看，确立具有特色的办馆理念和办馆思路，必须把握一定时期社会、经济发展和高等教育改革的趋势，准确分析大学及图书馆生存和发展的历史条件和背景，抓住历史机遇、破除陈规、能于创新、敢为天下先。

（四）建设高水平的特色学科和专业文献信息资源，为图书馆品牌建设奠定基础

有特色的文献信息资源体系是大学图书馆品牌化发展的基础。当前各类大学图书馆文献系统集藏的规模、内涵差异性很大，服务方式也各有千秋，每一种服务方式都适用于不同特定读者群体的需要。因此，不能仅从技术水平的单一角度判定某一种服务方式是先进的、抑或是落后的。当前或未来的图书馆是虚实兼备的复合型馆藏，所谓"虚实兼备"，是将知识信息的"实体"馆藏，如传统的纸质文献、磁带、光盘等，同"虚拟"文献结合起来（如网络信息），以形成一个博大精深、丰富多彩的馆藏体系。无论是实体文献还是虚拟信息，我们既不可能搜集殆尽，同时也不必要尽收囊中。作为一所大学图书馆，客观上只能是将"无限"变"有限"，选择最需要的和最主要的，这种选择的主要标准就是"突出特色"四个字。

（五）建设一支富有特色的高水平的馆员队伍，为图书馆品牌建设提供有力的保障

对图书馆品牌建设起支撑作用的是一支富有特色的高水平专业馆员队伍。建设一支有特色的馆员队伍，应在大学图书馆办馆理念的指导下，围绕文献信息资源建设为教学科研服务，合理的设立岗位，进行学术梯队建设；以职责体系为基础建立客观动态的考核体系；以"效率优先，兼顾公平"的原则探索重实绩、重贡献、向高层次人才和重点岗位倾斜的分配激励机制；实行兼职馆员制度，"不求为我所有，只求为我所用"，吸引社会上和大学内学有专长的人才到图书馆工作。

（六）戒除急功近利的思想、追求可持续发展

大学图书馆有为教学、科研与社会服务的三大任务，三者并重，不可偏废。在当前市场经济环境下，不少大学图书馆日渐显露出一种对市场"媚俗"的倾向。大学图书馆要站在服务人类文明的高度，不能只考虑经济利益一味

迎合社会的需求，而忽视了自身的根本职责。任何一所急功近利的高校图书馆，绝不可能形成真正属于自己的品牌，更不可能获得长足的发展。品牌建设的过程，是大学图书馆自身一个长期的可持续发展的过程。

## 第二节 馆本研究—洛阳师范学院
## 图书馆特色化探索

**案例一**：洛阳师范学院图书馆新馆规划考察报告

本报告从洛阳师院图书馆的实际出发，对制约图书馆深层次文献信息开发和利用的瓶颈问题进行分析。利用学院本科教学水平评估机遇，提出了新馆改革建设方案：即"整合资源、重组流程、变革组织、转变模式、创新文化、提升能力"的24字方针。实现由传统的"以文献管理为本"向"以学科为基础，以用户为中心"的现代管理服务形态转变。在新图书馆大楼创建"藏、借、阅、查、咨一体化"服务管理新模式。建立图书馆知识性组织架构，创新管理服务理念，以知识管理提升图书馆的核心竞争力。本报告为新馆建设规划提供决策依据。报告中的观点和建议仅供参考。

### 一、我馆发展中的机遇和挑战

我院图书馆在上世纪九十年代中期经历了一次机遇与挑战，即1994年从原简陋的平房搬入现在的新馆舍，办馆条件有了很大的改善，这些年在基础设施，现代技术设备等硬件上有了较大的发展，在管理服务、文献资源建设和队伍建设等方面也取得明显的成效，图书馆已经在物质资源建设上为进一步发展打下了基础。其突出成就有：①文献集成管理系统已经在各工作环节使用。②图书馆工作制度完善，工作作风有很大转变。③员工福利有了一定程度提升，工作条件得到改善。④数字资源建设取得长足进步，数字图书馆雏形已初步形成。⑤通过学院人事分配制度改革，初步建立员工激励体系。⑥开始引进高学历人才，学术团队和专业馆员队伍的素质逐步提升。

但是，由于我们滞后的观念（譬如现在封闭式小格局馆舍建筑即是表现之一），以及受多种外在和内在因素的制约，图书馆在这次机遇中，并未突破传统以文献载体为单元的简单管理服务瓶颈，现在回头看，面对学校的发展和日益激烈的竞争环境，我馆真正能够应对挑战的核心竞争力并未得到提升，特别是升本后，随着专科教育向本科教育、创新教育和研究性学习的战略转移，图书馆滞后的办馆理念和缺乏深度的管理服务，表现出极大的不适应性。

主要面临如下的挑战。

● 办馆理念上的落后　在原专科学校运行过程中，由于受学校规模、层次和学业标准等的局限，使专科学校图书馆在思维方式和服务观念上形成了一整套适应专科教育的模式，譬如管理服务中，主要适应专业教学的坐等读者上门的被动管理模式，文献利用停留在文献载体的简单外借与内阅上，轻视学科文献信息的深层开发和服务。专科时期这种僵硬化管理模式及简单化服务手段的较长时期运行，使工作人员在思维方式、服务方式上形成了一种惯性。升本后，思维方式、服务方式仍然受这种惯性的支配和影响，其结果是升本后在工作实践中仍然沿袭旧的模式和服务方式。这样长此以往，直接造成两种结果：一是工作人员认为图书馆工作就是借借还还的简单劳动，无知识可言；二是学生"利用图书馆"意识淡薄化，在大多数学生的眼里，图书馆只是一个"借书—还书—看书"的场所，内心中对图书馆缺乏真正的了解，当然也就谈不上充分利用图书馆了。总之，简单的低层次文献服务和管理模式是导致图书馆利用率不高，读者利用意识不强现象的主要原因之一。

● 文献资源布局与业务流程存弊端　我馆1994年搬入现在的新馆舍时，本应依据高校图书馆的学科特点将馆藏资源进行整合，但遗憾的是由于受观念、情感及专业知识的影响，仍然沿袭我国传统图书馆一般先将文献划分成书刊两大块，然后按中外文将书和刊又进一步划分，这样对藏书层层划分的结果，便出现了众多的读者服务部门和服务口，如多处外借窗口、各种阅览室、电子阅览室、特藏室、外文库、样本库、参考咨询等等；我馆的这种藏书布局和读者服务部门的设置模式与国外先进图书馆的模式的大相径庭。这种以书（载体）为本位的馆藏模式，造成了一个萝卜一个坑，使图书馆70%以上的工作人员就集中在这些服务口上，图书馆大量的人力资源用在看门守摊、借借还还的恶性循环中。而根据资料显示，欧美发达国家的大学图书馆，它们无一不是采用"统仓管理式"的大开间、少间隔的建筑布局，整个图书馆只有一个进出口；除特藏文献外，其他文献不单设阅览室；文献资料尽量集中，按相近学科分区布局，按索书号系统排列，读者可以在整个图书馆内随意浏览和自由取书；馆内保安人员全天值勤，并有较为严密的防盗、防火系统和严厉的惩罚措施。

● 数字图书馆建设有误区　我馆在河南高校当中现代化技术应用是走在前列的，我们这几年一直围绕数字图书馆做了很多工作，取得了很大成就，这一点全校师生有目共睹。然而，不能不承认我们在现代技术应用上基本上是重硬件配置轻技术开发。我们不停的购买数据库，今后还会购置电子数据库，我们是怎样来判断这个数据库是否适合我们学校，利用率是否高？一般来说，每个数据库都有试用，试用的时候访问量多大，下载量多大，各类刊（书）的访问量和下载量多大，用户的检索词是什么，集中在那些类；购买之后的使用情况也类似，我们做过统计吗？电子数据库动辄数万乃至数十万左右，决策之时的偏差，一次就是数万或数十万元的浪费。我们的中文期刊，有清华同方、万方、维普（甚至人大复印资料）等，这些数据库的重复率有多大，统计过吗？这些数据库哪种的利用率最低，是否可以通过其他两种替代，是否可以考虑不购买某种数据库？今后外文数据库也会遇到类似问题。我们的数据库提供了海量的信息，但利用率远远不应该是这个样子。数字图书馆不是建个网站＋购买电子资源＋电子阅览室的模样，应该体现在为师生提供有针对性的及时的方便的服务上面，我们就是堆了一堆东西在那里（甚至这些东西有多大价值也没搞清楚）。没有能力对这些电子资源和网络资源进行整合和开发，这只要看看我们的网站就知道了。数字图书馆是个信息中介中心，讲求快、准确、有针对性、适用。譬如，我们可以对新书以及新到的电子资源按照学科专业通过邮件方式进行通告，我们可以建立重点学科导航库，也可以请研究生或学科专家做主持，增加在线讨论版块等等。然而遗憾的是，由于众所周知的原因，我们没有能力做到。

　　●队伍建设滞后　　随着升本后我校整体层次的提高，图书馆为适应本科教育发展和图书馆现代化要求，开始采用现代技术，引进现代管理手段，使图书馆由传统向现代化转型。然而，也许采用一些现代技术，引进某种现代管理手段并不很难，但要拥有一支与之相适应的高素质馆员队伍却很难。目前，我馆队伍建设面临严峻挑战，现有队伍整体上男女比例失调、素质偏低，学历层次、知识结构亟待提高，受过图情专业教育、具有计算机专业知识和较高外语能力的复合型人才匮乏，具有学科背景的高层次人才短缺。总之现有的队伍状况距离图书馆实现知识管理和深层次的服务要求相差很远。图书馆引进人才本来就处于劣势，进人难，引进高层次人才更难。这两年我馆引进了两名硕士研究生，能否留得住还是个问号。因为我馆目前尚缺少高层次人才成长的组织环境。主要表现为：①人才短缺与人力资源浪费并存。一方面现有人才留不住，高素质人才相当短缺；另一方面，盲目追求高学历人才，但人才招进来后，又将其置于低价值岗位上，想方设法卡住人才、困住人才，因而闲置了人才，使得人才学非所用或者用非所长，从而造成人才资源的浪费。②岗位的主观配置与硬性搭配。人力资源往往由领导主观配置，岗位的硬性搭配与许多职位空缺并存，从而使得应该配置人员的岗位和部门得不到所需人才，而已经达到人员饱和的岗位和部门却又不得不接受指派的人才。岗位的聘任和职务的任命，不是依据个人的能力与才干，更多的则是领导的喜好和各种人际关系，人事搭配往往离工作的实际需要相距甚远。③个人能级与岗位不匹配。由于缺少科学的岗位分析和人才测评手段，使得工作职责、工作任务及岗位对人员知识要求不明确，同时，对招聘人员也没能从知识、技能、特长、个性、创新能力等方面进行全面整体的把握，所以很难达到人员能级—岗位的合理匹配。忽视了对现有人才的开发和培训，使个人能级与岗位的不匹配问题持续存在。④绩效考评问题。绩效考评是现代人力资源管理的核心问题。它不仅在薪酬分配和人才选拔上提供了重要依据，而且对员工有较强的激励作用。我馆应建立起一套系统的、科学合理的绩效考核体系，从而达到比较客观、公正、准确地进行绩效考评的目的。但是，目前我馆的绩效考评中存在的突出问题是：其一，对不同职级岗位和类别的人员的考评标准没有区分，而是笼统地用"德、能、勤、绩"这一比较抽象的、难以量化的指标加以评价；其二，尚未进行标准的职位分析，未对各类岗位名称进行规范，也没有统一规范的岗位说明书，从而使不同岗位和职级的人员职责界定模糊。其三，在考评的指标体系中缺少业绩指标，未能体现高校图书馆业务工作的特点，使绩效考评往往流于形式，有失公平，偏离了高校图书馆的工作目标。由于不能做到客观量化的考核，所以每年的考评都基本以民意测验＋领导印象为准。这种主要靠人情和主观印象的测评方法，难免造成做了同样的事，得到的承认以及收入却不一样，长此下去，必然引发不公和员工满意度降低问题。不公平使得图书馆人心涣散，积极性主动性创造性荡然无存，结局是图书馆没有人愿意干事、多干事、想干事。另一方面，馆员薪酬分配上"大锅饭"问题表现突出，在现行的工资制度下馆员工资与他所在的岗位、工作业绩和表现等挂钩程度低。这种薪酬分配制度较难为关键岗位上的业务骨干提供具有市场竞争力的工资，而其他行业则会以优厚的薪酬和福利待遇挖走高校图书馆的优秀人才。就现实来看，高校图书馆的人才流失问题已持续显现，可以预见，未来人才的竞争将会更加激烈，若我馆不尽快改变人才生长的生态环境，人才流失的现象将会更加严重。此外，图书馆传统人事管理还普遍存在一个奇怪现象，即将图书馆具有较高专业技能的馆员放在第二线，譬如文献的采访、编目等岗位（因为在传统的图书馆工作中，采访编目是技术性比较强和知识含量相对高的岗位），而真正需要体现图书馆服务水平的第一线读者工作岗位往往由低层次人员担任。

以上只是列举了我馆在藏书组织、业务流程、机构设置和人力资源管理等方面的一些突出问题，当然还有馆舍、设备、馆藏文献数量、质量上的滞后问题，譬如，近几年随着学校加大了购书力度，开始逐渐缓解了由于扩招后造成的馆藏图书数量相对不足的矛盾，但另一个问题又出现了，就是开设各种新学科，有的新学科倒是很快建立了，师资也解决了，可相关专业图书却几乎是一片空白，要知道一些相关专业的图书，可不是想买就买得到的，一个学科文献系统的建立，是一个长时间积累的过程，绝非一朝一夕买几本书就成。还有藏书不精问题。这几年为了完成本科教学水平评估指标，为了增加藏书量难免会购进一些价廉质次，几乎没有什么学术价值的文献，这就是在图书馆经常出现一方面是教师和学生声称无书可借，另一方面是馆员们抱怨教师、学生有书不借的情况。图书馆在理论上的文献资源建设近乎完美，但由于长期以来，图书馆文献收集都是由图书馆采访人员统一负责，教师和学生基本没有发言权（虽然每年也会征求少部分教师意见，但范围很小，局限性很大），因此要求图书馆采访人员对各个学科新出的图书中哪些是重要的、必需的、有价值的做出判断，确实勉为其难。这也难怪图书馆中经常出现与教学、科研无关的书籍被大量采购，而教学和科研急需的书籍又得不到及时补充的情况了。因硬件方面的滞后问题多数是涉及学校本科教学水平评估的硬指标，可以量化比较，通过我们的努力，学校最终是会解决的。而涉及图书馆自身管理和服务的软问题或软指标既不可以量化比较，又是最难解决的。但是，我馆软指标的差距虽不能用量化方式来表现，却可以通过深入细致的定性分析来反映。事实上，衡量图书馆成功与否最真实的标准是通过使用图书馆资源，学生学习与教师教学科研的劳动生产率提高到什么程度，这是图书馆是否合格或优秀的主要标志。所以，如何全方位、多层次、多途径地开发图书馆资源，实现从模糊到清晰、从随意到自觉、从浅层到深层的飞跃与质变，从而实现图书馆从传统到现代化的全面转型，是我馆面对的紧迫问题，也是我们每一个图书馆工作者所思考和研究的课题。

**二、如何抓住机遇、迎接挑战，使新馆工作上一个新台阶**

"内容丰富，取用便利的资源环境"；"深化服务，接近读者"；"利用活动与读者建立互动关系"。这是现代化图书馆服务管理形态的三大内涵。图书馆由传统的"以书为本"的被动管理服务向"以人为本"的现代化管理服务的转型，不仅带动了图书馆空间的变化，而且引起了图书馆藏书布局、业务流程和组织结构的革命性变革，变革的结果就是产生适应现代信息技术应用和网络环境的全新的服务管理形态（如"藏、借、阅、查、咨一体化"模式的建立）。洛阳师院新图书馆大楼将在 2007 年建成，新馆建筑以"人的空间"、"知识空间"、"空间氛围"为基本布局理念。充分考虑了图书馆服务管理模式的变化对图书馆建筑的要求，采用大开间布局，已完全具备构建"查、阅、咨、借、藏"一体化服务管理模式。基于上述对我馆现存问题的分析归因，我们认为新馆建成对我院图书馆重新整合资源，重组理念，提升核心竞争力是又一次新的机遇，我们千万不能丧失这次机遇，应充分做好新馆建设的各种调研、分析论证和策划。本报告提出新馆策划的整体思路为"整合资源、重组流程；变革组织、转变模式；创新文化、提升能力"的所谓"24 字方针"。

## 一、整合资源 重组流程

### （一）整合资源

新馆建设第一步的工作是整合资源（包括文献资源和人力资源）。依据高校图书馆的学科特性，我们提出新馆资源整合重组的两大理念：一是以读者为中心；二是以学科为基础。以"学科为基础"来整合图书馆资源，进行藏书重新布局，业务流程重组和人力资源配置，既能实现相近专业的资源共享，避免分散和重复设置，提高文献利用率，又能整合资金和学科人才，实现多元一体化服务模式，为用户提供一揽子服务，满足用户个性化需求。

首先要整合馆藏模式。随着社会信息化的不断发展，数字信息资源的急剧增加，整合模式将成为图书馆内部业务机构设置的主流，它是按照学科专业分部门对读者开展集成化综合服务。在这种模式中，每一个部门都承担采、藏、借、阅、咨询等业务，在每个专业服务部门内，融各种载体的中外文图书、期刊和报纸为一体（指的是布局，并非是混排在一起），集"藏借阅咨询"等多种服务为一身。这种凝聚式的集学科知识集藏与服务为一体的结构带有浓厚的学术性。

结合我馆自身的构成特点与发展规律，为了稳妥一点，我们的馆藏模式设计应该遵循以下基本原则：

● 借阅合一与只阅不借相结合的原则。一些需求量大的文献或带有综合性、公共性的学科文献一般应按借阅合一的原则设置借阅室，既可外借，又可内阅。如文科区、理科区就是两个具有高度综合性的藏借阅一体的大借阅室，基本可以囊括绝大部分学科，这两大开架区成为我馆读者借阅服务的主体。同时，有一部分文献或因年代久远、或者价格贵重、或者复本极少甚至没有复本，这类文献适合馆内阅览而不宜外借，应该设置专门的阅览室予以管理并合理地利用。如样本书、报刊、工具书、特色文献等。

●综合化与专业性相结合的原则。大学的本科教学和研究生教育的研究方向是向两个方向演进的，一方面是高度的综合，文理渗透、理工合一，交叉学科、边缘学科不断诞生，另一方面是学科越分越细，科学研究越来越专门化，作为为本科教学科研服务的图书馆对文献借阅的设置也应面对这一现实，一方面以大文科、大理科为单元设置借阅合一的综合区，满足师生日常教学与科研工作的需要，同时考虑到某些学科性质的特殊性和专业性，虽然它们可以归入大文科或大理科，但一般非本学科读者往往极少利用，而本学科读者进入综合借阅区查找他们数量有限的专业文献又极不方便，甚至如大海捞针，得不偿失，因此更适合按专业化原则另设借阅区，如医学、艺术等学科可单设借阅区。

●载体类型和文种类型相结合的原则。文献载体不同，管理方式、保管方法就会有区别，因此除了个别特殊情况，一般文献区不应将不同载体的文献混放一起。

●突出特色和优势的原则。一所成熟的大学往往会形成自己的特色学科和优势学科，这些特色学科和优势学科的成长有赖于图书馆所提供的文献信息资源对其教学与科研的支撑，而它的进一步发展需要图书馆提供更优良的服务。因此图书馆配合学校的办学特色形成自己的馆藏特色和优势，在文献布局和借阅设计上应突出特色和优势的原则。如我馆的特藏区的河洛文化、古籍文献等。

依据上述原则，本报告为新馆设计出如下的馆藏模式：

●新馆馆藏按学科文献属性组织布局，具体按文科（人文社科）区、理科（自然科学）区、特藏区（地方文献、古籍文献等）、电子阅览区（电子文献、多媒体文献、音像资料等）四大区组织布局。每一区文献按《中图法》类别和文献序号依次排列。主体是组建"查、阅、咨、借、藏一体化"服务管理模式，基本实施全开架的超市式服务。

●在四大馆藏区，具体文科区可分设全开架借阅、文科样本书阅览室、报刊阅览等小区或阅览室；理科区可分设全开架借阅区、理科样本书阅览、理科期刊阅览等小区或阅览室；特藏区可分设河洛文化阅览、古籍阅览等阅览室；电子文献区可分设电子阅览室、多媒体阅览、声像资料室等阅览小区。

**文献布局**

一层：办公区、特藏区（古籍、墓志、样本等）

二层：电子阅览区

三层、四层：文科区（社会科学、人文科学等）

五层：理科区（自然科学、工学、医学、农学等）

具体新馆馆藏文献资源布局图如下：

| 样本区<br>藏阅一体 | 文科图书借阅中心<br>藏借阅一体 | 研究区<br>工具书 |
| | | 文科期刊区<br>藏阅一体 |

文科区布图

| 样本区<br>藏阅一体 | 理科图书借阅中心<br>藏借阅一体 | 研究区<br>工具书 |
| | | 理科期刊区<br>藏阅一体 |

理科区布图

| 古籍<br>藏阅一体 | 河洛文化资料<br>藏借阅一体 | 研究区<br>工具书 |
| | | 其他特藏资料 |

特藏区布图

| 声像资料 | 电子阅览室 | 多媒体 |

电子阅览区布图

● 在"藏借阅"一体的文献布局和结构下，各馆藏区域必须做好以学科为基础的文献资源再整合工作。我馆在馆藏资源的再整合过程中重点作好两方面工作：馆藏资源的数字化和社会资源的馆藏化。馆藏资源的数字化就是要根据学校学科特点、科研方向和日后发展规模的实际情况，重点创建具有本校特色的文献信息资源。建立个性化的数据库（如河洛文化数据库），实现目录检索、主题检索、和全文检索；同时还根据教学科研的需要，对相关的教学参考书、学术期刊做数字化技术处理，在此基础上建立全方位搜索引擎（学科导航库），实现读者上网轻松阅读和下载。社会资源的馆藏化是针对学校的发展和读者的需要，对社会上的数字化信息进行收集、整合和利用，大力拓展网络资源，将网络资源进行选择，将利用率高，具有学术性、权威性的专业信息进行下载，形成具有馆藏特色的专题、全文或文摘数据库，这样的网络信息资源的收集和利用，则大大突破传统馆藏文献信息资源的界限。这两项工作是图书馆为高校教学科研以及学科建设服务的前提和基础性工作。做好这两项工作，就会大大提升我馆文献资源开发的水平和利用能力。这是图书馆为高校教学科研以及学科建设服务的前提和基础性工作。

（二）流程重组

图书馆业务流程重组最重要的是要重新设计图书馆的工作流程：即把原来以职能分工的运作体系改变为以作业流程为基础的组织形式，强调工作设计的整体化，改变等级制度的直线式组织结构，使组织结构扁平化，从而达到减少管理层次和重复作业，提高工作效率的目的。如何重组新馆的业务流程呢？

● 管理理念重组是图书馆业务流程重组的基础。处于不同历史发展阶段的图书馆在管理理念上有着不同的内容，但"以书为本""以藏为主"一直给图书馆管理留下深深的烙印，在网络信息时代，读者日益增长的文献信息需求和相对落后的文献信息服务方式之间的矛盾日益突出。重组管理理念是业务流程重组的基础。重组管理理念有两个基本着眼点：一是改"以书为本"为"以人为本"，在以人为本的管理理念中，既要强调读者第一的服务理念，也要坚持馆员为本的管理思想，只有充分调动每个人的积极性、能动性和创造性，图书馆的工作才能充满活力。二是改"以藏为主"为"以用为主"，图书馆的一切馆藏文献的收集、加工、存储和利用都应以方便读者，把书库变成读者书房，在藏借阅结合的文献布局的基础上按学科门类或知识体系开辟不同的文献专区。在管理手段上要充分利用计算机等现代信息技术实现自动化和规范化管理，提高信息的处理能力和对文献进行深层次加工能力，有效地利用实体资源和虚拟资源，满足读者不同层次、不同方向的共性需求和个性化需求。

● 工作流程重组是图书馆业务流程重组的手段。运用现代信息技术改革图书馆原有工作流程，有些工作流程会被调整、分化、合并，有些流程功能会被弱化，甚至被取消，同时会产生一些新的流程，这种工作流程重组是图书馆业务流程重组的手段。譬如在图书馆传统业务中，编目工作曾经是最能体现图书馆学专业知识的技术性工作环节之一，在网络环境下和资源共享、联合编目等的冲击下，这项工作的地位和性质受到了空前的冲击和挑战，新版图书版权页的 CIP 数据即网上编目数据的下载，使这项工作在绝大多数图书馆以简化成给图书加种次号、馆藏代码。采访、分编、典藏这三项工作已经或正在变成图书馆的次要任务，而主要任务将过渡到对文献进行深入的揭示并帮助读者更加有效地利用信息资源。图书馆自动化集成管理系统即图书馆网站的建设，书目系统的计算机及网络查询与检索，使得目录卡片被大多数图书馆束之高阁。自助式借还书系统的推出和应用，既是对馆员的解放，又是对馆员的排斥，势必迫使管理人员寻找新的服务支点。工作流程重组关键就是要突出和关注读者服务和"以人为本"，总的原则是简化用户接受服务的流程，甚至简化到可为用户提供机会实现自主式服务。

●经整合与重组后新馆的业务流程可粗分为三大板块：文献资源建设作业板块、用户服务业务板块及技术支持作业板块。文献资源建设作业板块应一并承担起文献信息资源图书、期刊等多载体文献采集、分编、典藏任务，实行采编典一体化的作业流程。用户服务业务板块是图书馆为用户服务的第一线，是图书馆服务职能的直接履行者。新馆的用户服务模式设计为是融外借内阅、参考咨询、网络导航、用户培训等服务为一体的多功能，综合化服务部门。这种一体化服务模式打破了原部门之间的严重分离，促进了部门间的沟通联合，从各自独立变为彼此合作，统筹安排，合并了相似功能的环节（如读者身份的多次确认），简化了工作步骤，使图书馆管理更加效率化、合理化与简单化，更充分体现了图书馆"一切为读者"的宗旨。技术支持作业板块是现代图书馆的关键部分，这一个部分主要承担软硬件的维护、更新、升级工作，保持整个系统的正常运行，保证图书馆网络的畅通，负责数字化文献的技术工作，及时进行数据的备份，做好数据的迁移及系统的安全工作。

依上述思路，我馆新馆重组后的业务流程格局应该是：取消原期刊工作部，建立大采访部门（包括期刊在内的多载体文献采访）；构建藏借阅咨一体化的大文科文献信息中心、大理科文献信息中心；构建藏阅咨一体化特藏文献中心和电子文献查阅中心。经重组的业务流程主要运行特征是：文献流通主流为全开架借阅，读者可以直接选书，自由阅览，需要外借，可到出纳台办手续，大大减少工作人员跑库的辛劳。再辅之以先进的管理方法，譬如利用业务外包的方法，将非核心功能的工作通过合同包给社会机构来完成，以便集中自身力量搞好核心功能的工作，再譬如可将许多原本枯燥乏味的重复工作整合在计算机系统中或用钟点工来解决，这对专业馆员的体力和脑力将是极大地解脱，馆员可以有更多的时间和精力来从事图书馆本质的工作，即文献导航和知识服务工作。使图书馆工作的重心从对以文献载体为单元的浅层次加工服务转为知识服务的深层次这一组织的最终目标上来。

## 二、变革组织　转变模式

### （一）变革组织

业务流程重组理论提出了新型的组织结构形式，即提倡组织扁平化，减少组织的层级结构，改变过去的金字塔形的决策结构，把员工组织成强调学习和合作的工作团体。我馆现设的 6 部 1 室的组织结构一是延续了传统，二是受制于小开间的馆舍建筑。已经难以适应当今环境的快速变化，表现出一定的滞后性。为适应我校升本后的新变化，新馆必须变革组织机构。我馆新馆业务流程重组按资源建设、用户服务及技术支持三大作业板块设计。依据新馆的藏书布局和业务流程，取消传统的书刊分离格局，对应文献资源建设作业板块建立大采访工作机构—采编部（包括期刊采访）；对应用户（读者）服务业务板块（核心）设立人文社科工作部、自然科学工作部、特藏文献工作部；对应技术支持作业板块设立—技术部（或其他名称）。

由于上述组织机构是建立在图书馆业务流程重组的基础上，而业务流程又是依据以学科为基础的文献资源布局，所以，这样的业务部门（读者服务部门）设置完全是以学科为背景的，配置的各部门馆员应有相应的学科专业，各部门都有从初级到高级的不同层次的馆员组成。按能设岗，分层管理，这样，"人人进学科，人人有学科归属，人人有研究方向"，一个部门就是一个学习型组织，也是一个研究机构。为图书馆与教学科研有效融入，为我馆建立学科馆员制度提供了组织保证。洛阳师范学院新图书馆机构设置如下：

馆办公室、采编部、技术部、人文社科工作部、自然科学工作部、特色文献工作部、读者工作部。

### （二）转变模式

转变模式的内涵实质是根据一个组织的目的根本性地改变图书馆的运作方式，他所强调的是图书馆应该做什么而不是图书馆过去作过什么，其任务是寻找改进图书馆性能的创新性方法，模式转变与其说是一种方法论，不如说是一种思想，是一种着眼于长远和全局，突出发展与合作的变革理念。它的含义绝不仅仅是单纯的业务流程的简化和机构的变革，更重要的是组织理念的更新，重组意味着全新的组织构成方式，意味着对一个组织作为社会细胞的根本意义和目标的反思和追求，意味着对人的主体意识的重新认识和弘扬。图书馆业务流程重组就是借鉴企业业务流程重组的管理模式，对传统的图书馆管理和运作模式进行彻底变革，以顺应时代的发展方向，从根本上促进图书馆可持续发展。

模式转变的核心是把原来以职能分工的运作体系改变为以作业流程为基础的组织形式，强调工作设计的整体化；组织结构扁平化，减少管理层次，裁减冗余人员，使其变得灵活、敏捷，提高组织的效率和效能；除此之外，信息技术的支持在业务流程重组中可以使许多工作集中起来整体解决，在现代信息技术和网络条件下，我馆业务模式的转变其实质就是以业务管理为中心的组织管理方式向现代的学科为基础的，以用户为中心组织方式的转变。具体有以下要点：

• 文献按学科门类分区布局，在一级学科下按《中图法》类目排序。实行"藏借阅一体"的流通模式。期刊也应按学科在相应分区陈列阅览，但仍要保持"一条龙"管理。建议撤销原"期刊工作部"，期刊采集归入"采编部"。为保证期刊的连续性和完整性，在采编部内设期刊采编室，由专人从事期刊采访编目，期刊在相应文献区集中陈列，社科期刊由"人文社科工作部"负责管理流通，自科期刊由"自然科学工作部"负责管理流通。电子阅览区由技术部管理。文献总出纳台由"读者工作部"管理。样本库、古籍、河洛文化资料等特藏由特色文献工作部管理。

• 创建图书馆基层学科组织化建制。所谓学科组织化建制，即解构原有的部（室）等基层业务组织，以一级学科为依据，以有利于知识的交流、共享和融洽、汇集为原则，建构新的图书馆基层学科组织。学科组织依据服务方向设若干知识服务团队，每一个知识服务团队由方向负责人（或课题负责人）极其相像的方向成员（或课题组成员）3—5人组成。这样，学科组织就有了明确的服务方向和研究领域，每个方向有首席学科专家和相对稳定的知识服务团队；每个团队有丰富的文献信息资源和开展学术性服务工作的条件。当一个方向发展到一定水平后又成立新的学科及相应的研究和服务方向，如此循环往复，滚动发展，知识服务就会日益繁茂，水平也会不断提高基层是学科知识服务组织，中层是部（室），顶层是图书馆，形成了图书馆——部（室）——学科二级机构三级管理模式。学科知识服务和研究的主要任务由首席学科馆员和其所带领的学科知识服务团队完成，部（室）按若干相关学科门类或学科群组建。部（室）的管理职能主要是负责首席学科馆员的聘任与考核，抓好研究与知识服务质量建设。图书馆降低管理重心，从过多的过程管理中解脱出来，重视学术权利在办馆过程中的参与。图书馆根据学校发展和社会发展的要求，作好宏观战略研究和导向，制定各部（室）的工作目标并实施考核，为各部（室）提供资源，公共管理以及必要的技术和生活后勤服务。这样，就能够充分调动和发挥各部（室）的管理积极性，焕发基层的活力。

### 三、关于新馆运营模式及效能分析

我院新馆舍是基于以下理念设计建造的：

● "知识图书馆" 概念的提出，要求图书馆建筑应该以 "人的空间"、"知识空间"、"空间氛围" 为基本布局理念。高等教育的变革和大学的发展要求大学图书馆设计进行革命性的创造，知识体验成为设计的核心。入口、OPAC、知识市集、书架、期刊排架等都必须相应改变。

● 在数字技术条件下，数字化消灭了不同文献之间的形式差异，"传统参考工具书、期刊、图书及视听（影音）资料典藏的空间将失去意义"，从而要求数字时代的图书馆建设以弹性为最高原则。如：大开间布局和藏借阅一体化服务管理模对柱网、层高、楼面荷载三统一的要求等。

● 图书馆内综合布线系统是数字图书馆技术带给图书馆建筑的最大变化。在传统图书馆建筑中，藏书数量和阅览位数成为衡量图书馆档次的主要指标，而在今天的图书馆建筑中它们的地位变得不那么重要，取而代之的是综合布线系统所提供的信息化接口密度以及图书馆内外数据库的链接能力。

新馆建成后对我馆进行藏书布局、业务流程整合与重组以及组织机构创新提供了一个极好的硬件平台，这是我馆提升核心竞争力一次绝好的机遇。关键是要看我们了。在新馆改革发展理念上，我们应该在以下方面取得共识：新馆的组织结构形态要体现两个原则：一是业务流程重组以人为本，真正体现 "以读者为中心"；二是文献资源与人力资源的整合 "以学科为基础"。这两个原则是高校图书馆传统服务管理模式向现代形态转变的基本依据。

按照设计新馆第一期工程 1.3 万平方米的馆舍共 5 层（每层 2000 多平方米），除办公用房、特藏库房外，其余的馆藏之间基本无隔墙。在一楼设一个总出入口，出入口两边一边是咨询台（或导读台），一边是借还书台。每层设一至两名咨询馆员，文献按相近学科内容组织布局，分为文科区、理科区、特藏区（河洛文化资料中心、地方文献、古籍等）、电子文献区等四大区域。每一区都配置计算机、检索终端，建立集 "查、阅、咨、借、藏" 为一体的多元集成服务管理模式。在人力资源配置上，每一区都要配备相应学科背景的馆员。在管理上采用能级对应原则，既有集学科文献信息开发、参考咨询、情报服务为一体的学科馆员的高级岗位，又有负责文献管理和一般文献服务的中低级岗位。日常整架、清扫、上书有临时工或学生工完成。这样的管理服务形态符合"内容丰富，取用便利的资源环境"、"深化服务，接近读者"、"利用活动与读者建立互动关系"发展趋势。对应于多元集成化的服务管理形态，图书馆的组织机构也要变革与创新。消除传统的书刊分离格局（取消期刊部），实行新的书刊合一管理模式。组建范围更大的采编部门（包括期刊等多载体文献采访）、大文科（人文、社科）工作部、大理科（自然科学，工学、农学、医学等）工作部、特色文献（古籍、地方文献、河洛文化等）工作部、负责网络和现代信息技术的网络技术部和组织读者活动的组织工作部等业务部门。

可以预测，在上述模式的运行中，具体一个区每班只要安排几个馆员管理（学科馆员、专业馆员和支持馆员要搭配好），整架、清扫、上书等体能型工作有支持馆员（譬如临时工或学生工）完成；专业馆员主要从事导读、导航和一般的文献信息咨询工作；学科馆员担当文献深层开发、高质量的学科知识咨询和对下级馆员的业务指导工作。相比之下，这种配置和相同规模的图书馆传统管理服务模式不仅节约人力（多用的人中一大部分是由于守摊人多和出入口多造成的），而且人员处于不同的能级岗位，分工明确，各使其职，岗位效能发挥好。更主要的是在这种藏借参阅合一的大开间布局的图书馆服务与管理模式里，读者叫以在各种馆藏之间自由阅览，找不到资料可以找馆员咨询，需要外借的书可以拿到一楼的出入口的借还处办理借书手续。在这种环境里，读者的感觉轻松自如，没有任何精神压力。这种模式还非常有利于学科馆员进行学科文献深层次开发和服务，有利于学科文献信息资源建设（可为采访人员提供最可靠读者需求的学科文献信息），过去，图书馆的文献采访主要依据采访人员的个人知识结构（尽管可能每年征求几个学科专家的意见，但仍是局部意见，局限性很大），这种脱离文献利用第一线的采访制度缺陷很大，常常是读者需要的书我们没有买，读者不需要的书却充斥书架，难怪每年的读者座谈会，读者对借不到需要的书意见总是最多。在新馆的组织架构里，人文社科工作部、自然科学工作部、特藏文献工作部分别担当相关学科文献信息的资源建设、开发和利用的一揽子工作，其中一项重要工作就是向采访部门提供所管理的学科文献的采购计划，弥补了我们以往采访制度的缺陷。

新的运行模式可以使传统采编工作"两个重心"的前移,其一是工作重心前移,把以采编典藏为核心的业务过程转变为以开发利用信息资源,提高信息服务水平为主导的业务体系;其二是人员分配体现"重心前移"把一部分长期深居二线的精兵强将从采访和编目等部门抽调出来,投入到读者服务的一线部门,实现图书馆资源配置的优化。网络环境下,用户不再满足于一般化的服务,而迫切希望提供集成度高、全过程、全方位、一体化的专题信息服务,这就要求图书馆将工作重心转移到为不同读者开展咨询服务上来,实现一线人员重组,将减下来的采编加工人员充实到读者服务的第一线。中高级专业人员也应从二线向一线转移,让水平最高,能力最强的人在第一线接待读者,回答读者提出的各种问题。馆员的角色应改变,不再是纯粹借阅服务员,而是为读者提供满意知识信息服务而被称为信息专家、知识专家、网络导航员的专业技术人员。在人员设置上,可以借鉴国外的专业馆员制度。专业馆员才是图书馆的中坚力量,必须重视培养专业馆员,并实行专业馆员与支持馆员双轨制。

新的运行模式将图书馆业务活动建立在现代信息技术处理的基础之上,跨越不同的传统职能部门界限,重新识别每项业务工作的价值,进行业务优化和合并,重新组织业务流程,使文献信息的收集、加工、整理和提供形成一个有机的、开放的系统,充分发挥信息化、专业化和智能化的功能,拓展信息服务的内容方法和手段,实现人力资源和信息资源在组织内部真正共享从而达到资源合理配置。可以使图书馆形成高效低耗的运作模式,可以实现实物馆藏物质流和虚拟馆藏信息流的有机结合,可以实现图书馆服务的敏捷反应,更主要的是有利于把图书馆改造成学习型组织,可以使图书馆具有学习型组织的功能,使每一个图书馆员确立系统思维、增强自我超越、改进心智模式、建立共同愿景、团队学习和创新的修炼,使图书馆在内外发展变化的环境中,提高整体应变能力,实现从信息管理到知识管理。

新的运行模式将有利于图书馆基层学科组织开展知识服务。知识服务具体实践路径如下:

● 基于专业学科信息门户的知识导航与聚类服务　图书馆根据既定的标准和质量要求,针对某一学科领域,对馆藏资料和网络信息进行选择,分类和指引,建立集信息资料,工具与服务于一体的专业学科信息门户,面向特定学科用户提供服务。

● 基于学科馆员与学术领域专家的知识参考咨询服务　建立学科馆员服务机制是大学图书馆开展深层次学科知识咨询而采取的最新服务措施。图书馆在数字化网络环境下，以网络为平台，通过实时或非实时的形式，向用户提供不受时间、空间限制的知识参考咨询服务。可实现图书馆信息资源、专业知识与咨询服务人员，网络平台的有机结合，构成透明的知识网络，向用户提供专业知识服务，协调用户解决问题。

● 面向特定科研项目和任务的专题知识集成服务　基于特定科研项目和任务的专题知识集成服务主要是针对科研项目的任务，面向特定的科研群体，联合图书馆信息服务人员，情报分析人员，专业科研人员多方面的力量，以项目运作的方式，开展学术发展跟踪，信息资源专项搜集和情报研究，开发多层次的专题信息产品、知识库等。构建个性化的知识服务门户，提供集信息资源搜集、加工、组织、集成与应用为一体的全程服务。

● 基于内容挖掘的多层知识产品开发服务　知识产品开发是大学图书馆实现知识服务的一个重要手段。知识产品开发根据对信息资源内容挖掘的深度可分为知识重组产品和知识增值产品两类。知识重组产品一般指将分散在不同显性知识中的有一定关联的知识元提取出来，再根据某种结构进行组织，形成新的知识产品。知识增值产品是利用数据挖掘，知识发现等手段对各种信息进行增值处理，对其内容进行深度分析，挖掘和揭示，面向具体应用和科研攻关，借助专家资源，利用专业情报分析研究方法和手段，开展学术（技术）发展预测，趋势分析，宏观决策咨询，基于专业技术层面的资源研究等活动，形成知识增值产品。

新的运行模式还有助于图书馆实现研究性和开发性的服务。研究性和开发性服务的实施主要体现在三个方面：第一，图书馆的超市式开架服务。作为"知识集散地"的学校图书馆，是学生索取信息，探求知识的第一"窗口"。知识激增与服务滞后的矛盾，导致图书馆服务手段趋于多元化、多样化，超市式的"三全"服务——全天候、全开架、全方位，正是图书馆主动服务，满足需求的有效途径，它能随时提供文献信息，辅助学习，调动学生博览群书的积极性，实现课堂与课外的有机结合。第二，开展文献信息检索与利用课。图书馆开展文献信息检索与利用课是沟通课本内外、课堂内外联系的开放性实践活动，是素质教育的一种很好形式。其课型是多种多样的，或自学式或导读式（专题式），其内容涉及文献检索、方法指导、文学欣赏等相关知识指导，使学生从日常博览式无目的阅读逐步转化为有目的、有系统、有重点的阅读，在图书馆尽情体验感悟，扩展视野，获取知识，提高能力。第三，采集信息，开发信息资源。随着多媒体电子出版物的出现，充实了图书馆的资源结构，提高了其信息含量，服务方式也从一般性服务转向高层次服务、提供服务转向发散服务、共享服务。因此，应密切注意教育教学动态，积极采集有效信息，进行提炼、编研，形成二、三次文献和文献数据库，服务于教育教学，以强化图书馆的教育和文献存贮职能。可通过剪报的形式发布信息、可编制信息文摘、索引快捷服务、可配合各种教育专题形成专题报告提供服务、可通过网上信息编辑进行网络服务等深层次信息服务，来满足师生的无限需求。以馆育人，以书育人是图书馆工作的最高"境界"。充分挖掘文献信息，开发馆藏信息资源，实现读者工作的管理型向服务型的蜕变，是现代信息技术下图书馆工作的方向和必然趋势。

**案例二**：以评促建实现新建本科高校图书馆内涵升本

作为我国高等教育大众化的重要成果和实现载体的新建本科高校，已经占到了高校总数的三分之一还多。目前，这批新建高校在陆续迎接教育部的本科教学水平评估，正处在以评促建的非常关键发展阶段。高校图书馆工作是学校教学和科研工作的重要组成部分，所以，图书馆工作的优劣是评价一所高校办学水平的主要依据，更是检验本科大学合格与否的一项重要指标。

新建本科高校多建在地市级城市，图书馆在长期的专科阶段办馆实践中，积累了有益的经验，在对专科教育和教学提供服务方面形成了一定的传统与局部优势。这些专科层次的办馆经验、传统与优势，作为一种惯性的文化力量，必将在较长的时间内存在并对图书馆的运行发挥作用，然而这常常又成为升本后图书馆进一步发展的制约因素。一些新建本科高校图书馆原本存在的内涵不足、服务功能不全、信息资源短缺等问题，也会随着学校的升格进一步凸现出来，给图书馆的持续发展带来阻碍。如何在对自身的超越中真正实现内涵升本，是新建本科高校图书馆打造和提升核心能力的关键。而抓住本科教学水平评估这难得的机遇，在以评促建过程中真正实现内涵升本，应是新建本科高校图书馆现阶段的中心任务。

**一、充分认识学校升本后图书馆发展中暴露出来的矛盾和问题**

升本后，学校由原专科向多科性本科转型，而图书馆必须适应学校转型的需要，进行自身转型，为教学科研提供更加优质的文献信息保障服务。首先，学校层次由专科向本科转变，迫使馆藏文献由满足专科教学需求向满足本科教育教学和学科建设需求转变。其次，培养规格和培养目标由专科向本科提升，迫使馆藏文献由学习型向研究性学习转变，比如要求本科生撰写毕业论文，必须具备一定的科研能力，那么图书馆要为他们提供相关研究性资料。其三，虽然新建本科高校多数是教学型层次的高校，但学科建设地位无疑将更加重要，这也迫使馆藏文献由教学型为主向教学科研并重型转变，读者服务也要由过去的以教学服务为主，向教学科研并重转变。因此，新建本科高校图书馆要适应学校转型的需要，必须充分认识学校升本后图书馆发展中所暴露出来的各种矛盾和问题，然后抓住主要矛盾和问题，在以评促建的过程中，花大力气解决这些矛盾和问题，从而实现自身的转型。新建本科高校图书馆内涵升本的惯性阻力，一是环境惯性，二是思维惯性。主要体现在以下方面：

● 教学评估带来的挑战　本科教学水平评估方案对高校图书馆的要求可用三句话来概括：管理手段先进；使用效果好；生均拥有文献量和年进新书数量符合指标要求。三句话虽表述简练，但其内涵却非常丰富。若在评建中达到评估方案中对图书馆的数量指标和质量要求，就能实现图书馆的内涵升本。教育部对图书馆馆藏指标的基本要求是：馆藏生均图书 100 册、生均年进书量 4 册。而新建本科高校升本前后连续扩招，在校生人数急剧扩张，多数图书馆生均图书实际状况离规定指标差距较大，且不少学校馆舍面积严重不足，技术设备落后。因此，图书馆基础条件建设任务艰巨。管理手段虽然普遍使用了计算机管理，但网络资源和电子资源开发不足，管理水平仍然较低。使用效果和读者服务还停留在"看书名看书皮"的借借还还和阅览室看门守摊低水平阶段。所以，图书馆要顺利通过本科教学水平评估面临的任务还相当繁重。

● 学科建设带来的矛盾和问题　合格本科高校图书馆的内涵当然不仅仅是体现在馆舍面积大，藏书多、设备先进等硬件建设上，更主要的是表现在为本科教育、教学和科研的保障能力上。学校升本后，需要明确图书馆的内涵发展要适应本科教育的要求，本科教育和专科教育比较的突出特点是，本科教育通常是以学科建设的载体来实现的，而专科教育通常是以专业教学的形式来实现的。学科是本科教育的基本元素，是本科院校建设和发展的龙头，也是凝聚人才，开展科学研究和培养创新人才的核心载体。直接承载着教学、科研、社会服务三大任务的完成。学科建设是新建本科院校实现"教学与科研结合"理念的基本途径，是培养具有创新精神和创新能力人才的基本手段，也是建立一流科研基地、取得高水平研究成果的必由之路。学科建设作为一个系统工程，其内涵主要包括"凝练科学方向，汇聚创新队伍，构建学科基地。"凝练学科方向是学科建设的关键，一方面确立学科方向？如何发展？用什么去发展？要解决这些问题，就要详细的占有本学科的材料和信息，营造学术环境，建设学术队伍，构造学科基地等所有关于学科建设的问题，都需要图书馆拥有并提供足够的文献信息资源来支撑。而新建本科院校图书馆囿于原专科的办馆理念，为学科建设服务的意识不强。升本后，学校的教育模式由专业教育向素质教育转变，开始以教学为主向教学与科研并重方向发展，部分教师承担着重要的科研课题，毕业生通过学习和实践要写出具有研究性质的毕业论文，部分学生还将报考硕士和博士．这些新的因素都对图书馆提出了阅读需求上的丰富性和高质量性，服务形式上的多样性和高层次性，要求图书馆成为学校课堂教学的延伸、扩展和深入，成为教学与科研上的集文献信息与现代技术为一体的知识情报的聚集、开发和利用中心。而原专科学校以专业教育为主，图书馆在服务过程中，主要以满足学生专业参考书和课外阅读为重点，对教师的文献需求主要围绕以教学为主的图书文献服务进行，服务形式主要采取文献外借和馆内阅览两种形式，服务形式比较单一，显然不能满足本科教育的需要。所以，新建本科院校图书馆必须树立牢固本科意识，提升为本科教育和学科建设服务的能力。

●数字网络化技术带来的挑战　当前在文献信息资源的数字化和网络传递的环境中，图书馆信息资源的管理与利用的活动方式，将出现与以往印刷文献环境的重大区别，新建本科高校图书馆适应这一变化，关键在于认识自己的真正地位，选择好与环境相适应的专业发展能力。当前的数字化网络化环境给图书馆发展带来六个方面的影响：①图书馆结构由馆舍、藏书、设备、人员和服务五要素组成的实体图书馆，向由用户、信息资源和信息技术三要素组成的数字图书馆转变。②文献资源由以纸质文献为主，向以印刷型与数字化信息并存的复合型资源转变。③图书馆基础能力和专业能力评价由一元载体的纸质文献整序能力和获取能力，向纸质、数字和网络信息的多元载体的复合整序能力和提供能力转变。④读者服务由传统印刷型文献使用转向多元载体环境下的文献信息服务，将为读者提供全天候、交互式、集成化的文献信息服务。⑤管理重点由"以书为本"向"以人为本"转变，着力于图书馆在数字化生存时代的人文关怀。⑥馆员角色由"印刷型文献提供者"向"知识导航员"转变。

以上方面的问题是专科教育阶段图书馆运行长期积聚的深层次矛盾。这些矛盾是图书馆环境惯性与思维惯性的综合显现，成为升本后制约图书馆发展的瓶颈。克服惯性阻力必须化大力，包括外力和内力。本科教学水平评估就是难得机遇，借助这个外部动力，通过对图书馆评估指标内涵的分析把握和落实，把压力变成动力，把外在要求变成内涵追求的目标，统筹兼顾，实现内涵升本，完成自身转型。

**二、抓住机遇，引导图书馆改善办馆条件，建设高素质馆员队伍**

基本办馆条件不适应本科教育教学的需要，影响着图书馆的服务质量和管理水平，是制约新建本科高校图书馆发展的瓶颈之一。抓住教学评估机遇，切实改善办馆条件，建设一支高素质的馆员队伍，是新建高校图书馆的当务之急，也是图书馆实现内涵升本的物质基础与前提。

馆员队伍数量不足，质量不高，结构不合理，是新建本科高校图书馆面临的首要难题。在专科阶段，图书馆的专业队伍是按专科教学需要建立的，且总体力量比较薄弱，馆员的职称和学历层次普遍较低。升本前后，学校规模急剧扩大，馆员队伍的数量与质量问题并没有得到有效解决，而且馆员水平和学科结构也成为突出问题，图书馆不同学科专业间馆员比例不平衡加剧。现代技术应用专业人才短缺，加之工作任务繁重，经费紧张，馆员外出学习、进修机会少，因而学术视野较窄，馆员较为缺乏科研意识，专业梯队不够健全，图书馆缺乏动力机制。由于图书馆的品牌弱势及所处区位劣势等原因，还存在高层次人才难以引进、难以留住的问题。

人类正一步步迈向知识经济时代，在这日新月异的发展时期，人的智力跃居经济增长的首要因素。过去，生产力的高低主要取决于使用什么样的工具，作用于是什么样的对象，而现在劳动者本身的知识和能力成为生产力大小的决定性因素。对图书馆的人力资本当然不例外，馆员队伍是图书馆发展的主导性资源，重视馆员的个体成长和职业生涯发展是建设高素质馆员队伍的关键性内容。高校图书馆作为一个学术性的服务组织，人才智力资源更为密集，与其他类型的组织（譬如后勤服务部门）在管理上有较大的区别。因此在管理上应特别强调和谐管理，注重制度与文化的有机融合。利用本科教学评估的机遇，在评建过程中落实图书馆人才队伍建设目标，着力解决图书馆在人力资本管理中的矛盾与问题，进一步发展图书馆的生产力，使图书馆的人力资源在对本科教育教学和学科建设中释放出更大的效能。

在馆舍、技术设备等硬件投入方面，由于新建本科高校的投资主体多为地方政府，缺乏多元开放和长期稳定的投资机制。学校因经费紧张对图书馆投入不足，从而，导致馆舍面积不足、技术设备陈旧老化，不适应本科图书馆的办馆需要，大多处于尴尬之境地。

本科教学水平评估方案，明确了生均图书要求和年进书量要求，这对于新建本科高校图书馆加强文献资源建设具有明显的导向作用和积极的促进作用。由于连年扩招，生均文献资源呈下降趋势。如何保障生均文献资源要求，成为新建本科高校教学条件建设的首要问题。在办学经费始终有限的情况下，快速发展电子文献资源显然是不太可能的。因此，要适应教育部对普通高校图书馆的纸质藏书和年进书量的具体规定以及对电子文献的相应考虑，新建本科高校图书馆的文献资源建设应把握住以纸质文献为主的基础性取向，以便在资金有限的情况下更好地满足大多数师生读者对于阅读公共基础类、素质教育类、科普类、综合类和大众休闲型文献的基本需求，达到生均100册以上的数量规定；并重视电子类文献信息资源建设的发展性取向，以适应数字化、网络化发展趋势，更好地满足高水平教学与科研对于专业性、学术性强的文献需求。同时优化各类文献信息资源建设的投入比例，兼顾纸质文献的阅读功能和电子文献的检索功能。

由于教育部本科教学评估方案对图书馆的馆舍、馆藏文献资源建设作出了数量规定，并对图书馆的管理手段和使用效果提出了具体的要求，这就为新建本科高校图书馆的建设和发展提供了一个操作性很强的范本，落实这些指标和要求，将大大推进图书馆基本办馆条件改善的进程。同时，从实际效果来看，由于新建本科高校图书馆参加教学评估，多数是升本以来第一次迎接国家级"大考"，因此，学校领导、职能部门和图书馆都十分珍惜这样一个机会，必将竭尽全力，想方设法改善办馆条件，按照本科高校的标准建设好图书馆。

### 三、实现图书馆科学定位与规划、变革和完善内部管理机制

新建本科高校图书馆长期处在专科办馆层次，升本后，许多办馆理念、管理和服务观念依然停留在专科教育层次。对于怎样建设、建设什么样的本科高校图书馆，没有来得及进行感性认识与理性思考，发展方向难以准确把握，馆藏资源需要整合，业务流程和组织结构需要重组，管理水平亟待提高，为高校教学、科研及学科建设的服务有待深化，图书馆的功能和核心能力需要进一步得到提升。而新建本科高校图书馆在服务、管理方面要么模仿或照搬原有本科院校的做法，出现"跟步走"现象，要么只是简单延伸专科图书馆的办馆模式，要么摸着石头过河，急于求成，贪大求全，一味盲目扩张，

出现"急步走"现象。因此，准确定位，科学规划办馆目标，进而确立学校图书馆在高校图书情报系统中的位置以及学校发展中的地位，将成为新建本科高校图书馆实现内涵升本的关键。

新建本科高校图书馆的馆员队伍的主体是专科阶段所培养的，其丰富的管理和服务经验当然是学校升本后图书馆进一步发展的重要财富。但长期形成的思维定式和工作习惯手段又制约着他们分析问题的角度以及服务方式和管理手段。基于过去的经验所形成的价值偏好与工作方式，又影响着它们的管理理念与模式选择。超越馆员过去经验对升本后图书馆的发展的限制，单凭个人力量难以实现，必须凭借外部力量的引导。本科教学水平评估正是这样的一种引导动力。评估方案对图书馆的指标和要求体现着高校图书馆对人才培养的基本要求，反映了高校图书馆工作的基本规律及现阶段高校图书馆改革的走势与发展方向。在以评促建过程中，只要图书馆认真分析并把握评估指标内涵，分门别类，将评估方案中对图书馆的指标和要求具体细化在图书馆的各项管理和服务工作中，然后逐项逐条对照，查找不足，且在反思传统的常规管理与服务制度的基础上，制定切实可行的整改目标和实施方案。

首先，为尽可能地向评估专家组展示图书馆的管理手段先进和使用效果好的评估要求，各高校都会十分重视文档资料建设，即各种支撑资料和原始资料的准备。这在客观上促进了图书馆的资料整理与积累，使图书馆管理更加科学规范，并加强了工作的连续性。使图书馆对过去的工作进行系统反思与整理，使各项管理与服务工作有章可循。

其次，评估对于馆员队伍素质也同样具有积极意义。管理水平高低与文献信息资源使用效果的好坏，关键在于是否有一支高素质的专业馆员队伍。高素质馆员队伍表现在必须有优秀的职业道德，良好的心态，健全的人格，过硬的专业技能和复合的知识服务能力。在评建阶段，图书馆要开展思想观念解放的学习讨论，组织馆员反复学习评估方案，领会评估指标内涵，这实际上对图书馆提供了一次极佳的示范性培训机会，让每位馆员心中都充满了爱与责任，强化了没有爱就没有好的服务，没有责任就办不好图书馆的意识。强化了馆员的敬业与精业意识，增强了图书馆的凝聚力和内驱力。在一定程度上提升了馆员队伍的素质。

第三，对图书馆的管理水平和服务质量的评估，促使图书馆必须面对数字化生存的现实，从新设计网络化环境下图书馆的服务能力，意味着对图书馆的资源整合和组织结构的变革。而这种整合与变革的内涵实质，是根据大学图书馆的发展目标根本性地改变其运作方式，他所强调的是图书馆应该做什么，而不是图书馆过去作过什么，其任务是寻找改进图书馆性能的创新性方法，"整合与变革"与其说是一种方法论，不如说是一种思想，是一种着眼于长远和全局，突出未来发展与合作的变革理念。整合意味着对原有格局的打破而重新构建新的模式，它的含义绝不仅仅是单纯的业务流程的简化和机构的变革，更重要的是组织理念的更新，意味着全新的组织构成方式，意味着对一个组织作为社会细胞的根本意义和目标的反思和追求，意味着对人的主体意识的重新认识和弘扬。提升图书馆的管理能力和服务质量，要求坚持"和谐管理"的人性化原则，在图书馆组织文化上不断突破与创新，积极营造"家园式"的学习型组织文化，努力探索出一套符合时代要求，适合本科高校图书馆办馆理念和定位的运行模式和管理制度，从而确保图书馆沿着本科高校发展的轨迹前进。

**四、树立本科意识，超越对自身文化的组织记忆特征，实现组织文化创新**

在本科教育这个系统中，学科建设是大学里的一个永恒主题，是大学各项建设的核心。是大学发展的根本支撑点；在图书馆建设中，学科专业建设起着一种黏合剂的作用，它把图书馆物质资产（包括文献信息资源）、人力资本、结构资本和用户资本等基本要素有机结合在了一起；学科专业的设立、调整和发展，是图书馆馆藏组织布局、业务流程以及组织机构设立的根本支点，是整个图书馆组织架构中的基础。在本科高校发展过程中，学科建设起着基本的、长期的、决定性因素。所以，在以评促建过程中，突出高校图书馆组织文化的学科性特征，始终以"为学科建设服务"作为龙头，将"以学科为基础"和"以读者为中心"当做图书馆发展的生命线，常抓不懈。积极做好四个方面工作：①打破信息载体限制，以学科类聚知识。②构建以知识学科为主轴的服务部门及其他工作机构。③以学科为基础重组图书馆业务流程，建立一种以"内容丰富，取用便利的资源环境"；"深化服务，接近读者"；"利用活动与读者建立互动关系"为内容的图书馆服务管理新形态，搭建图书馆知识组织与服务实践平台。④建立学科馆员制度，优化对学科专业服务的对口服务机制。

新建本科高校图书馆在发展历程中会逐渐形成具有自身特色的文化，这种文化体现着图书馆对自身过去成功发展的一种认识，从而体现出一种组织记忆的特征，来影响和规范图书馆的组织成员，实际上是用过去的经验来指导图书馆成员的行为实践。图书馆文化的这种组织记忆特征在一定程度上呈现出一元化的倾向，它常常排斥与其不同的异质文化。新建本科高校图书馆长期运行在专科层次，学术氛围较为淡薄，学科建设理念缺失。因此努力营造与本科高校图书馆相称的组织文化，树立本科意识，是新建本科高校图书馆内涵升本的主要任务。本科教学水平评估倡导的是组织成员不断进行学习的价值观念和行为准则，引导图书馆构建一种开放性的组织文化。同时，从评估的视角来看，高校图书馆文化体现的不仅是自身过去的成功经验，同时是与社会需求及高等教育发展战略调整相适应的价值观念和行为方式。对于新建本科高校图书馆来说，评估有利于使其突破传统的环境惯性和思维惯性，追求未来崇高的目标，实现对自我的超越。

案例三：地方高校图书馆特色化的战略抉择

——洛阳师范学院图书馆河洛文化资料中心建设

在当前数字化、网络化的环境下，地方高校图书馆可持续发展的路在哪里？可行的办法是走特色化办馆之路，在文献资源建设与用户服务上挖掘自己的比较优势，寻找自身的发展空间上下工夫。要依托学校学科特色构建馆藏和服务管理体系，对传统组织结构进行整合、变革、创新，力求在结构上和机制上建立特色，使之具备较强的竞争优势。走出一条与学校教学科研融合、与地方政治、经济、文化协调发展的办馆之路。洛阳师范学院是一所2002年经教育部批准由原洛阳师范专科学校与洛阳教育学院合并后升格的地方本科师范院校。本文提供升本后图书馆如何依据地方高校的性质、任务与定位，发掘地方文化资源，建设"河洛文化资料信息中心"的一些现实思路。

**一、地方高校图书馆特色化内涵及目标定位**

为本科教育、学科建设及当地政治经济文化服务是地方高校图书馆特色建设的方向和原则。特色是一种比较优势，地方高校图书馆在进行特色化定位时应结合学校的定位与相关的地域状况以及自身具备的优势等各方面的因素，并综合考虑学校与社会发展的需求。

特色第一层含义就是"分层"裁量，对号入座。在高校群体中，由于多年累积和承继，自然地形成了一种分层现象，这里有一种看不见的分界线将高校划分为：科研型、科研教学型、教学科研型和教学型四个等次。这四种等次的学校性质任务不同，人才培养规格、办学条件、资金投入、设备设施也大不一样。高校的分层现象决定了高校图书馆的目标定位，馆藏文献资源特色首先必须量体裁衣、对号入座，与学校等次相互对应，协调一致。

　　特色的第二层含义是要选准"坐标"，定向发展。从纵的方向看，高校有层次之分，从横的方面看，高校又有类型之别，比如理、工、农、医、师等等。如果说高校的分层现象决定了高校图书馆的馆藏定位，那么高校类型的划分，则制约着高校图书馆的馆藏定向。高校图书馆只能依据学校的"位格"，来选择自己的"坐标"，确定今后的发展方向。总而言之，特色是一种比较优势，不一定要大而全。人无我有是特色，人有我优是特色，人优我新也是特色。要确立特色，很重要的一个方面就是在一定的比较范围或类型上确立特色，每一个图书馆在发展和竞争中都会有一个相对位置。合理的定位、找准自己的"位格"，在此基础上发现特色、建设特色、强化特色。在我国地方高校的发展过程中，有些问题必须引起教育界的关注，譬如有的高校急于扩充专业，向综合性大学发展，片面追求办学规模；有的盲目同"高精尖"攀比而丧失优势和特色……在这些高校，图书馆建设往往追寻学校搞大而全或小而全。依据上述理解，首先对图书馆发展进行准确定位，在"位格"中形成特色并进一步强化特色。洛阳师范学院纵向应定位在教学科研型层次上，横向归为地方师范类院校，图书馆要依据这个"坐标"来确定其办馆特色，不盲目求大求全。

　　特色的第三层含义，是要维护传统，将优秀传统发扬光大。无论是等次上的差别，还是类型上的差异，每一所高校图书馆都一定会有自己的优势学科或拳头品牌，也一定会有自己的"区域"优势或者"人气"优势。总之每一所高校图书馆一定会有自己的"闪光点"和馆藏重点，维护这种日积月累形成的宝贵传统，并使他们发扬光大，成为对外交流的"品牌"，这是高校图书馆特色建设的常规举措之一。

## 二、我馆建设河洛文化资料中心的现实思路

（一）着力于河洛文化资源的搜集和开发

　　信息资料搜集是河洛文化开发的基础，而大规模、大范围的文献资料的搜集是一项投入巨大的系统工程，离不开政府的支持。较好的选择是两条腿走路，即一方面集中自身可以支配的财力和人力去征集、交换、复制、购买相关的地方文献资料，另一方面采取向政府立项的方法来解决政策、资金和技术等问题。我馆在2004年申请教育部CALIS特色数据库子项目——河洛文化文献信息数据库的立项获得批准，目前正在加紧进行该数据库建设。该项目的完成不仅对洛阳师范学院河洛文化研究的地位奠定基础性作用，而且对弘扬中华民族优秀传统文化也是一项巨大的贡献。

值得指出的是在河洛文化文献信息集藏中，无论哪条腿走路都应立足于建设虚实兼备的复合型馆藏。所谓"虚实兼备"，是将有关河洛文化知识信息的"实体"馆藏（如传统的纸质文献、磁带、光盘等），同"虚拟（网络信息）"信息结合起来，以形成一个博大精深，丰富多彩的馆藏体系。同时我们还必须明白，无论是实体文献还是虚拟信息，凭借一家图书馆的实力既不可能搜集殆尽，同时也不必要尽收囊中。作为一所高校图书馆，客观上只能是将"无限"变"有限"，选择最需要的和最主要的，这种选择的主要标准就是"突出特色"。洛阳有多家河洛文化研究机构与文献收藏单位，当前这些单位河洛文化文献系统集藏的规模、内涵有一定的差异性，服务方式也各有千秋，每一种馆藏与服务方式都适用于不同特定读者群体的需要。因此，这多家收藏单位要突出各自的馆藏特色，客观上需要统筹和分工协作，每一家收藏单位必须根据自身的性质目标和任务，综合各自的学科优势和研究力量来确定各自的集藏重点。否则，全面开花必然不能一枝独秀，造成重复收藏、内容雷同，结果还是难以形成特色。特定的历史文化印记决定特定藏用特色追求，经反复论证，我馆确定以教育为核心，带动河洛哲学、文学、艺术等文献资料系统化的集藏方略。

资料搜集是要靠脚踏实地的步履来实现的。就河洛文化内容而言，内涵非常丰富，包括历史、人物、故迹、传说、文学、艺术、戏曲、书法、农业、科技、军事、医学等方方面面的文献资料。就载体而言包括图书、报刊、收集、电子读物、音像制品、金石拓片、实物图片等各种形式。由于我馆前身是一所专科师范院校图书馆，承接的历史文献不是很多，因此，一方面实体文献搜集需要励精图治，加大力度，多渠道、多方式进行征集。另一方面，要加强河洛文化"虚拟馆藏"建设。运用计算机信息处理技术，要不断将搜集的馆藏文献资源转化为网络信息数据库，同时通过网络下载将网络信息资源转化为馆藏信息资源，这是在当前数字化和网络化环境下图书馆的基础性工作。我馆在河洛文化资料中心建设中强调重点作好两方面工作：一是馆藏资源的数字化；二是社会资源的馆藏化。馆藏资源的数字化就是要根据学校学科特点、科研方向和日后发展规模的实际情况，重点创建具有本校特色的河洛文化文献信息资源，建立个性化的数据库，实现目录检索、主题检索、和全文检索；同时还根据学校教学科研和地方社会的文化需求，对相关的学术期刊、著作、手稿等做数字化技术处理，在此基础上建立全方位搜索引擎，实现读者上网轻松阅读和下载。社会资源的馆藏化是针对学校的发展和读者的需要，对社会上以数字化的信息进行收集、整合和利用，大力拓展网络资源，将网络资源进行选择，将利用率高，具有学术性、权威性的河洛文化研究专业信息进行下载，形成具有馆藏特色的专题、全文或文摘数据库。这样的网络信息资源的收集和利用，则大大突破传统馆藏文献信息资源的界限。这两项工作的有机结合，将大力推动"虚实兼备"的特色馆藏建设。

（二）着力于对河洛文化的学习、研究、传播和对学生提供教育性服务工作

搜集是开发的基础，而开发是利用的前提。决定图书馆服务能力与水平的主要因素，一是文献系统化集藏的规模，二是对文献资源开发（知识序化）的水平。由于地方文化文献信息系统化集藏所衍化的特色服务，本身就是图书馆的品牌，这种品牌的推出，需要搭建读者与本馆进行学术文化交流的平台。作为学校河洛文化资料信息中心，无疑应当通过书目、索引、网络导航、学科门户和数据库等检索工具，以多种方式对集藏文献进行公开揭示，向用户报道，提供河洛文化文献的有序信息。并通过内阅外借等多种方式将馆藏文献提供给有着不同文献需求的读者。同时，我们必须明白，对高校而言，图书馆特色文献集藏的出发点与最终目标就是弘扬地方文化，对学生进行教育性（人文教育）服务，这是图书馆河洛文化集藏的最高境界。要把"河洛文化资料中心"作为大学生进行优秀传统文化教育和提高大学生人文素质的教育基地来建设。让学生参与到河洛文化资料中心建设中来，提高他们对该项工作意义的认识，加强对河洛文化的了解。图书馆应主动介入校内、区域内或全面性的一系列有关河洛文化的活动中，甚至独立策划有影响的交流活动。

学校在利用河洛文化对学生实施传统文化和人文素质教育过程中，要建立研究性的教学模式。一是教师把研究的思想、方法和取得的新进展引入教学活动，就是说教师的教是创新性的。二是教师以研究的形式组织教学活动，打破原有的凝固、完整的学科逻辑和机械的顺序。三是学生积极参与研究之中，在研究中学习，在研究中成长，养成独立思考的气质和批判精神。四是在研究中建立民主、和谐、文明的师生关系。研究性教学应当体现出如下特点：其一是学生的主体性：以学生发展为本，基本趋向是把学习与研究相统一，扎扎实实提高学生人文素养。其二是环境的开放性：首先，教学内容不限于书本和课堂，学生根据自己的情况选择不同的学习对象和重点。其次，教学时空突破规范的课堂区域的闭锁，从课堂延伸的图书馆、博物馆、社会

实践和网络虚拟系统，实现学习与研究的结合，学习与生活的结合。其三是形态的不确定性：教学重心不放在传递多少知识，讲授多少内容，而是放在提升学生的对传统文化的思维品质和思想深度上。

（三）着力于业务流程重组和管理机制创新在结构上求效益创特色

学科是本科教育的基本元素，是学校建设和发展的着力点，也是高校图书馆整合特色文献资源、组合业务流程、凝聚人才、开展科学研究和提供教育性创新服务的核心载体。只有培养学科特色才能突出学校特色，创出图书馆品牌。地方高校图书馆要在挖掘自己的比较优势，寻找自己的发展空间上下工夫。在图书馆和用户服务方面，要依托地方文化特色与学校学科特色构建服务体系，对传统组织结构进行变革、整合、创新，力求在结构和机制上创建特色。在"河洛文化资料中心"建设中，我馆对河洛文化文献资源的布局、管理和服务采用了一种全新的模式，其核心是坚持两条原则：以用户为中心和以学科为基础。具体思路和措施如下：

●重组图书馆业务流程、建立"藏、借、阅、查、咨一体化"的河洛文化文献信息服务管理模式　在图书馆业务流程和管理机制上，图书馆的机构设置和藏书布局是由图书馆的功能决定的，业务流程一般又是由图书馆的藏书布局所决定的。我国传统图书馆业务流程组织方式的实质是一种"书本位"，即以文献载体为本，一般先将文献划分成书刊两大块，然后按中外文将书和刊又一分为四：中文书、中文刊、外文书、外文刊。在图书这一部分，又分成外借和阅览两大部分，还分离出声像、缩微、电子出版物、古籍等这些特殊类型的文献。在高校图书馆，常常按读者职业（教师、学生）把供借阅的书刊再划分两次，这样对藏书层层划分的结果，使出现了众多的读者服务部门和服务口，如外借部、阅览室、期刊部、声像部、电子文献部、特藏部、参考咨询部等；图书馆约70%以上的工作人员就集中在这些服务口上。为本科教育、学科建设和地方政治经济文化建设服务是地方高校图书馆发展方向和原则，囿于传统办馆思想，地方高校图书馆至今普遍采用以业务管理（以文献载体为基础）为中心的传统组织管理方式，这种方式有两个突出问题：一是藏借阅参分离、部门划分过细，造成资源浪费和用户使用障碍；二是不能充分体现高校图书馆"以学科为基础"的个性特征。

河洛文化资料中心建设必须立足于"以学科为基础、以用户为中心"的现代高校图书馆业务组织方式。其要义有二：一是业务流程重组以人为本，真正体现"以读者为中心"；二是文献资源与人力资源的整合"以学科为基础"。这两个原则是高校图书馆传统服务管理模式向现代范型转变的基本依据。我馆在新建馆采取按相近学科内容组织布局馆藏资源,分为社会人文区、自然科学区、电子文献区、河洛文化资料中心五大区域。每一区都配置计算机、检索终端和设立咨询台,实行"查、阅、咨、借、藏一体化"的集成化服务管理模式。在人力资源配置组织机构设置上,配备相应学科背景的图书馆员。在管理上采用能级对应原则,既有集学科文献信息搜集、开发、参考咨询、情报服务为一体的学科馆员的高级岗位,又有负责文献管理和一般文献咨询的中低级岗位。对应于河洛文化资料中心设置"河洛文化工作部"来统筹其搜集、整理、研究与教育性服务工作。建立这样的以学科为基础的组织机构,可以整合图书馆的人力资源,调动一切研究力量,进行开发性研究和提供教育性服务。实现了"人人进学科,人人有学科归属,人人有研究方向",一个部门就是一个学习型组织,也是一个研究机构的组织文化创新。

•设立河洛文化学科馆员、突出重点服务、加强与河洛文化研究与教育的沟通 学科馆员或学科专家简单的定义是:在特定的学科领域内负责所有图书馆的业务的"专业"馆员,而不仅仅负责图书馆的参考咨询业务。设立河洛文化学科馆员制度是图书馆为满足学科专业需求而设立的一项服务制度。这项制度是突出重点服务,满足河洛文化研究和学校实施人文教育的必由之路。与公共图书馆和其他科研院所图书馆不同,高校图书馆服务对象主要是校内学科专业人员和即将奔赴各专业岗位的准专业人员,由于我们培养对象主要是未来从事基础教育的教师,他们特别需要具备人文素养,而河洛文化作为中华民族的核心文化,对培养学生民族认同感、自豪感,提高他们人文素养具有重要的作用。校内和社会对河洛文化文献信息的需求特点,一是学科专业性较强,二是学科相关专业的交叉性较强。各学科的专业人员由于教学科研任务重、时间紧,到图书馆来都希望能方便快捷地找到教学科研需要的文献信息,而一些大学生,尤其是硕士、博士生在利用河洛文化资料中心时,都希望得到及时准确的专业指导。为此,建立河洛文化学科馆员制度,组织一批专业能力较强的图书馆员分别承担起专门为河洛文化读者提供深层次信息服务的工作,建立起一种对口服务的新机制,就显得十分必要。这种机制不仅会极大地方便读者,最大限度地满足其信息需求,而且也有利于河洛文化文献信息的深层开发和利用,这种机制就是学科馆员制度。与传统的参考咨询馆员制度相比,学科馆员制度有什么区别呢?我们认为最根本的区别在于:图书馆业务组织方式的变革,即传统的图书馆工作流程(采、编、流、参）为基础、以业务管理为中心的组织管理方式向现代的学科为基础的，以用户为中心组织方式的整合变革。虽然二者都体现了"用户为中心，以服务为中心"，但是参考馆员制度是在原有图书馆业务组织框架下业务中心的调整，学科馆员制度才是以用户服务为中心的图书馆业务新的整合，是图书馆业务全程深入地面向用户服务。这项制度的实施能够加强和扩大图书馆与学科的交流沟通，促进图书馆工作与教学科研深层次的融合。

　　一所地方高校图书馆特色的形成，是一个长期渐进的历史过程，同时它又是一种特有的文化嬗变现象。决定高校图书馆特色的因素是多样的，比如学校的历史文化传统、社会环境和自然环境等，任何类型的图书馆都是遗传与环境的产物，世界上许多著名大学图书馆的发展史早已证明了这一点。由此可见，图书馆特色的形成过程就是自身在办馆过程中有意识地对传统的不断继承与扬弃、对环境的不断改造和适应的过程。数字技术、网络技术和计算机技术的发展和广泛利用为历史文化的挖掘和拓展提供了强大的技术支持，也为图书馆在网络环境下的特色发展创造了新的契机。关键是要树立前瞻性的办馆理念和发展思路，把握一定时期社会、经济发展和高等教育改革的趋势，准确分析大学及图书馆生存和发展的历史条件和背景，抓住机遇、破除陈规、勇于创新、敢为天下先。洛阳师院"河洛文化资料中心"处于起步阶段，目前虽然取得了一些成果，但离特色化建设目标还有很长的路要走，有许多工作需要完成。地方图书馆特色的形成是传统和地域环境在特定历史条件下相互作用的结果，因此它又是动态的、发展的。我们有信心沿着我馆既定的特色建设思路，脚踏实地一步一步走向成功的彼岸。

# 第二章　河洛文化数据库建设

## 第一节　高校图书馆特色数据库建设实践研究

### 一、概述

高校图书馆组织和建设一个特色数据库一般要经过以下几个步骤来完成：

（一）确定特色信息管理系统的建设目标；

（二）对目标信息的调查与分析；

（三）对目标信息的收集、筛选和整合；

（四）选定并利用建库和管理系统平台实现信息的导入和组织；

（五）信息的发布、管理与维护。

### 二、"河洛文化文献专题数据库"的立项

开发和建设特色资源数据库首先要把好选题论证关，它直接关系到数据库的定位和内容价值的取向以及数据库的生存与发展。我们主要从需求性、特色性和优势性三方面对选题进行论证。

（一）"河洛文化文献专题数据库"的需求分析

需求分析是特色数据库建设的首要前提。

首先，该库的建设，对于传承河洛文明、研究河洛文化具有深远意义。河洛文化素称中国传统文化之源头，是中华民族的"根文化"。近年来，"根文化"研究方兴未艾，河洛文化不仅是中华文化的"根文化"，更是客家文化的"根文化"。建设"河洛文化文献专题数据库"对于深入研究客家文化、提高河洛文化在广大海外华侨心目中的地位、增强中华民族凝聚力和对祖国统一大业都具有重要作用。该库建成后可以极大地丰富广域网上河洛文化的信息拥有量，使之成为我国和世界河洛文化研究、社会科学研究必查必用的核心数据库。

其次，该库的建立，对于开发和保护地方文化遗产，促进地方文化、经

济的发展具有重要意义。洛阳是九朝古都，又地处河洛文化中心，珍贵的文物、文史文献资料、孤本善本以及图片照片资料十分丰富，大都采取只藏不借的封闭式保护措施，这类特藏史料采用数字化技术制成数据库，可向用户提供浏览和检索，有利于对我国文化遗产的研究、开发和利用。

第三，该库的建立可以为河洛文化国际研究中心及洛阳师范学院的特色办学和重点学科建设、教学科研活动提供信息保障。

第四，该库的建立是图书馆发展的需求，特色数据库的建设已成为当今评价一所高校图书馆品牌建设的重要标志。只有建立具有自身特色的数字化信息体系，向读者提供具有自身鲜明特色和优质的高层次、高效率服务，才能在竞争激烈的信息社会中求生存，谋发展。

（二）"河洛文化文献专题数据库"的特色分析

为避免数字资源重复建设，河洛文化文献专题数据库建设以特色馆藏资源为核心，把作为馆藏特色资源延伸的馆外资源和网上虚拟资源作为必要的补充。确保数据库建设的特色性。据调研，我国学术界自20世纪60年代初已将"河洛文化"作为学术专题广泛研究，到20世纪90年代初达到高潮。河洛文化的文献资源分布十分广泛，同时又十分的分散。到目前为止，国内外尚没有形成专门的相关文献信息中心。"河洛文化文献专题数据库"经申报立项后，该数据库已成为中国高等教育文献保障系统CALIS"十五"期间指定的唯一特色数据库。

（三）洛阳师范学院图书馆的资源优势

洛阳作为河洛地区的中心城市，自从周平王东迁以来，就成为我国政治、经济、文化的中心。洛阳师范学院北倚洛水，南靠关林和世界文化遗产龙门石窟，得天独厚的地理、文化环境，决定了依托和研究河洛文化，继而开发和弘扬河洛文化成为洛阳师范学院一条主要办学指向。洛阳师范学院图书馆于20世纪80年代开始关注"河洛文化文献"的收集、整理工作，专门成立了负责收集河洛文化文献的相关部、室。河洛文化文献的收集和研究现已具有相当规模。2002年，学院成立了"河洛文化国际研究中心"，其下属的河洛文化文献资料中心就设在洛阳师范学院图书馆。在研究经费和人才方面，得到地方政府和学校的大力支持。目前，图书馆已收藏具有河洛文化特色的线装古籍1800多种、11000多册，金石拓本2000多种，新获魏、隋、唐、宋、明、清珍贵墓志350余方。河洛文化专题研究文摘，全文数据库12000余条，还有近万条金石拓本叙录正在录入建设中，其中牡丹研究专题数据库，洛阳民俗专题数据库，河洛史志专题数据库，客家文化研究数据库等已经整理完成。还有河洛地区经济研究数据库，婚姻与人口研究数据库也在筹备中。

### 三、目标文献信息的采集与整合

河洛文化文献的数据源十分丰富，从信息的载体形式来看，既有论文、图片、拓本、会议文献、又有网络虚拟文献；从时间和内容来看，河洛文化时间跨度长达五千年，涉及经学、佛学、道学、玄学、理学、文学、艺术、科技、教育，其博大精深、源远流长。面对收集来的分繁复杂的相关信息，需要进行去伪存真、去粗取精的筛选，确保文献信息的含金量。筛选、整理和组织文献的过程是个知识管理的过程，这一过程关系到整个数据库的质量，需要在学科专家的建议和指导下，由专业人员和图书馆建库人员共同来完成。筛选过的数据又按其知识体系，划分为不同的知识块（即数据库子库和目标文献群），最终组成知识仓库。划分不同的知识块的过程也为以后建立数据库的信息导航与检索分类奠定基础。

### 四、特色数据库建设、发布和管理

（一）数字资源采集

"河洛文化文献专题数据库"文献数据的采集来自特色馆藏文献、地方文献和网络信息（如 CALIS 书目数据）以及其他网上信息和本馆图书集成管理系统数据库。利用 TPI 数字资源采集系统可实现网上信息采集、站内搜索引擎检索和实时信息采集。TPI 具备电子文档格式转换、元数据转换等功能，它可以将 WORD、PDF、HTML、WPS、PDQ、PS、TXT 等格式的文件转换成 CAJ 格式文件，并支持批处理，操作方便快捷。

（二）数字资源加工

TPI 数字资源加工系统可以完成元数据的加工和标引分类工作。元数据标引支持 WORD 文档。HTML、TXT 文件、PTF 格式等文件的标引工作。专用的电子图书制作工具（BOOKSHOP）功能较强，可多用户同时扫描加工制作文献，对所加工的文献可进行批处理、细加工。这一优势为初建库时大批量采集加工信息提高了工作效率。数字加工工具在对电子文献元数据录入、修改和入库时，可直接从原文中圈选需要的内容，操作简单、直观。但值得注意的是，所建各类元数据标引一定要符合《CALIS 专题特色数据库信息描述元数据规范》中所规定的元数据规范。才能使建成的数据库资源能上传 CALIS，做到数据共建共享。为此我们参照元数据规范专门制定了河洛文化文献期刊、论文原数据采集标准、书目原数据采集标准、金石原数据采集标准、家具、生活用具、服装原数据采集标准、人物遗迹原数据采集标准、人物原数据采集标准、艺术、戏剧原数据采集标准和书法、绘画原数据采集标准。

数据分类利用可视化的操作界面实现分类的全过程。TPI 分类工具既提供标准的中图法分类体系，也允许用户自定义分类体系。为便于分类和检索，河洛文化文献数据库在进行信息分类时，采用了自定义分类和中图法分类并存的灵活方式。在用户选定分类体系的基础上，系统自动生成导航树，只要将记录拖动到相应的结点，系统就可记录下本记录对应的分类号，建立导航检索。

（三）数据库检索与发布

TPI 数据库检索与发布系统可实现各种检索服务及全文检索。该系统能为用户提供新闻、网络导航、学位论文、教师参考书、博硕士论文提交等内容发布形式。建立河洛文化新闻版面和河洛文化网络导航对于读者及时掌握河洛文化动态和充分利用网络资源具有重要意义。但要实现全文检索、跨库检索、二次检索及高级检索则需安装 USP 检索平台软件。

TPI 数据库发布提供了多种风格的模板，同时也可以自建发布模板，数据发布前选定适合内容发布的模板后，定制发布字段。"河洛文化文献专题数据库"发布的页面设计与 CNKI、GOOGLE 等页面相似可以符合用户的检索习惯。数据在发布前设定检查项，可以在数据入库发布前发现问题，适时对元数据进行修改。TPI 在线浏览技术使读者在阅读电子书时，可以选择下载阅读和在线阅读两种方式。

（四）数字资源管理

TPI 数字资源管理系统可实现用户权限管理、数据库维护、统计和计费等功能。该系统可实现数据库的引入、删除、清空临时库、数据更新、数据库索引、数据库优化、数据库备份等功能。用户管理模块包括检索用户的管理和数据制作人员的管理两部分。在用户管理模块里可以对检索者进行 IP 限制、账号限制、时间限制和访问数据库权限制。未经授权用户无法进行相应的操作，该功能非常适合高校不同读者群的管理，既确保了系统的安全又方便了数据库管理。

TPI 的数字参考咨询系统还可实现 FAQ 咨询、E－mail 咨询和 BBS 论坛，建立虚拟参考咨询平台。将读者经常询问的一些较大众化、有代表性的咨询问题进行分类组织、编成列表，将答案提供给用户查询；另外读者也可通过 Web 表单提出问题，咨询员再根据读者的问题，通过 E－mail 寄给读者相关答案。这些功能为图书馆以后拓展与读者互动和网上服务提供了平台。

### 五、"河洛文化文献专题数据库"建设中遇到的问题

元数据标引的质量好坏直接关系到数据库建设的质量.为此要控制好三个方面：（1）标引词准确性控制。"河洛文化文献专题数据库"元数据的标引虽然依照《CALIS 专题特色数据库信息描述元数据规范》制定了相关元数据标准，但主题词、关键词、摘要、分类号、载体形态等相关注录项的正确选择和描述仍存在人为差异的因素；一些特殊文献，如金石、字画、家具、生活用具、服装、音像等的标引描述在当今还处于尝试摸索阶段，为此把握标引词的准确性和规范性是一个重要问题。（2）标引工作规范的控制。标引工作要形成规范制度，对文献标引的词表选用、文献标引范围、标引类型、标引方式、标引深度等明确指标，使之有章可循、按章操作；建立严格的校对制度，把好校对关。（3）标引人员的管理和技术控制。要求标引人员要有责任心、有奉献精神和广博的知识面以及扎实熟练的标引技术，能随时解决标引过程中出现的各种疑难问题。

此外，特色数据库的信息用于网络舆或传播，必须考虑到著作权保护的相关法律，要力求把握好在信息利用过程中尊重著者的权力和确保读者合理使用这两者间的平衡。

图书馆网络设施也存在差距，应争取决策层的支持，以增添和升级设备，也要充分发挥现有设备的作用。同时图书馆员的数字化管理能力和服务质量意识有待提高；读者的信息素质和应用能力也形成了新的要求。二者的培训工作势在必行。

## 第二节　以 TPI 为平台构建特色数据库

### 一、选用遵循 CALIS 标准和规范的特色数据库本地系统是建库的前提

目前，国内专题特色库参建馆本地系统主要有 TPI、TRS、麦达、快威、方正和义华十余家数据库软件公司制作的数据库管理系统。《CALIS 特色库项目本地系统技术规范》指出，参建馆本地建库系统应采用先进、成熟的技术作为构建数据库的平台；建库系统以遵循先进性、标准化、开放性、安全性、易用性和可扩展性为原则。数据库制作管理系统应具备以下功能：（1）高性能的全文数据库服务器、检索服务器以及管理系统；（2）先进的传统信息采集、加工工具；（3）高效、准确的信息检索系统；（4）先进的内容发布系

统；（5）支持标准的检索协议，可以实现资源共享。洛阳师范学院图书馆建库初期，为挑选适合自己情况的建库系统，考察选择了 TPI 和 TRS 两家产品进行试用。经过两家技术人员的培训和技术指导，在基本上能够利用两家软件产品进行数据库加工和发布的前提下，将两家产品中我们需要的主要功能模块在同等价格比下，对其产品的技术性能和特点进行了比较，最终选定 TPI 作为河洛文化文献专题库创建、发布和管理的平台。

（一）TPI 的技术性能

清华同方 TPI 专题数据库制作管理系统是一套基于网络平台上用于知识仓库创建、生产、管理、维护和发布的工具软件系统。TPI 系统的核心是 FIS 检索服务器，它实现了信息的组织、存储与检索。E－BOOK 电子图书制作工具实现传统信息的数字化；CAJWriter 通用文档转换工具可以将现有的各种格式的文件转换成统一格式的电子文件；RIG 实时信息采集工具、站内搜索引擎、学位论文等网络提交实现了网上信息的采集；全文检索服务器 FIS 提供 TB 级海量数据的快速检索服务；USP 异构检索平台可以在统一的界面中实现对多个异构数据库的检索，分布式检索系统对多个异地服务器实现跨服务器的检索；订阅推送系统为数字图书馆实现个性化信息推送提供了工具；内容发布平台 GPS 可满足用户的不同需要，把数据以各种风格发布到 Internet 上；全文传送系统在网络上以流线式实时传送电子文档；CDPT 光盘出版工具方便用户以光盘形式发布和浏览 TPI 数据库；数字资源管理系统提供完善的用户管理、数据库管理、统计与计费管理等管理功能；数字参考咨询系统、网上用户教育系统和个人数字图书馆系统可以实现有特色的数字图书馆服务。

（二）TPI 的总体技术指标

完全兼容现阶段图书馆普遍使用的 CNMARC 标准；支持239.50 服务；完全兼容最新的 Dublin Cort 标准；支持 XML 文件格式；完全支持最新的 OAI 服务。其综合指标单库记录个数 40 亿条；单库支持最大容量 8092GB，可以同时跨库检索最大数为 255 个；检索速度每秒钟 100GB；标引、分类、检索同时在线人数为 300 人。实现流水线控制。

## 二、河洛文化文献资源的搜集、开发与数字化整合

建立河洛文化文献专题数据库的基本内容是：利用网络优势，建立河洛文化虚拟文献数据库。一方面对本馆及河洛地区的河洛文化文献纸本资源进行搜集、开发与整合；另一方面对有关河洛文化的各种格式的网络文献资源进行挖掘与整合；最终将这些文献资源进行数字化加工处理，划分成若干个

子库，统一在同一检索平台、在 WEB 服务器上发布。达到和 CALIS 成员馆一道，统一标准、分散建设、共建共享的预期目标。

我馆在收集河洛文化资料建设中重点作好两方面工作：一是馆藏资源的数字化；二是社会资源的馆藏化。馆藏资源的数字化就是要根据学校学科特点、科研方向和日后发展规模的实际情况，重点创建具有本校特色的河洛文化文献信息资源数据库，实现目录检索、主题检索、和全文检索；实现读者网上的轻松阅读和下载。社会资源的馆藏化是针对学校的发展和读者的需要，对社会及网络资源信息进行收集、整合和利用，突破传统馆藏文献信息资源的界限。建立"虚实兼备"的特色馆藏资源体系。河洛文化内涵非常丰富，包括历史、人物、故迹、传说、文学、艺术、戏曲、书法、农业、科技、军事、医学等方方面面的文献资料。就载体而言包括图书、报刊、电子读物、音像制品、金石拓片、实物图片等各种形式。筛选、整理和组织文献的过程是个知识管理的过程，这一过程关系到整个数据库的质量，需要在学科专家的建议和指导下，由专业人员和图书馆建库人员共同来完成。筛选过的数据又按其知识体系，划分为不同的知识块（即数据库子库和目标文献群），最终组成知识仓库。划分不同的知识块的过程也为以后建立数据库的信息导航与检索分类奠定基础。河洛文化文献专题数据分为 4 个数据库子库，再在子库的基础上延伸不同的板块：

## 河洛文化文献专题数据库子库分布

1）近现代河洛文化研究论文信息子库

a）综合研究

b）专题研究

c）洛学

d）客家文化

e）炎黄文化

f）其他

2）河洛文化著作目录信息子库

a）综合研究

b）专题研究

c）经学、易学研究

d）手稿、家谱

e）洛学

f）地方史、志

g）其他

3）河洛风土、金石信息子库　　河洛教育、艺术、科学子库

a) 河洛碑、志拓片

b) 洛阳师范学院馆藏拓片及志石

c) 河洛器物图片、简介

d) 文物遗迹图片、简介

e) 河洛民俗器物、服装图片

f) 其他

a) 教育源发展

b) 书法、绘画、雕刻

c) 音像、戏曲

d) 其他

"河洛文化文献专题数据库"子库及子库以下板块的划分基于以下考虑：

①子库分类严格遵循信息分类的科学性、系统性、可扩展性、可操作性。

②河洛文化的内涵区分是数据库分区的基本依据。

③目标文献群的文献量是板块设置的实践操作依据。

④子板块的设立及文献序列要尽量考虑和《中图法》建立较为密切的联系。

⑤河洛风土、金石信息子库；河洛教育、艺术、科学信息子库建库时要重视原始信息的表达。

### 三、对象数据加工和元数据方案设计

河洛文化文献数据的加工分为纸本资源加工处理和电子资源加工处理

纸本资源加工简单流程：

| 扫　描 | → | 压缩转换 | → | OCR 识别 | → | 图像处理 |

电子资源加工简单流程：

（由于电子资源是已经数字化了的数据，因此对这类数据的加工主要是格式的转换、元数据分析往往和元数据加工一起处理。）

| 导入 | → | 识别/转换 | → | 保存 |

馆藏古籍、善本、拓片、图片、地方文献、会议文献等通过扫描或数码相机，进行图像处理、OCR 识别，压缩转换为数字文献；自建数字文献、选购的部分电子文献和搜集的网络文献，通过 TPI 文档转换工具，合成具有完整信息的 CAJ 格式的数据，经过标引、加工整合后归类到数据库子库中去（见图表）。TPI 系统支持多用户同时扫描、加工制作文献，具有数据导入、导出及批处理功能。数字加工工具在对电子文献元数据字段录入、修改和入库时，能够将编辑表单界面与对象数据在同一屏幕中显示（即双屏浏览），可直接从原文中圈选需要的内容，拖拽到编辑表单中。TPI 分类工具既提供标准的中图法分类体系，也允许用户自定义分类体系。为便于分类和检索，河洛

文化文献数据库在进行信息分类时，采用了自定义分类和中图法分类并存的灵活方式：一级、二级类目采用自定义分类，二级以下类目采用中图法分类。在用户选定分类体系的基础上，系统自动生成导航树，只要将记录拖动到相应的结点，系统就可记录下本纪录对应的分类号，建立导航检索。

（一）元数据方案及建库结构设计

CALIS 特色库子项目描述元数据规范及相关规则采用的是科技部科技基础条件平台工作重大项目《中国数字图书馆标准规范建设》的规范文件，目前，"专门数字对象元数据规范"出台 11 种元数据规范及著录规则，涵盖了11 种文献的标引及著录规则，其分别为：舆图描述元数据规范及其著录规则、音频资料元数据描述规范及其著录规则、学位论文元数据描述规范及其著录规则、拓片描述元数据规范及其著录规则、网络资源描述元数据规范及其著录规则、期刊论文描述元数据规范及其著录规则、家谱资源描述元数据规范及其著录规则、会议论文描述元数据规范及其著录规则、古籍描述元数据规范及其著录规则、电子图书描述元数据规范及其著录规则、地方志资源描述元数据规范及其著录规则。这 11 种元数据规范及著录规则基本上满足了河洛文化文献资源类型元数据设计参照的需要，不能完全覆盖的个别特殊文献类型，我们根据特定文献的特点，自行定义和设计新的描述元数据方案。制订方案时，一方面遵循"CALIS 特色库子项目描述元数据规范及相关规则"中关于自行定义与设计新的描述元数据其结构和规则的要求，另一方面尽可能参照当前国内具有权威的元数据规范标准。如河洛风土子库中的文物遗迹、器物、家具、生活用具、服装等，参照清华、北大图书馆和国家图书馆相关著录规则；河洛教育、艺术、科学信息子库中的书法、绘画、雕刻、戏曲、乐谱参照中国文化资源共享系统河南子库的元数据规范等，最后将自定方案上报 CALIS 项目组批准。

（二）合理的建库结构是把握数据库质量的关键

要求所有标引人员完整地理解、记忆特色库子项目描述元数据规范及相关规则的内容并运用到实际操作中是不现实的。为此，我们依据 CALIS 专题特色库项目组下发各参建馆的 11 种推荐标引字段输入工作单，按照数据库各子库文献类型，对每个子库各种文献类型的元数据分库存放，分别建立不同的元数据模版；标引人员分库包干，各自熟练掌握自己的标引内容。同时要求 TPI 公司对元数据规范中要求的功能设计到操作界面，对要求必备的字段项，系统应进行存盘检测和提示；著录内容修改时，要求具有全域修改功能；

系统要有记录锁定功能；能提供数据状态的显示，如新建、审校、修改、提交以及关键词可以从题名中自动抽取，供人工审校等。系统设计调试后，要求 TPI 公司的技术人员现场操作演示，并对标引人员进行培训。这样不仅提高了标引工作效率，而且大大减少了人为错误的发生。

（三）项目组成员进行合理分工，是提高工作效率、确保按时完成建库目标的保障

"河洛文化文献特色数据库"项目组成员分为三个小组：文献搜集组、元数据采集与技术督导组和录入建库组。文献搜集组根据各子库的目标文献群，负责全面搜集馆藏文献信息，地方文献资料信息、和网络资源信息；元数据采集与技术督导组全面负责各类文献元数据采集、示范和建库过程中的网络协调与技术督导；录入建库组根据元数据规范要求，对各子系统的目标文献进行数据的标引录入，全面负责建库录入过程中的任务分配和人员调配。

## 四、数字信息的发布、管理与维护

（一）数字信息的发布

TPI 数据库发布提供了多种风格的模板，同时也可以自建发布模板。发布时，首先选择要发布的数据库，选择"数据库发布菜单"，配置数据库版权信息；然后选定适合内容发布的模板，定制要发布的检索字段，作为发行数据库的检索字段、选择要发布的概览字段和细览字段，配置检索选项，完成发布设置。特色数据库发布的页面设计与 CNKI、GOOGLE 页面相似可以符合用户的检索习惯，但也可以根据所建特色数据库的内涵，突出特色，建立个性化页面。在发布前设定检查项，可以在数据入库发布前发现问题，适时修改。TPI 在线浏览技术使读者在阅读电子书时，可以选择下载阅读和在线阅读两种方式。

TPI 数据库发布与检索系统可实现各种检索服务及全文检索。该系统能为用户提供新闻、网络导航、学位论文、教师参考书、博硕士论文提交等内容发布形式。建立河洛文化新闻版面和河洛文化网络导航对于读者及时掌握河洛文化动态和充分利用网络资源具有重要意义。

（二）专题数据库的管理、使用与维护

TPI 数字资源管理系统可实现用户权限管理、数据库维护、统计和计费等功能。该系统可实现数据库的引入、删除、清空临时库、数据更新、数据库索引、数据库优化、数据库备份等功能。用户管理模块包括检索用户的管理和数据制作人员的管理两部分。在用户管理模块里可以对检索者进行 IP 限

制、账号限制、时间限制和访问数据库权限制。未经授权用户无法进行相应的操作，该功能非常适合高校不同读者群的管理，既确保了系统的安全又方便了数据库管理。

TPI 的数字参考咨询系统还可实现 FAQ 咨询、E - mail 咨询和 BBS 论坛，建立虚拟参考咨询平台。将读者经常询问的一些较大众化、有代表性的咨询问题进行分类组织、编成列表，将答案提供给用户查询；另外读者也可通过 Web 表单提出问题，咨询员再根据读者的问题，通过 E - mail 寄给读者相关答案。这些功能为图书馆以后拓展与读者互动和网上服务提供了平台。

数据库的生命力在于其数据是否能及时更新和不断的修正、充实与完善。因此，数据库维护需要有耐心细致、常抓不懈的思想准备和奉献精神。通过修正数据错误，可确保数据库质量；通过数据的维护，可保证和提高系统运行的可靠性、安全性、协调性和运行效率；通过数据的更新，可保持所含信息的新颖性和有效性。

### 五、"河洛文化文献专题数据库"建库中的相关问题

（一）质量控制问题。质量控制应贯穿建库的全过程。目前，我国对特色文献数据库的质量评价尚没有制定一套明确的评估指标，但对影响建库质量的要素已基本上达成共识。其影响要素大致为：①选题的新颖性、针对性和特色性。②数据的准确性、完整性和规范性。③管理系统的性能。④数据库的共享性和可扩展性。⑤数据库的安全性。⑥可维护性。⑦效益性。其中"数据的准确性、完整性和规范性"是影响建库质量的最重要的因素，也是人为出错因素最高的环节。数据质量是数据库质量的核心，它直接影响数据库的检索性能。为此要控制好三个方面：其一，标引词准确性控制。"河洛文化文献专题数据库"元数据的标引虽然依照《CALIS 特色库子项目描述元数据规范及相关规则》制定了相关元数据标准，但主题词、关键词、摘要、分类号、载体形态等相关注录项的正确选择和描述仍存在人为差异的因素；一些特殊文献，如金石、字画、家具、生活用具、服装、音像等的标引描述在当今还处于尝试摸索阶段，为此把握标引词的准确性和规范性尤其重要。其二，标引工作规范控制。标引工作要形成规范制度，对文献标引的词表选用、文献标引范围、标引类型、标引方式、标引深度等明确指标，使之有章可循、按章操作；建立严格的校对制度，把好校对关。其三，标引人员的管理和技术控制。要求标引人员要有责任心、有奉献精神和广博的知识面以及扎实熟练的标引技术，能随时解决标引过程中出现的各种疑难问题。

（二）知识产权保护问题。对原始资料的数字化应是特色数据库建库的主要文献信息来源，对网上灰色资料的挖掘和整理可作为特色数据库文献资源的补充和开发；过多倒入商业数据库的内容，不仅会使自己所建特色数据库在利用、交换和共享方面受到限制，同时也将降低特色数据库的质量。信息共享与信息安全是一对矛盾。如何实现信息传播过程中的知识产权保护、防止盗版和对网络的人为攻击，确保信息网络的保密性与畅通性是当前数字图书馆建设中必须重视的问题。

（三）增加建设资金和硬件设备升级问题：采用先进的、整体性能好的图书馆自动化管理系统，是保证 CALIS 特色数据库质量的物质基础。图书馆建设经费不足，可使所购软件系统不能够完善配套、网络运行速度慢、安全性能差。图书馆应争取决策层的支持，一要增添和升级软硬件设备；二要精打细算，充分发挥现有设备的作用。

（四）人员素质培训问题：一方面图书馆缺乏信息技术人才，图书馆工作人员数字化管理能力和提高服务质量的意识有待提高；另一方面，网络信息资源的利用对读者的信息素质和应用能力也提出了新的要求。做好二者的培训工作势在必行。

（五）数据库建设的规划问题。飞速发展的信息技术和图书馆普遍存在的经费紧张的矛盾，使得特色数据库建设不可能一蹴而就，应做好长远规划、整体论证设计，分阶段实施，每一阶段定出明确的建设目标和资金投入比例。要树立精品意识，为学科建设提供充足的信息资源保障。

（六）数据库的宣传推广与应用问题。网上信息日新月异，每天都有几百万个网页诞生，也有数以万计的网站消失。再好的网站没有访问量也难以生存，因此数据库建成后还要重视它的宣传和推广问题。高校图书馆要从全方位、多角度和通过各种媒体介绍网站的内容、开发的数据资源和为读者提供的不同服务，使特色数据库的价值得以充分体现。

## 第三节　CALIS 专题特色数据库建设实践研究

### 一、引言

中国高等教育文献保障系统 CALIS 是由政府资助的规模较大的基于数字图书馆思想的文献资源共建、共知、共享工程。参与 CALIS 特色库本地系统的高校参建馆数据库系统和 CALIS 中心服务系统遵循相同的建库标准和规范，在统一的系统框架下，形成二级系统之间的信息资源共享和交换机制，使得整个信息系统具有开放性和可移植性，从而实现文献资源的共建共享。由于目前国内外数字图书馆建设并不存在一个通用的数字图书馆体系结构，国内数字图书馆建设无论从理论上还是技术上都还处于探索阶段，因此，研究和借鉴数字图书馆建设的实践经验，对于指导数字图书馆建设具有重要意义。笔者以洛阳师范学院图书馆申报和在建的 CALIS "十五" 期间专题特色库子项目（项目号 4401 - 2 - 07）"河洛文化文献专题数据库" 建库实践为例，对特色数据库建库过程中的突出问题如：操作平台的选用、资源收集与整合、数据加工与标引、库型结构设计、信息发布、管理维护和质量控制等进行分析和研究，以期探索数字图书馆特色数据库建设的最佳方法和途径。

## 二、关于特色数据库本地系统操作平台

特色数据库建库初期在对建库目标进行科学的选题、论证、立项之后，接下来要有选择地确定建库操作平台。《CALIS 特色库项目本地系统技术规范》指出，参建馆本地建库系统应采用先进、成熟的技术作为构建数据库的平台；建库系统以遵循先进性、标准化、开放性、安全性、易用性和可扩展性为原则。据此，洛阳师范学院图书馆建库初期，在对国内十余种数据库制作管理系统软件进行考查、了解的基础上，选择 TPI 和 TRS 两家产品进行试用。优中选优，以期挑选适合自己情况的建库系统。经过两家技术人员的培训和技术指导，在基本上能够利用两家软件产品进行数据库加工和发布的前提下，将两家产品中我们需要的主要功能模块在同等价格比下，对其产品的技术性能和特点进行了比较，并考虑其他因素，如 TPI 是针对高校图书馆而开发、有 CNKI 工程技术应用基础、具有产品后续发展升级的有势、资源优势以及完善的售后服务等；综合评定后，最终选定 TPI 作为河洛文化文献专题库创建、发布和管理的平台。

## 三、关于特色数据库目标文献群数据整合策略

河洛文化文献的数据源十分丰富，从信息的载体形式来看，既有论文、会议文献、图片、拓本，又有网络虚拟文献；从时间和内容来看，河洛文化时间跨度长达五千年，涉及经学、佛学、道学、玄学、理学、文学、艺术、科技、教育，其博大精深、源远流长。面对收集来的纷繁复杂的相关信息，需要进行去伪存真、去粗取精的筛选，确保文献信息的含金量。筛选、整理和组织文献的过程是个知识管理的过程，这一过程关系到整个数据库的质量，需要在学科专家的建议和指导下，由专业人员和图书馆建库人员共同来完成。

筛选过的数据又按其知识体系，划分为不同的知识块（即数据库子库和目标文献群），最终组成知识仓库。划分不同的知识块的过程也为以后建立数据库的信息导航与检索分类奠定基础。

河洛文化专题库的文献数据分布在操作上，以文献目标时间为经，以文献载体形式为纬归序数据元。首先将河洛文化文献专题数据分为 4 个数据库子库，再在子库的基础上延伸不同的板块：

近现代河洛文化研究论文信息子库包括民国以来的所有报纸、杂志和会议录上收录的河洛文化研究论文；河洛文化著作目录信息子库包括古今中外（韩国、日本汉学）河洛文化著作，如经学、易学图书典籍、手稿、家谱等；河洛风土、金石信息子库包括各类文物遗迹、图片、文字、器物、拓本、家具、生活用具、服装等；教育、艺术及戏剧信息子库包括音乐、戏剧、乐谱、剧本、磁带、录像、CD、VCD、书法、绘画等。

"河洛文化文献专题数据库"子库及子库以下板块的划分基于以下考虑：

（一）子库分类严格遵循信息分类的科学性、系统性、可扩展性、可操作性。

（二）河洛文化的内涵区分是数据库分区的基本依据。

（三）目标文献群的文献量是板块设置的实践操作依据。

（四）子板块的设立及文献序列要尽量考虑和《中图法》建立较为密切的联系。

（五）河洛风土、金石信息子库；河洛教育、艺术、科学信息子库建库时要重视原始信息的表达。

另外建库过程中要重视各种行为的文字记录和数据积累。师出有名和科学创新相结合，纵向联系和横向关涉相结合；定量分析和定性描述相结合。把建库目标定位在争取数量、保证质量、有利上网、长远发展的方向上。

## 四、关于数字加工和元数据方案制订

文献数据的采集来自前期阶段整合归类的文献，主要包括两部分，一是河洛文化纸质文献，如馆藏古籍、善本、拓片、图片、地方文献、会议文献等。通过扫描或数码相机，进行图像处理、OCR 识别，压缩转换为数字文献；二是将以前自建的数字文献、选购的部分电子文献和搜集的网络文献，通过 TPI 文档转换工具，合成具有完整信息的 CAJ 格式的数据，经过标引、加工整合后归类到数据库各子库中去。TPI 系统支持多用户同时扫描、加工制作文献，具有数据导入、导出及批处理功能。数字加工工具在对电子文献元数据字段录入、修改和入库时，能够将编辑表单界面与对象数据在同一屏幕中显示（即双屏浏览），可直接从原文中圈选需要的内容，拖拽到编辑表单中。数据库数据分类利用可视化的操作界面实现分类的全过程。TPI 分类工具既提供标准的中图法分类体系，也允许用户自定义分类体系。为便于分类和检索，河洛文化文献数据库在进行信息分类时，采用了自定义分类和中图法分类并存的灵活方式：一级、二级类目采用自定义分类，二级以下类目采用中图法分类。在用户选定分类体系的基础上，系统自动生成导航树，只要将记录拖动到相应的结点，系统就可记录下本记录对应的分类号，建立导航检索。

值得注意的是，各类元数据标引一定要符合《CALIS 特色库子项目描述元数据规范及相关规则》中所规定的元数据规范。CALIS 特色库子项目描述元数据规范及相关规则采用的是科技部科技基础条件平台工作重大项目《中国数字图书馆标准规范建设》的规范文件，目前，"专门数字对象元数据规范"出台 11 种元数据规范及著录规则，涵盖了 11 种文献的标引及著录规则，其分别为：舆图描述元数据规范及其著录规则、音频资料元数据描述规范及其著录规则、学位论文元数据描述规范及其著录规则、拓片描述元数据规范及其著录规则、网络资源描述元数据规范及其著录规则、期刊论文描述元数据规范及其著录规则、家谱资源描述元数据规范及其著录规则、会议论文描述元数据规范及其著录规则、古籍描述元数据规范及其著录规则、电子图书描述元数据规范及其著录规则、地方志资源描述元数据规范及其著录规则。这 11 种元数据规范及著录规则基本上满足了河洛文化文献资源类型元数据设计参照的需要，不能完全覆盖的个别特殊文献类型，我们根据特定文献的特点，自行定义和设计新的描述元数据方案。制订方案时，一方面遵循"CALIS 特色库子项目描述元数据规范及相关规则"中关于自行定义与设计新的描述元数据其结构和规则的要求，另一方面尽可能参照当前国内具有权威的元数据规范标准。如河洛风土子库中的文物遗迹、器物、家具、生活用具、服装等，参照清华、北大图书馆和国家图书馆相关著录规则；河洛教育、艺术、科学信息子库中的书法、绘画、雕刻、戏曲、乐谱参照中国文化资源共享系统河南子库的元数据规范等，最后将自定方案上报 CALIS 项目组批准。

数据标引要着重抓好两方面的工作：一是建库结构的设计；二是项目组成员的合理分工。

（一）合理的建库结构是把握数据库质量的关键。11 种特色库子项目描述元数据规范及相关规则中的任何一种规则，其内容文字及表格的描述都长达几十页，甚至上百页。如果要求标引人员都完整地理解、记忆并使用到工作中去，在实际操作中是不现实的。我们依据 CALIS 专题特色库项目组下发各参建馆的 11 种推荐标引字段输入工作单，按照数据库各子库文献类型，对每个子库各种文献类型的元数据分库存放，分别建立不同的元数据模板；标引人员分库包干，各自熟练掌握自己的标引内容。同时要求 TPI 公司对元数据规范中要求的功能设计到操作界面，并体现出来，如对要求必备的字段项，系统应进行存盘检测和提示；著录内容修改时，要求具有全域修改功能；要有记录锁定功能；能提供数据状态的显示，如新建、审校、修改、提交以及关键词可以从题名中自动抽取，供人工审校等。系统设计调试后，还需 TPI 公司的技术人员现场操作演示，并对标引人员进行培训。这样不仅提高了标引工作效率，而且大大减少了人为错误的发生。

（二）项目组成员根据建库的不同阶段进行合理分工，是明确任务指标、提高工作效率、确保按时完成建库目标的保障。"河洛文化文献特色数据库"项目组成员分为三个小组：文献搜集组、元数据采集与技术督导组和录入建库组。文献搜集组根据各子库的目标文献群，负责全面搜集馆藏文献信息，地方文献资料信息和网络资源信息；元数据采集与技术督导组全面负责各类文献元数据采集、示范和建库过程中的网络协调与技术督导；录入建库组根据元数据规范要求，对各子系统的目标文献进行数据的标引录入，全面负责建库录入过程中的任务分配和人员调配。

**五、关于数字信息的发布、管理与维护**

（一）数字信息的发布

TPI 数据库发布提供了多种风格的模板，同时也可以自建发布模板。发布时，首先选择要发布的数据库，选择"数据库发布菜单"，配置数据库版权信息；然后选定适合内容发布的模板，定制要发布的检索字段，作为发行数据库的检索字段、选择要发布的概览字段和细览字段，配置检索选项，完成发布设置。特色数据库发布的页面设计与 CNKI、GOOGLE 页面相似可以符合用户的检索习惯，但也可以根据所建特色数据库的内涵，突出特色，建立个性化页面。在发布前设定检查项，可以在数据入库发布前发现问题，适时修改。TPI 在线浏览技术使读者在阅读电子书时，可以选择下载阅读和在线阅读两种方式。

TPI 数据库发布与检索系统可实现各种检索服务及全文检索。该系统能为用户提供新闻、网络导航、学位论文、教师参考书、博硕士论文提交等内容发布形式。建立河洛文化新闻版面和河洛文化网络导航对于读者及时掌握河洛文化动态和充分利用网络资源具有重要意义。但要实现全文检索、跨库检索、二次检索及高级检索则需安装 USP 检索平台软件。

（二）数据库的管理与维护

TPI 数字资源管理系统可实现用户权限管理、数据库维护、统计和计费等功能。该系统可实现数据库的引入、删除、清空临时库、数据更新、数据库索引、数据库优化、数据库备份等功能。用户管理模块包括检索用户的管理和数据制作人员的管理两部分。在用户管理模块里可以对检索者进行 IP 限制、账号限制、时间限制和访问数据库权限制。未经授权用户无法进行相应的操作，该功能非常适合高校不同读者群的管理，既确保了系统的安全又方便了数据库管理。

TPI 的数字参考咨询系统还可实现 FAQ 咨询、E－mail 咨询和 BBS 论坛，建立虚拟参考咨询平台。将读者经常询问的一些较大众化、有代表性的咨询问题进行分类组织、编成列表，将答案提供给用户查询；另外读者也可通过 Web 表单提出问题，咨询员再根据读者的问题，通过 E－mail 寄给读者相关答案。这些功能为图书馆以后拓展与读者互动和网上服务提供了平台。数据库的生命力在于其数据是否能及时更新和不断的修正、充实与完善。因此，数据库维护需要有耐心细致、常抓不懈的思想准备和奉献精神。

**六、关于质量控制**

质量控制应贯穿建库的全过程。目前，我国对特色文献数据库的质量评价尚没有制定一套明确的评估指标，但对影响建库质量的要素已基本上达成共识。其影响要素大致为：①选题的新颖性、针对性和特色性。②数据的准确性、完整性和规范性。③管理系统的性能。④数据库的共享性和可扩展性。⑤数据库的安全性。⑥可维护性。⑦效益性。其中"数据的准确性、完整性和规范性"是影响建库质量的最重要的因素，也是人为出错因素最高的环节。数据质量是数据库质量的核心，它直接影响数据库的检索性能。为此要控制好三个方面：其一，标引词准确性控制。"河洛文化文献专题数据库"元数据的标引虽然依照《CALIS 特色库子项目描述元数据规范及相关规则》制定了相关元数据标准，但主题词、关键词、摘要、分类号、载体形态等相关注录项的正确选择和描述仍存在人为差异的因素；一些特殊文献，如金石、字画、家具、生活用具、服装、音像等的标引描述在当今还处于尝试摸索阶段，为此把握标引词的准确性和规范性尤其重要。其二，标引工作规范控制。标引工作要形成规范制度，对文献标引的词表选用、文献标引范围、标引类型、标引方式、标引深度等明确指标，使之有章可循、按章操作；建立严格的校对制度，把好校对关。其三，标引人员的管理和技术控制。要求标引人员要有责任心、有奉献精神和广博的知识面以及扎实熟练的标引技术，能随时解决标引过程中出现的各种疑难问题。

### 七、特色数据库建设中的相关问题

一是信息采集过程中的知识产权保护问题：特色数据库的信息用于网络舆论或传播，必须考虑到著作权保护的相关法律，要力求把握好在信息利用过程中尊重著者的权力和确保读者合理使用这两者间的平衡。数字图书馆运行的合法性、协议保障、访问控制、信息安全等，都要通过法律的手段予以保护。二是增加建设资金和硬件设备升级问题：采用先进的、整体性能好的图书馆自动化管理系统，是保证 CALIS 特色数据库质量的物质基础。图书馆建设经费不足，可使所购软件系统不能够完善配套、网络运行速度慢、安全性能差。图书馆应争取决策层的支持，一要增添和升级软硬件设备；二要精打细算，充分发挥现有设备的作用。三是人员素质培训问题：一方面图书馆缺乏信息技术人才，图书馆工作人员数字化管理能力和提高服务质量的意识有待提高；另一方面，网络信息资源的利用对读者的信息素质和应用能力也提出了新的要求。做好二者的培训工作势在必行。

# 第四节　特色数据库建设与原数据方案设计

### 一、问题的提出

特色数据库的建设一般要经过以下几个步骤：

（一）特色数据库的选题论证与立项；

（二）特色数据库操作系统软硬件的选用；

（三）特色数据库目标信息的收集、筛选和整合；

（四）数字信息的标引、导入和发布；

（五）特色数据库的管理与维护。

本文结合"河洛文化文献专题数据库"建设的实践，对其中的技术问题进行了探讨和分析，主要包括：

（一）特色数据库目标文献群的收集、筛选、整合的方法和依据问题；

（二）数字信息的采集、加工和元数据标准与规范问题；

（三）数字信息的发布、管理与维护问题；

（四）质量控制问题等。

## 二、特色数据库目标文献群收集、筛选、整合的方法和依据

河洛文化文献的数据源十分丰富，从信息的载体形式来看，既有论文、会议文献、图片、拓本，又有网络虚拟文献；从时间和内容来看，河洛文化时间跨度长达五千年，涉及经学、佛学、道学、玄学、理学、文学、艺术、科技、教育，其博大精深、源远流长。面对收集来的纷繁复杂的相关信息，需要进行去伪存真、去粗取精的筛选，确保文献信息的含金量。筛选、整理和组织文献的过程是个知识管理的过程，这一过程关系到整个数据库的质量，需要在学科专家的建议和指导下，由专业人员和图书馆建库人员共同来完成。筛选过的数据又按其知识体系，划分为不同的知识块（即数据库子库和目标文献群），最终组成知识仓库。划分不同知识块的过程也为以后建立数据库的信息导航与检索分类奠定基础。

河洛文化专题库的文献数据分布操作上，以文献目标时间为经，以文献载体形式为纬归序数据元。首先将河洛文化文献专题数据分为4个数据库子库，再在子库的基础上延伸不同的版块（子子库），如表1：

### 表1 河洛文化文献专题数据库子库分布

| 近现代河洛文化研究论文信息子库 | 河洛文化著作目录信息子库 | 河洛风土、金石信息子库 | 河洛教育、艺术、科学子库 |
|---|---|---|---|
| （1）综合研究 | （1）综合研究 | （1）河洛碑、志拓片 | （1）教育源发展 |
| （2）专题研究 | （2）专题研究 | （2）洛阳师范学院馆藏拓片及志石 | （2）书法、绘画、雕刻 |
| （3）洛学 | （3）经学、易学研究 | （3）河洛器物图片、简介 | （3）音像、戏曲 |
| （4）客家文化 | （4）手稿、家谱 | （4）文物遗迹图片、简介 | （4）其他 |
| （5）炎黄文化 | （5）洛学 | （5）河洛民俗器物、服装图片 | （5）其他 |
| （6）地方史、志 | （6）其他 | | |

近现代河洛文化研究论文信息子库包括民国以来的所有报纸、杂志和会

议录上收录的河洛文化研究论文；河洛文化著作目录信息子库包括古今中外（韩国、日本汉学）河洛文化著作，如经学、易学图书典籍、手稿、家谱等；河洛风土、金石信息子库包括各类文物遗迹、图片、文字、器物、拓本、家具、生活用具、服装等；教育、艺术及戏剧信息子库包括音乐、戏剧、乐谱、剧本、磁带、录像、CD、VCD、书法、绘画等。

"河洛文化文献专题数据库"子库及子库以下版块的划分基于以下考虑：

（一）子库分类严格遵循信息分类的科学性、系统性、可扩展性、可操作性；

（二）河洛文化的内涵区分是数据库分区的基本依据；

（三）目标文献群的文献量是板块设置的实践操作依据；

（四）子板块的设立及文献序列要尽量考虑和《中图法》建立较为密切的联系；

（五）河洛风土、金石信息子库；河洛教育、艺术、科学信息子库建库时要重视原始信息的表达。

另外，建库过程中要重视各种行为的文字记录和数据积累。师出有名和科学创新相结合，纵向联系和横向关涉相结合；定量分析和定性描述相结合。把建库目标定位在争取数量、保证质量、有利上网、长远发展的方向上。

### 三、数字信息的采集与加工

文献数据的采集来自前期阶段整合归类的各类文献，主要包括两部分：一是河洛文化纸质文献，如馆藏期刊、古籍、善本、拓片、图片、地方文献、会议文献等。通过扫描或数码相机，进行图像处理、OCR 识别，压缩转换为数字文献；二是将以前自建的数字文献、选购的部分电子文献和搜集的网络文献，通过 TPI 文档转换工具，合成具有完整信息的 CAJ 格式的数据，经过标引、分类、建立导航，归类到数据库各子库中去（见图 1）。TPI 系统支持多用户同时扫描、加工制作文献，具有数据导入、导出及批处理功能。数字加工工具在对电子文献元数据字段录入、修改和入库时，能够将编辑表单界面与对象数据在同一屏幕中显示（即双屏浏览），可直接从原文中圈选需要的内容，拖拽到编辑表单中。数据库数据分类利用可视化的操作界面实现分类的全过程。TPI 分类工具既提供标准的中图法分类体系，也允许用户自定义分类体系。为便于分类和检索，河洛文化文献数据库在进行信息分类时，采用了自定义分类和中图法分类并存的灵活方式：一级、二级类目采用自定义分类，二级以下类目采用中图法分类。

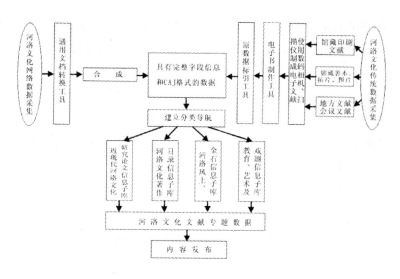

图1　"河洛文化文献专题数据库"建库流程

## 四、元数据规范设计

数据库元数据规范设计是数据标引加工的前提，也是数据库建库的核心部分，规范制定元数据方案是数据库建库的质量保障。目前，CALIS 发布的描述性元数据规范有 11 种，即：舆图描述元数据规范及其著录规则、音频资料元数据描述规范及其著录规则、学位论文元数据描述规范及其著录规则、拓片描述元数据规范及其著录规则、网络资源描述元数据规范及其著录规则、期刊论文描述元数据规范及其著录规则、家谱资源描述元数据规范及其著录规则、会议论文描述元数据规范及其著录规则、古籍描述元数据规范及其著录规则、电子图书描述元数据规范及其著录规则、地方志资源描述元数据规范及其著录规则。这 11 种描述性元数据规范基本上满足了河洛文化专题库文献标引元数据参照的需要，但不能完全涵盖河洛文化文献类型，一些特殊文献类型，如：书法、绘画、服装、文物、家具、民俗器物、音乐、戏曲、视频等需要自行设计相应的元数据规范。另外，数据标引时元数据模板的设计也是建库工作的重点。

（一）特色文献元数据规范设计

自行定义和设计新的描述元数据方案一方面遵循"CALIS 特色库子项目描述元数据规范及相关规则"中关于自行定义与设计新的描述元数据其结构和规则的要求，另一方面应尽可能参照当前国内具有权威的元数据规范标准。

1. 元数据结构分析

一般情况下，各类型资源对象描述元数据的基本框架都可由核心元素，资源类型核心元素和个别元素三部分组成。核心元素在各类资源对象中通用。在元数据的通用性方面，DC（Dublin Core）是最能满足通用性的元数据，因此，核心元素复用 DC 的 15 个基本元素，支持通用的检索工具。资源类型核心元素根据资源对象特点、参照其他元数据标准制定，在同一类型资源对象中通用。不同的资源类型可有不同的资源类型核心元素设置及其语义定义，要求体现该资源类型的共同特性。个别元素以某种特定的资源对象为基础制定，仅适用于这类对象，不用于交换。应用时仅要求该种对象遵守其定义。

2. 元素组成的规则

（1）核心元素集

复用 Dublin Core 的 15 个元素作为核心元素集，其复用原则：

①用"简单 DC"（Simple DC），不推荐使用"限制性 DC"（Qualified DC），即，当元素本身具备很强的专指性和完整的描述性时，可以不必扩展修饰词，这样，元数据规范也可以不受日趋复杂的限制性 DC 的修饰词体系的局限；

②严格遵守 DC 的元素语义定义，核心元素集中元素的语义不允许有交叉；

③核心元素并非必备元素，具体应用时允许只复用其中一部分；

④允许复用"限制性 DC"中的修饰词（Qualified），必须说明并严格遵守其语义定义；5）允许复用时根据资源情况重新命名元素和修饰词。

（2）资源类型核心元素集

①在制定不同类型和不同资源的元数据标准时，可以根据资源对象共同的特点，制定各自所需的资源类型核心元素或修饰词，或者从其他元数据标准中复用元素或修饰词。

②制定此类元素或扩展修饰词时，必须保持与已经采用的核心元素在语义上没有交叉，如果是从其他元数据标准中引用，必须在命名域（Namespace）说明并严格遵守其语义定义。

③"DC 图书馆应用大纲"（DC – Library Application Profile）中的三个元素（Edition，Location，Audience）在描述文献资源的时候具有较强的通用性，建议在需要时作为资源类型核心元素。

（3）个别元素集

此类元素为某资源对象所特有，只应用于该资源对象，一般需自定义，制定的规则与资源类型核心元素相同。

①与 DC 的映射

考虑到数据交换和检索的需要，所制定的元数据标准应与 DC 建立映射关系（Mapping）：1）映射单位可以是元素，也可以是修饰词；

②可以建立的映射关系有：一对一（一个元素与 DC 的一个元素）、一对多（一个元素与 DC 的多个元素）、多对一（多个元素与 DC 的一个元素）；

③如有不能映射到 DC 的元素或修饰词，则无须强行建立映射。

3. 元数据规范方案举例

我们依据上述规则，针对书法、绘画、服装、文物、家具、民俗器物、音乐、戏曲、视频等资源类型新建了 5 种描述性元数据规范，这些方案和 CALIS 中心公布的 11 种描述性元数据方案一起构成了"河洛文化文献专题数据库"元数据规范。见附件及其相关说明。（注："音乐、戏曲"归入音频；"文物、家具、民俗器物"归入器物，视频元数据参照北大图书馆视频元数据方案。CALIS 已发布的 11 种描述性元数据规范在此不再列举。）表 2 列举了书法类元数据规范方案。

**表 2  书法元数据规范**

| | DC 元素名称 | 元素名称 | 对应的元素修饰词 * | 与 Dublin Core 的映射类型 |
|---|---|---|---|---|
| 核心元素 | 类型 | 资源类型 * | | Type |
| | 名称 | 题名 * | | Title |
| | | | 书衣题名 | |
| | | | 卷头题名 | |
| | | | 落款提名 | |
| | 创建者 | 作者 | | Creator |
| | | | 机构 | |
| | | | 责任方式 | |

续表

| | | | | |
|---|---|---|---|---|
| | 主题 | 主题 | Subject | |
| | | | 关键词* | |
| | 描述 | 附注 | | Description |
| | 其他责任者 | 其他作者 | | |
| | 日期 | 书写日期 | Date | |
| | | | 年号纪年 | |
| | | | 公元纪年 | |
| | 格式 | 书体 | Format | |
| | 标识符 | | | Identifier |
| | 来源 | 来源 | | Source |
| | 语种 | 语种* | | Language |
| | 关联 | 相关文献 | | Relation |
| | 时空范围 | 时空范围 | Coverage | |
| | | | 地点 | |
| | | | 时代 | |
| | 权限 | 权限* | | Right |
| | 出版者 | | | Publisher |
| 资源类型核心元素 | 物理特征 | 外观形态 | | Physical description |
| | | | 载体材质 | |
| | | | 规格尺寸 | |
| | | | 数量 | |
| | | 版本 | | Version |
| | 收藏历史 | 收藏历史 | | Collecting history |
| | | | 获得方式 | |
| | | | 收藏与跋印 | |
| | 馆藏信息 | 馆藏信息 | 典藏号 | Location |
| 个别元素 | | 实物图片 | | |
| | | | 分辨率 | |
| | | | 规格 | |
| | | | 格式 | |

**相关说明:**

(1) 核心元素:

①接复用了 DC,但根据资源文献类型的特点没有复用全部元素,并修改了部分元素名称,考虑到资源文献的特色性,增加了"资源类型"作为核心元素。

②源类型(Type)核心元素定义为:有关资源内容的特征和类型,包括描述资源内容的分类范畴,功能、特性或集合层次的术语。资源类型的名称取词参照 CALIS 管理中心编制的"信息资源名称规范列表"。

(2) 源类型核心元素定义:

①版本:文献因制作方式的不同而产生的不同类型本子。指关于版刻、版本、影印的说明及相关信息。

②外观形态:资源的外形特征如数量、尺寸、载体形式、装订等。

③收藏历史:文献的流传历史及相关的内容,如收藏沿革、题跋、印记、获得方式、购买价格等。

④馆藏信息:资源所属机构或提供资源的机构的信息。复用 DC – Library Application 中的 Location。

(3) 个别元素:

根据资源文献类型的个性化特点定制。

(4) 标" * "的字段为必备项。

(二) 元数据模板及标引字段设计

河洛文化文献数据库子库分类是依据河洛文化文献的内涵进行划分的。这样划分的目的在于方便文献数据的组织、整合与管理,也为文献分类和建立导航树打下基础。但是,文献标引建库时是依据文献资源类型的元数据字段进行加工标引的,如果按照数据库子库分类结构去建立元数据标引字段,由于同一个子库的文献可能包含有多种文献类型,(如河洛风土、金石信息子库包括了金石拓片、故迹、器物、服装等文献类型;河洛教育、艺术、科学子库包括的文献类型更多,如教育研究相关的论文、书籍、报刊、书画、艺术,艺术又包括音乐、戏剧、乐谱、剧本、磁带、录像、CD、VCD 等)。而不同子库的文献又可能包含相同的文献类型(如四个子库都包含有研究论文。河洛风土、金石信息子库和河洛教育、艺术、科学子库由于在河洛风土、金石与教育、艺术的概念内涵上存在有交叉关系,它们又都多少不等地包含有手稿、拓片、书画、器物、服装、文物遗迹和音、视频等文献类型。这些相同类型的文献之所以把它们分在不同的子库是由于它们所载信息内涵的侧重点不同。）因而，在一个子库标里，若将数个文献类型的元数据字段合在一起，模板标引字段就会过长，标引时繁琐不便，易造成效率低、错误多；而在一个子库里若按所包含文献种类的元数据建立多个元数据模板，又势必会同其他子库相同文献种类的元数据模板重复，易造成标引的混乱。实际上，读者在检索文献时，文献的检索只于标引时建立的数据关联有关，用户在检索界面看处理到的子库划分只是导航数据关联的检索途径。因此，我们在对资源数据进行标引时，应摒弃数据库子库概念的束缚，按照不同文献种类元数据建立不同的元数据标引模板，然后按不同元数据模板分配相应的数据项目，对数据进行标引、分类。对于子库与子库间内涵相关的文献建立数据库间的关联检索，即超链。实践证明，这样做有以下几个优点：

1. 可以完全依照 CALIS 发布的元数据规范建立标引字段，从而保证了建库工作的规范化；

2. 可使标引字段简明、清晰。解决了标引字段冗长的问题，提高了标引工作效率；

3. 便于数据库管理员对标引任务的分配和管理；

4. 有利于数据库的修改与扩展。

## 五、数字信息的发布、管理与维护

（一）发布模板设计

TPI 数据库信息发布提供了十余种风格的模板，如 TPI、CNKI、GOOGLE、EI、OCLC、IMAGECARD、IMAGERO EBOOKCARD 等。同时，也可以自建发布模板。发布页面一般包含四个分区：概览区、细览区、检索区和导航区。数据发布利用系统的"发布向导"进行发布模板的设计。设计过程如下：

1. 首先选择要发布的数据库，然后选定"数据库发布"菜单命令。在配置了数据库版权信息后，接下来选择适合内容发布的模板。（"河洛文化文献专题数据库"选择 CNKI 发布模板，目的在于符合用户的检索习惯。但也可以根据特色数据库的内涵，突出特色，建立个性化页面）。

2. 定制发布字段。在发布模板中分别设置要发布的概览字段和细览字段，作为发布数据库的检索字段。设置字段时可将文献元数据的全部字段引入库字段表中，然后根据要求，在编辑字段工具栏中设置必备字段和可选字段。按照需求，设定哪些是让用户可看到的字段。如：特色库拓片的元素名称项有资源类型、题名、关键词、语种、主要责任者、其他责任者、金石年代、金石所在地、版刻与版本、金石材质、书法特征、载体形态、收藏历史、时空范围、权限管理、馆藏信息等二十多个，加上相应的元素修饰词，著录字段超过六十个之多。但作为特色库拓片概览区的概览字段，为简捷起见，只设置"题名"、"主要责任者"、"金石年代"、"馆藏信息"即可。细览字段相对详细些，选择"题名"、"关键词"、"语种"、"主要责任者"、"其他责任者"、"金石年代"、"金石所在地"、"版刻与版本"、"金石材质"、"书法特征"、"权限管理"、"收藏历史"等。

3. 配置检索选项。数据库检索包括分类检索和字段检索两种，分类检索是根据字段分类信息，从分类导航树上检索出符合某一分类的文献。TPI 可以建立多个分类导航进行分类检索。系统自带有中图法分类导航树，也可以根据需要自建分类导航树，在 TPI 4.0 数据分类工具中对记录进行分类十分方便，在用户选定分类体系的基础上，系统自动生成导航树，只要将记录拖动到相应的结点，系统就可记录下本纪录对应的分类号，建立导航检索。

字段检索则是按字段信息进行的检索。字段检索又分专项检索和组合检索。专项检索对某一特定的字段检索，组合检索可以使用户利用多种运算符构造的检索式如：比较运算符、逻辑运算符、属性运算符、限定运算符和加权运算符等，提高检索的专指度，从而提高检准率。因此，组合检索可以设置多个字段条件。字段检索的检索字段是和文献的标引字段对应的，不同文献类型的数据库，其检索字段设置也不一样。

4. 系统具有为发布页面各部分背景、字段及字段内容的颜色、字体大小、粗、斜体进行选择设计的功能。当完成以上发布设置，确认发布信息正确后，开始 Web 发布。（在 TPI 系统，数据信息在发布前设定有检查项，可以在数据入库发布前发现问题，适时对数据进行修改。）TPI 在线浏览技术使读者可以选择下载阅读和在线阅读两种方式。

（二）数据库的管理与维护

TPI 数字资源管理系统可实现用户权限管理、数据库维护、统计和计费等功能。该系统可实现数据库的引入、删除、清空临时库、数据更新、数据库索引、数据库优化、数据库备份等功能。用户管理模块包括检索用户的管理和数据制作人员的管理两部分。在用户管理模块里可以对检索者进行 IP 限制、账号限制、时间限制和访问数据库权限制。未经授权用户无法进行相应的操作，该功能非常适合高校不同读者群的管理，既确保了系统的安全又方便了数据库管理。

TPI 的数字参考咨询系统还可实现 FAQ 咨询、E - mail 咨询和 BBS 论坛，建立虚拟参考咨询平台。将读者经常询问的一些较大众化、有代表性的咨询问题进行分类组织、编成列表，将答案提供给用户查询；另外读者也可通过 Web 表单提出问题，咨询员再根据读者的问题，通过 E - mail 寄给读者相关答案。这些功能为图书馆以后拓展与读者互动和网上服务提供了平台。数据库的生命力在于其数据是否能及时更新和不断的修正、充实与完善。

### 六、质量控制

质量控制应贯穿建库的全过程。目前，我国对特色文献数据库的质量评价尚没有制定一套明确的评估指标，但对影响建库质量的要素已基本上达成共识。其影响要素大致为：

（一）选题的新颖性、针对性和特色性；

（二）数据的准确性、完整性和规范性；

（三）管理系统的性能；

（四）数据库的共享性和可扩展性；

（五）数据库的安全性；

（六）可维护性；

（七）效益性。

其中“数据的准确性、完整性和规范性”是影响建库质量的最重要的因素，也是人为出错因素最高的环节。数据质量是数据库质量的核心，它直接影响数据库的检索性能。为此要控制好三个方面：其一，标引词准确性控制。“河洛文化文献专题数据库”元数据的标引虽然依照《CALIS 特色库子项目描述元数据规范及相关规则》制定了相关元数据标准，但主题词、关键词、摘要、分类号、载体形态等相关注录项的正确选择和描述仍存在人为差异的因素；一些特殊文献，如金石、字画、家具、生活用具、服装、音像等的标引描述在当今还处于尝试摸索阶段，为此把握标引词的准确性和规范性尤其重要。其二，标引工作规范控制。标引工作要形成规范制度，对文献标引的词表选用、文献标引范围、标引类型、标引方式、标引深度等明确指标，使之有章可循、按章操作；建立严格的校对制度，把好校对关。其三，标引人员的管理和技术控制。要求标引人员要有责任心、有奉献精神和广博的知识面以及扎实熟练的标引技术，能随时解决标引过程中出现的各种疑难问题。

## 第五节 特色数据库建设与图像数字化整合技术

数字化是指将传统文献转换为数字形式以供存储、检索与传输的过程。目前,伴随网络技术的飞速发展和多媒体技术的应用,信息资源的数字化项目越来越具有广泛性和多样性。其中,数字化的图像信息在数字信息中所占的比例越来越大。因此,研究和探讨图像文献数字化过程中的应用技术和理论发展的新成果,对于指导图书馆信息资源数字化建设、推动图像数字化技术的研究和发展具有现实意义。

### 一、图像资源的类型划分

图像数字化的对象从生成来源看,主要有两种类型,一是非原生数字图像,二是原生数字图像。非原生数字图像包括带有图像的印刷本图书、画册、报刊、文件、照片、图片、明信片、手稿、信件、档案、古籍、善本、书画、拓片、摄影胶片、录像带、地图、建筑设计图等;原生数字图像资源指图书馆现有的数据库、知识库数字图像和网络上下载的数字图像。包括电子图书、电子期刊、电子参考书、数据库、知识库、软件资源、网络数据等数据源提供的图像资源。

### 二、图像数据资源的获取与数据预处理

(一)图像数字化加工的步骤

1. 通过扫描仪、数码相机或视频压缩卡获取原生数字资源。

2. 利用软件系统对采集或导入的图像数据预处理或者识别转换。

3. 采用数字构建平台对图像数字对象进行知识重组与整合。

4. 对图像数据进行压缩转换和存储。

5. 数字资源导入数字图书馆系统。

6. 数字图像信息的发布维护与检索利用。

(二)图像数据的获取与预处理举例

图像资源的加工较为特殊和复杂。不同类型的对象加工的方法也不同,为说明问题现以拓片资源数字化加工为例进行介绍。本操作方法也适用于大小和载体特点与拓片类似的其他资源对象。如地图和大幅字画。

1. 图像资料先期处理阶段。为保护珍贵典藏资料不至于在数字化过程中受损,要求加工对象必须在扫描前经过托裱或者平整处理。

2. 图像获取的设备与加工方式。一是直接用数码相机或高精度专业相机

加大型数字后背对原件进行扫描；二是先用专业相机对原件进行传统的拍摄，然后再用专业胶片扫描仪或高精度专业相机加大型数字后背对该胶片进行数字扫描。

3. 图像加工的光源设备。拓片、地图、大幅字画在拍摄时对光线的要求很严格、讲究。通常光照要均匀，明亮。本身或周围环境不能有反光物体和其他干扰光线。要采用冷光源。不得使用卤素灯、荧光灯、水银灯、镁光等。

4. 特定图像制作：格式、分辨率、压缩。拓片或书画原物都要加工成三种类型的数字图像文件：（1）不压缩存档图像文件；（2）供参考的压缩图像文件；（3）网上传输图像文件。在数字化加工时，要忠实获取原始画面的信息，不同功用的图像文件要采用不同的存储格式和不同的压缩比和分辨率。

5. 图像文件的保存：（1）在图书馆存储系统中，每个目录包含一个收藏识别号和一个描述图像的数字化对象识别号。两个识别号一起应用于恢复系统中，用来从服务器存储的图像中取出相应图像。（2）图书馆另一种数据存储方式是写入 DVD 光盘。每一张光盘有自己的识别标签（按照光盘命名规则）。识别标签内有文献类型、数据格式、光盘号。光盘内除数据文件外，还有光盘数据文件的描述信息，包括制作单位、制作日期、加工设备、数据格式、数据总量等。（3）按照收藏种类，建立目录结构，存储图像文件。如拓片目录：RUB/YUAN/2003/MUZ/A/。其路径名详解如下：RUB—拓片、YUAN—原拓、2003—2003 年加工、MUZ—墓志、A—典藏级。（4）给图像文件命名。同一资源生成不同类型的图像（典藏级文件、复制加工级文件、网上浏览级文件），每类图像中的每张图像文件名都有一个数字资源的唯一识别号。

### 三、图像数字资源的重组与标引

伴随多媒体技术和网络技术的快速发展，在人们获取图像的来源不断扩大和丰富的同时，随之而来的图像信息自身无须化问题也越来越突出。因此，对图像信息进行有效的组织和管理、建立方便检索和获取的、高效的图像信息管理系统——图像数据库，成为当前图像数字化工作的重点。

（一）关于图像数据库的构建平台

1. 为确保建库质量和实现资源共享，建库系统应采用先进、成熟的构建平台。建库平台应遵循以下原则：（1）先进性：采用先进成熟的技术进行开发与建设。（2）标准化：遵守相关标准，如国际标准、国家标准、业界标准和 CALIS 标准等。（3）开放性：提供完整的权限控制机制和版权保持技术。

（4）易用性：系统功能规范，界面友好、维护管理简单。（5）可扩展性：充分考虑未来的发展，提供系统对数据的迁移和对应用的扩展功能。

2. 数据库平台应具备以下基本功能：（1）对象数据加工：包括专用的电子图书制作工具（BOOKSHOP），对扫描纸本文献进行 OCR 识别与编辑功能、各类电子资源的导入与格式转换功能。（2）原数据标引：系统能够预置原数据模版；用户可根据特色库规范注册新的原数据格式，并自定义模版；提供多种原数据格式的转换工具，供数据导入导出使用；编辑器模版的功能菜单应齐全和有较强的适用性；具有对著录内容进行全域修改等功能。（3）保存和输出：系统应有审校功能，根据数据加工流程，提供数据状态的显示，可按文献类型分库保存原数据。可选择导入导出格式，具有单个和批量导出功能。（4）统计与检索：可对用户著录进行统计，并可按时间段对某一时间范围的工作情况加以统计；提供基本检索、高级检索、二次检索等检索方式。（5）信息发布：提供多种发布模板，也可自建发布模板。可选择和配置检索选项。发布与检索系统可实现各种检索服务及全文检索等。（6）系统管理及维护：系统管理员、建库人员和用户的分级权限及数据库用户 IP 段、用户名、密码设置管理、自动或定制的数据备份、安全管理等等。

（二）关于数字图像的标引与检索

目前图像检索技术大致经历了两个阶段，基于文本的检索和基于内容的检索。数字化图像的标引也因循两种方案：一是对数字化图像源采用基于传统的、按其学科分类的、文本方式的方法对数字化图像进行加工、标引与存储；二是对数字化图像源采用基于图像内容的标引方法进行加工、标引与存储。

（三）基于文本方式的图像标引与原数据设计

基于文本的图像检索研究可以追溯到 70 年代。其图像标引是在对图像进行分析的基础上，先对图像文件建立相应的关键字或描述字段，按照原数据方案和规范著录与标引，将图像的存储路径与关键字段对应起来，以结构化查询语言（SQL）或超链接方式来进行检索，其实质是把图像检索转化为与图像对应的文本检索。

原数据标准是描述一类资源的具体对象时所有规则的集合。不同类型的资源会有不同的原数据标准。

在制定不同类型和不同资源的元数据标准时，可以根据资源对象的特点选用已发布的元数据规范与规则，制定各自所需的元素和修饰词，或者从其他元数据标准中复用元素或修饰词。特色数据库图像资源库元数据方案设计和标引的过程大致如下：

首先根据原数据规范制定适合建库需要的相关图像资源对象元数据著录工作单，依据工作单在建库系统中分别建立不同的数据库子库，并在不同的子库中建立相应的元数据模版。然后，将分门别类的图像数据源在其归属的子库元数据模板中，进行标引和著录，继而建立关键词和图像文件的链接与对应关系；用户通过数据库平台的导航索引或关键词索引以及其他检索功能获取需要的图像文件。

1. 基于图像内容的图像标引与检索技术

进入 90 年代，研究者提出了基于内容（content – based Retrieva）的图像检索的思路。其方法是直接根据图像内容的各种特征来提取特征向量，并在将图像存入图像数据库的同时，将其相应的特征向量经过编码后也存入与图像数据库相连的特征库。在进行图像检索时，对查询图像进行分析并提取该图像的特征向量，与其特征库中的特征向量进行匹配，进而获取图像。具体来讲，在建立图像数据库端，系统直接对输入图像的内容进行分析，根据系统所支持的各种图像数据描述模型提取出图像的视觉特征（图像的颜色、轮廓、形状、纹理和空间特征等）保存在特征库中，并对特征库建立索引（采用特征索引结构技术）以提高检索效率。在用户查询端，用户通过查询接口表达其查询后，系统将该查询要求用系统所支持的视觉特征中的一种或几种的组合来表示。图像匹配模块根据系统相似性度量的算法计算查询特征与特征库中对应的每组特征的相似程度，把所得结果由大到小排序后得到一个匹配图像序列返回给用户。在检索的过程中，可以通过人机交互，对检索的结果逐步求精，不断缩小匹配集合的范围，从而定位到目标。

基于内容的图像特征包括静态特征和动态（视频图像）特征，分为两个层次：低层特征（即图像的颜色、形状、纹理、空间结构等。它与感觉因素有关，具有相对直观具象的特点）和高层特征（即语义特征，指图像所表达的情感、节奏以及表达对象的运动等特征。它与人对事物或事件的认识和理解有关，具有相对主观抽象的特点）。

（1）低层特征

①色彩特征（Color）：色彩特征是图像最直观、最明显的特征，是图像内容组成的基本要素。采用色彩进行图像检索是由 Swain 和 Ballard 提出的基于色彩直方图的检索方法，其核心思想是在一定的色彩空间中对图像各种色彩

出现的频数进行统计。直方图的横轴表示颜色等级，纵轴表示在某一个颜色等级上具有该颜色的像素在整幅图像中所占的比例。色彩直方图的主要缺点是：它只包含了该图像中某一色彩出现的频数，而丢失了某像素所在的位置信息；任一幅图像都能唯一地给出一幅与它对应的直方图，但不同的图像，可能有相同的直方图，也就是直方图与图像是一对多的关系，因此，误检率较高。除了颜色直方图之外，其他的一些颜色特征表示方法还有有颜色矩（Colormoments）、颜色集（Colorsets）等。

②纹理特征（Texture）：纹理特征是物像表面所具有的内在特征。纹理特征主要用粗糙性、方向性和对比度三个性能指标作为检索的主要特征。70年代早期，Haralick等人提出关于纹理特征的共生矩阵表示法，该方法探索的是灰度级的纹理的空间依赖关系，首先根据图像像素之间的方向和距离构筑一个共生矩阵，然后从该矩阵中提取出有意义的统计作为纹理表述。进入90年代初，继小波变换的引入以及其理论框架的建立，许多研究者开始将小波变换用于纹理表达之中。考虑到用户的实际检索情况，一般对纹理的检索都采用示例查询（Query by Example）方式。用户给出一个要检索的图像的例子，然后系统按照这个例子查找与它相似的图像，并将相似结果返回给用户，用户在这些相似的图像中确定或在此选择更接近用户查询的图像，最终达到检索的目的。

③形状特征（Shape）：形状特征是图像的又一个显著特征，采用该特征进行检索，用户可通过勾勒图像的形状或轮廓，从图像库中检索出形状相似的图像。目前常用的基于形状检索的方法主要有几何参数法、不变矩法（6）、边界方向直方图法、小波重要系数法、小波轮廓表示法等。

④空间关系（Space）：空间关系主要包括拓扑、方向、度量三大类关系。对空间关系的表达主要有两类方法：基于目标的方法和基于关系的方法。

（2）高层特征

人对图像的认识并非只依靠视觉特征，还要利用积累的知识和经验对其进行理解，这就是图像的高层语义特征。这种理解是一个学习的过程，无法直接从图像视觉特征中获得。将计算机检索图像的能力提高到人的理解水平，是语义图像检索的目的。一般的语义表示模型是层次模型，将用户查询分成3个层次，从低层到高层分别包含特征语义、对象语义、空间关系、场景语义、行为语义、情感语义等。第1个层次对应特征语义，即利用图像的颜色、纹理和形状等低层特征及其组合，通过图像的视觉相似性来进行检索。第2个层次的检索需要利用导出的特征，即要进行一定的逻辑推理和识别出图像中包含的对象类别。这个层次的语义主要对应于对象语义和对象空间关系语义；第3个层次的检索则涉及图像的抽象属性，需要对所描述的对象和场景的含义和目标进行高层推理。这个层次主要涉及图像的场景语义、行为语义和情感语义。许多研究者将第2和第3层次的图像检索称为语义图像检索，而将第1和第2层之间的差别称作语义鸿沟。图像的语义特征可根据图像的视觉特征提取，也可依据用户的有关反馈信息来自动生成。语义特征的提取，目前只是将低层的图像视觉特征映射到高层语义，有分类、聚类和基于人机交互有关反馈的方法。图像的分类和聚类是从低层可视特征提取图像的语义信息。分类方法中，通过对有类别标记样本的学习，获得语义分类器，借此将未归类的图像归并到某一语义类；聚类则是在没有先验知识的情况下，根据图像内容将库中图像聚类到一些有意义的结合。有关反馈是根据用户的反馈信息调整查询要求，用户的参与使系统能更好地揣测用户的意图，在低层可视特征和高层语义概念之间建立联系。

2. 动态视频图像的标引与检索

动态视频图像的标引过程一般包括片断截取、建立描述框体和运动对象分层描述等几个步骤。首先对一段视频图像进行分段抽样，抽取有代表性的特征，然后通过框体把动态片断同已有的静态图像一样对待，再将视频图像运动变化的部分从背景中分离出来，进行单独描述。这样视频图像被典型地分割为一帧帧的系列图片。在视频图像中，镜头是视频图像的基本单元，任何视频图像都是由一个个镜头衔接起来的。视频图像中的镜头分割是视频分析中的最基本内容。所谓视频分割即是将视频图像分割为一个个镜头的过程，其主要目的是识别镜头的切换。镜头的切换主要有突变和渐变，突变是指一个镜头与另一个镜头之间没有过渡，由一个镜头立即转换为另一个镜头；渐变是指一个镜头到另一个镜头的渐渐过渡过程，没有明显的镜头跳跃。视频分割成镜头后要从每个镜头中抽取代表帧，代表帧是描述镜头的关键因素，它反映了镜头的主要内容。两个邻近的帧在视频分割突变的时候，在像素模式上有很大的不同，因此，选取代表帧是视频图像处理的重要环节。这一环节做好了，就可以像处理静态图像一样，对视频图像进行检索。

### 四、数字图像资源的搜索与读取

图像的检索比起文本的查询和匹配要困难得多。目前图像搜索引擎大多支持关键词搜索和分类浏览两种检索方式，部分可提供图像的可视属性检索。

（一）关检词检索：是基于图像外部信息或人工赋予的关键词进行自由词检索。图像外部信息包括图像的文件名或目录名、路径名、链路、ALT 标签以及图像周围的文本信息。此类检索是目前图像搜索引擎采用最多的方法。在找出图像文件后，图像搜索引擎通过查看文件名确定文件内容，检索的效果取决于人工对图像内容描述的精确度。

（二）分类目录浏览方式：图像搜索引擎将采集到的图像或通过某种自动机制或采用人工进行分类标引，为用户提供按主题浏览的检索方式。该检索方式适合检索目标不明确或以一般浏览为目的的用户。

（三）基于图像可视属性的检索：是一种基于图像本身属性（如形状、色彩、纹理、空间等）的计算机自动抽取与匹配技术的检索方法。由图像分析软件自动抽取图像本身特征，建立特征索引库，用户只需将要查找的图像的大致特征描述出来，就可以找出与之具有相近特征的图像。它特别适用于检索目标明确的查询要求。目前这种较成熟的检索技术主要应用于图像数据库的检索，在基于 Web 的图像搜索引擎中应用这种检索技术还具有一定的困难。

**五、结语**

近年来，图像数字化技术伴随计算机网络技术、多媒体技术和通讯技术的快速发展，从数据生成到网络传输经历了一次大的飞跃。概括起来，数字图像的生成技术、模数转换技术、数字压缩技术、存储建库技术和传输检索技术是图像数字化的主要环节。数据库建设问题、元数据规范问题以及数字图像的标引和检索问题是当前图书馆界研究的热点。无论在国内还是国际上，图像信息库的发展远远走在了检索技术的前面，传统的基于关键字的检索技术已远远不能满足需要，基于内容的图像检索技术主要集中在图像的颜色、纹理、形状特征等低层属性上，图像的语义理解仍存在一定的困难，其研究还处在初级阶段。近几年图像识别与检索逐渐转向更接近人类心理和人类视觉特点的研究，提出了基于区域、目标物体的分析方法。许多研究将人的因素加入系统中，提出了交互式技术，如对图像语义理解、视频序列图像中人的行为识别和分析。引进用户反馈方法来增进人机之间的对话：计算机将查询的信息反馈给人，人对查询结果的评判信息反馈给计算机，以使计算机获得学习改进和修正检索的误差等等。总之，图像数字化技术的研究是涉及多个领域的综合性课题，是对多媒体技术、计算机网络技术、数据库检索和管理技术、人工智能技术、模式识别技术、数字建模技术、图像分析处理技术、计算机视觉艺术、人机交互技术以及人类心理学等方面成果的融合。我们相信，随着图像数字化技术的日趋成熟，数字化图像将会有更加广阔的应用前景，丰富多彩的数字化图像定会给我们的工作和生活带来更多的方便和乐趣。

# 后 记

"和谐"是中国传统文化的核心理念和根本精神。"和谐"两字都是指音乐的合拍与禾苗的成长，"和"即是"谐"，"谐"即是"和"，引申为各种事物有条不紊、井然有序和相互协调，即《中庸》里所说的"致中和，天地位焉，万物育焉"和《周礼》说的"以和邦国，以统百官，以谐万民"。

何谓和谐社会？胡锦涛同志把社会主义和谐社会定义为"民主法治、公平正义、诚信友爱、充满活力、安定有序、人与自然和谐相处"。这是对现代和谐社会的确切定义。

什么是和谐图书馆？和谐图书馆是以科学理论为指导，以社会发展需求与自身发展需求相和谐为宗旨，协调图书馆的人文环境和物理环境等诸多因素，提升图书馆员的至诚服务精神，增强读者与图书馆员之间的互动性，激发广大读者的读书求知热情，建成环境优美，资源丰富、团结友爱、充满文化感染力的知识殿堂。

现代社会之所以有图书馆，而且成为一种制度安排，根本原因在于维持社会系统理性、和谐、有序运行的需要。图书馆作为公共事业的重要组成部分，是构成和谐社会的重要基础。图书馆有润物细无声的教化功能，是公民自修终生、没有围墙的大学，是提供全方位多层次、综合性信息情报的场所，可以平等地和谐地为任何一个读者进行开放式服务，让每一个公民都能够随心所欲地涉猎任何方面所需的知识信息，并可在此休闲娱乐。在社会文明、科技进步、经济建设等诸多方面，图书馆都是最能够集中反映和谐社会的重要场地和部门，也是最具体现和传承和谐社会的地方。

现代图书馆进入中国已经 100 多年。发展到今天，在取得巨大成就的同时也面临着突出的矛盾，而且图书馆因其服务对象不同，其性质与社会职责亦有所不同。例如公共图书馆主要是面向社会公众提供服务，因而其主要任务是保存文化遗产和进行全民文化普及。而大学图书馆是学校的文献信息中心，早在二十世纪初，美国哈佛大学校长 Charles William Eliot 曾以"图书馆是大学的心脏"来形容图书馆在大学里的重要地位，百年来仍流传不衰。图书馆不仅扮演着支援教学、配合研究与推广学术等教育功能角色，更扮演着训练学生如何利用图书馆的角色。只有这样，才能更好的诱导、激发学生阅读及研究的兴趣，从而协助大学达成培育人才的目的。所以，大学图书馆工作是学校教学、科学研究和社会服务工作的重要组成部分，其水平是学校总体水平的重要标志。

我是大学毕业以后在高校其他部门工作过一段时间后，半路转行从事高校图书馆工作的。记得上世纪九十年代初，当时学校为了充实图书馆的技术力量，决定从教学部门调用一部分教师到校图书馆工作，刚大学毕业参加工作不久的我也在其中。刚到图书馆，一切都很生疏，自然谈不上喜欢，也很不安心。随着岁月的流逝，对高校图书馆认识的逐渐加深，我竟然对大学图书馆的技术工作产生了兴趣。如今，从事图书馆工作已二十年有余的我，历经了学校图书馆改革、变迁和发展的风风雨雨，曾经为高校图书馆事业去奋斗、去大声疾呼、去拼搏过，当然，亦曾彷徨过。

今天，我国图书馆事业的面貌亦今非昔比，图书馆的重任也在与时俱进，正朝着更加人性化和人格化的方向发展。这正吻合了当前我国发展和谐社会的根本宗旨。图书馆事业的拓展和管理机制的变革，决定了图书馆的功能也在不断拓展，因此，图书馆和谐发展的命题应运而生。

一般人认为研究是属于教育者的主要工作，然而，大学图书馆的知识服务趋势要求大学图书馆员应该逐渐摆脱职员的角色，而朝向教育者的目标去努力。这是由于高等教育具有学术研究导向，在大学图书馆服务的人员为达成其支持教学与研究的任务，应该要对学术研究方法有所涉猎，才能与教师、学生达到某种程度上的契合。基于实际的需要，大学图书馆员也应该具备做研究的特质，以突显其角色与地位。为增进大学图书馆的经营管理绩效，以及提升大学图书馆员的形象与地位，鼓励馆员投入到研究行列是积极的做法。过去一些研究显示，大学图书馆的馆员被认为是具训练性和技巧性的，而非教育性和专业性的。如今，网络环境下的图书馆信息资源发生了巨大变化。信息载体多元化，信息存储与检索的数字化。信息传递的全球化，对大学图书馆传统的服务功能形成了巨大的冲击。随着网络技术的发展，一个不争的事实是大学教师和学生获取信息更加容易，获取信息的障碍已由过去时间和距离上的障碍转变为内容选择上的障碍。人们更加关注如何从浩如烟海的信息中获得有价值的、能直接用于解决问题、攻克技术难点的知识，需求范式从信息需求、文献需求向知识需求转变。用户需求范式的转变必然带来图书馆服务模式的变革。传统的文献提供、信息服务已逐步向知识化趋势发展。

正是基于上述认识，同时出于高校图书情报战线的一名老兵和我们这一代图书馆人的使命感与责任心，对什么是和谐图书馆，如何建设和谐图书馆，图书馆科学发展对和谐社会的影响等等问题经常出现在脑海中。基于这些所思所想，促使我在繁忙的实务工作之余，立足研究和发表，以《图书馆科学发展的理念与实践》为题集结成书，本书中的成果既有基础理论方面的思考，也有应用实践方面的探索，还有结合本校图书馆实用主义方面的研究。我期许以这些浅陋的学术见解求教于广大读者和图书情报界同仁，为我国图书馆事业特别是高校图书情报事业的和谐发展，贡献一份心力。

本书以"图书馆的和谐发展理念与实践指向"为命题，系统阐述了我国图书馆事业和谐发展理念的内涵、特点与指导思想，研究了诸如和谐图书馆的管理、服务、人力资源建设、学术研究与特色建设等方面的实践指向。

最后，我要特别感谢洛阳师范学院原院长杨作龙教授在繁忙的工作中抽时间为本书撰写前言。在此对杨院长致以深深的谢意！

作　者